智慧教育
技术与应用

[澳] 朱　佳（Jia Zhu）　编著
黄昌勤

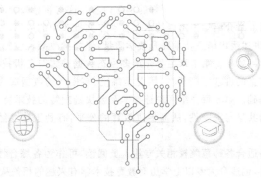

清華大學出版社
北京

内 容 简 介

本书以自然语言处理作为底层理论知识在教育技术领域的发展和应用现状展开介绍，包括作为智慧教育底层依托的教育知识图谱构建及其表征学习和目前基于教育知识图谱的三大应用方向，即教育问答、认知诊断和自动作文批改，然后作为补充，介绍融合视频、声频等数据的多模态学习分析，以及另一热门技术，即区块链在教育上的智能应用。

本书由 8 章组成，其结构如下：第 1 章简单介绍智慧教育的发展和智慧教育系统。第 2 章和第 3 章介绍知识图谱相关知识。第 4 章介绍基于知识图谱的教育问答。第 5 章结合心理学测评方法，利用大数据分析对学习者的学习状态进行认知诊断，使学习者更好地被学习环境感知，同时还介绍用学习路径推荐方法，为学习者提供更好的学习内容。这与智慧教育本质特征的要求相符。第 6 章介绍知识图谱技术在自动作文批改中的应用，以及深化信息技术，包括讲述运用信息技术提升教学质量，作文批改减轻教师负担，从而增强学生的学习效率。第 7 章主要介绍多模态数据采集与分析技术，由于智慧教育对大数据的诉求不断增加，因此全维度、多模态的数据成为学习分析技术的重要基础。第 8 章介绍区块链技术及区块链独特的技术特征，实现智慧教育资源的共享与安全性，从而促进教育的公平，有利于建立健全的人才培养体系。

本书适合各师范院校相关专业人员阅读，可作为各综合性大学教育学专业的教材，也适合大专以上学历对教育技术学有兴趣的相关从业人员阅读。

北京市版权局著作权合同登记号 图字：01-2022-0488

图书在版编目(CIP)数据

智慧教育技术与应用/(澳)朱佳，黄昌勤编著.—北京：清华大学出版社，2022.2(2024.9重印)

ISBN 978-7-302-60028-2

Ⅰ.①智… Ⅱ.①朱… ②黄… Ⅲ.①信息技术－应用－教育工作－研究 Ⅳ.①G43

中国版本图书馆 CIP 数据核字(2022)第 021627 号

责任编辑：赵佳霓
封面设计：刘　键
责任校对：时翠兰
责任印制：沈　露

出版发行：清华大学出版社
　　　　　网　　　址：https://www.tup.com.cn，https://www.wqxuetang.com
　　　　　地　　　址：北京清华大学学研大厦 A 座　　邮　　编：100084
　　　　　社　总　机：010-83470000　　邮　　购：010-83470235
　　　　　投稿与读者服务：010-62776969，c-service@tup.tsinghua.edu.cn
　　　　　质量反馈：010-62772015，zhiliang@tup.tsinghua.edu.cn
　　　　　课件下载：https://www.tup.com.cn，010-83470236
印　装　者：涿州市般润文化传播有限公司
经　　　销：全国新华书店
开　　　本：147mm×210mm　　**印　张**：11.75　　**字　数**：266 千字
版　　　次：2022 年 3 月第 1 版　　**印　次**：2024 年 9 月第 2 次印刷
印　　　数：1501～1700
定　　　价：79.00 元

产品编号：092774-01

PREFACE
前　言

　　本书是笔者和从华南师范大学到浙江师范大学合作多年的黄昌勤教授多次讨论后成书的,在撰写期间得到了多位高校老师的帮助。

　　笔者拥有计算机专业背景,博士期间在周晓方教授的指导下主要从事数据库、数据挖掘方面的理论算法研究,而在博士后期间,笔者的导师是联合国大学国际知名智能导学系统(Intelligent Tutoring Systems)专家 Peter Haddawy 教授,在他的影响下,笔者初步涉猎了教育技术领域,并深刻体会到技术对教育,尤其对发展中国家教育的影响,技术确实可以在很大程度上解决教育不均衡的问题,实现社会层面的共同富裕。进入高校后,笔者平时的工作也和教育密切相关,随着人工智能技术的发展,很多高校也开设了人工智能专业相关课程,而作为师范院校,人工智能如何和教育结合自然也成为近年来关注的热点,但笔者在实际开展的教学工作过程中发现这方面的书,尤其是专门的教材较少,并且没有形成体系,因此萌发了结合自己多年的研究及所学撰写本书的想法。

　　本书包含8章,第1章主要介绍智慧教育的发展和智慧教育系统,通过拟人化具象示意图并结合最新技术的研究,提出了新一代信息技术支持下的智慧教育框架。在本书中,该框架的技术体系主要由教育文本处理、多模态学习分析和"区块链＋教育"3个主要部分构成。

第 2 章首先介绍知识图谱的基本概念、发展历史及最新的研究工作和最新技术；然后就教育知识图谱的构建进行探讨，同时结合教育知识图谱的应用案例，帮助读者更进一步了解知识图谱在教育领域的作用。

第 3 章是第 2 章知识图谱内容的核心技术延伸，即教育知识图谱的表征学习。首先介绍什么是知识图谱的表征学习及当前主要的几种知识图谱表征学习技术；然后展开介绍表征学习应用在教育领域的特点和所面临的挑战，并介绍一些对应的解决方案和在这方面较新的可解释性研究；最后结合实际案例介绍教育知识图谱表征学习的作用。

第 4 章介绍问答对话系统的相关基本概念、类别及其相应的主流技术和应用。首先基于人机交互形式或应用方式将对话系统进行分类并进行相关介绍；进而介绍对话系统的相关主流技术和应用；最后结合更具体的实际应用场景，通过一个实际案例进一步阐述问答系统在教学中的价值。

第 5 章介绍认知诊断的发展及其应用，以及对自适应学习和个性化学习推荐进行分析与研究。首先介绍认知诊断的基本概念、原理和模型；然后结合自适应框架，对自适应学习系统模型与实际案例进行详细阐述；最后基于学习路径推荐算法，对个性化学习路径挖掘模型进行描述。本章还对个性化学习路径的典型案例进行分析，并探讨个性化学习路径的未来与发展。

第 6 章介绍自动作文批改的发展、概念与相关技术。首先阐述自动作文批改的国内外研究与发展现状；然后详细介绍自动作文批改所涉及的关键技术；最后结合具体的自动作文评分系统案例，进一步介绍自动作文评分系统的构建。

第 7 章介绍多模态学习分析的概念、发展和基本任务,以及多模态在教育领域的应用。首先介绍多模态学习分析的基本概念和基本任务;接着基于教育领域阐述多模态学习分析的数据与技术,并介绍其在教育领域中的应用和所面临的挑战;最后结合多模态教育的应用场景,介绍大数据中的多模态学习分析与基于多模态数据的学习预警系统。

第 8 章介绍区块链的基本概念与技术,进而对区块链在教育领域的影响与应用进行详细研究分析。本章首先介绍区块链的概念和关键技术;进而叙述区块链与教育相结合的机遇与挑战,并提出了相关的建议与解决方案;最后结合一些现有的案例,介绍"区块链 + 教育"的一些具体应用场景。

最后,感谢为本书出版做了大量工作的朋友。感谢杨曦、张丽君、郭美美、陈善轩、马晓东、邢玉玲、吴志杰、颜志文、程博、林志豪、覃杨杰、黎宇、梁婉莹等参与本书的撰写工作。

本书是 2018 年教育部人文社科规划基金项目(18YJA880027)、首批新文科研究与改革实践项目(2021180017)的研究成果,由浙江师范大学、浙江省智能教育技术与应用重点实验室资助出版。

由于作者水平有限,书中不足之处欢迎大家批评指正。

朱佳

2022 年 1 月

本书源代码

CONTENTS
目　录

## 第 1 章

概述

　　智慧教育是世界经济进入全球化、技术结构变革和知识爆炸的一个必然结果，是"智慧地球"这一概念在全球教育应用领域的一个重要延伸与体现，也是推动我国教育信息化建设与发展的一个必然阶段。当前，云计算、大数据、物联网、人工智能等新兴的信息化核心技术不断创新，为推进我国智慧教育的基本形成与体系构建发展提供了坚实的理论基础与强大的技术支撑。自 2016 年 AlphaGo 战胜李世石事件后，人工智能（Artificial Intelligence，AI）实现由计算智能阶段和以语音与图像为主要应用的感知智能阶段逐步发展到以理解、解释、推理为核心使命的认知智能阶段。在全球各国的积极规划和政策部署下，人工智能凭借其强大的技术优势迅速融入各行各业，呈现出"全有（All in All）人工智能"的发展趋势，促使社会迈入"AI＋时代"。在教育领域人工智能技术同样被人们寄予厚望，由此，教育信息化的进程也逐渐显现出由"互联网＋教育"阶段向"AI＋教育"阶段深入并且正在进阶演化的趋势。

　　"AI＋教育"概念发展到现阶段的突出特征是"智慧化"，其主要目的是通过专家智能与机器智能的人机协同作用模式来逐步实现，这是一种实现人机智慧共享和智能协同的教育智慧。我国自 2016 年以来，相继发布《"互联网＋"人工智能三年行动实施方案》

《新一代人工智能发展规划》《高等学校人工智能创新行动计划》与《教育信息化 2.0 行动计划》等，明确提出了实现人机协同的混合增强智能理念及智能教育（Intelligence Education，IE）发展方向，指出"AI 与教育的深度融合"与"提高对 AI 的整体认知和应用水平"，充分运用人工智能信息科技技术构建新型的智能教育信息系统，推动了教育人工网和智能信息技术在教学、管理、资源建设等各个全媒体流程的应用。智能教育作为智慧教育的实践路径，智慧教育对其发展起导向作用。当前，智慧教育正在成为引领我们面向党和人民全国推进教育教学信息化建设进程科学发展的新战略方向，成为推进教育行业科学技术创新转型和推进教育教学信息化在新时代科学发展的主旋律。

1.1　智慧教育：人工智能时代的教育体系

1.1.1　智慧教育的概念和特征

关于智慧教育的概念，众说纷纭。华东师范大学的祝智庭教授认为，"智慧教育的真谛就是通过利用智能化技术构建智能化环境"；北京师范大学的黄荣怀教授指出，"智慧教育（系统）是一种由学校、区域或国家提供的高学习体验、高内容适配性和高教学效率的教育行为（系统）"；杨现民教授提出了更加详细的系统性解释，"智慧教育是依托物联网、云计算、大数据、无线通信等新一代信息技术所打造的智能化教育信息生态系统，是数字教育的高级发展阶段"；吉林大学的钟绍春教授进一步提出，"智慧教育是指在'互联网＋'、大数据、人工智能、虚拟仿真等信息技术的支持下，让学生能够主动学习、根据自己的需要学习、按照适合自己的方式学习、找到适合自己的学习环境学习、找到最适合自己的伙伴学习、得到最适合自己的教师帮助学习，逐步形成系统的思维能力和创新性思维能力。"综合各家观点，智慧教育以培养优秀智慧型人才作为其最终目标，以充分利用互联网和新一代可靠的信息技术平台作为基础支撑和驱动，以融入渗透当前最先进的智慧教育理论、系统科学技术和一批现代化高新技术为途径，能够实时地对教与学的整个过程情况进行动态监测与自动调控，最大程度有效地对优质教育资源和智慧产品进行合理、均衡地配置，改变优质教育智慧的供给形态，是教育信息化事业发展的高级阶段和未来方向。

学者们对智慧教育的特征也进行了提取和分析。例如，黄荣怀教授认为，"智慧教育具有感知、适配、关爱、公平、和谐五大本质特征"，而江苏师范大学的杨现民教授指出，"智慧教育整体呈现智能化、融合化、泛在化、个性化与开放协同的特征与发展趋势"。华南师范大学的胡钦太教授提出，"智慧教育的特征包括智能感知、自动建模、资源的组织与适配、服务主动推送、适应学习的差异化、协作性和社群化等"，而邢西深副研究员则论述了智能教育阶段教育信息化的新特征为"教学环境智能化、教师教学精准化、学生学习个性化、教育评价多元化、教育管理科学化"。我们相信，智慧教育是作为当前先进的教育科学发展理念和新兴的信息化技术有机结合形成的一个整体、深度融合的产物，其特点主要有以下几方面：智能感知、技术融合、认知诊断、资源适配、服务推送、自适应学习个性化、多元评价等。深入分析和解构智慧教育的研究内容和技术框架,有助于我们了解智慧教育系统正常运转及其发展的核心驱动力。

笔者结合多年的研究工作及与企业合作开发的经验,总结出要实现智慧教育必定要和人密切关联。假设我们把智慧教育拟人化为一个帮助老师教学,以及帮助学生学习的助教,可以更好地帮助我们实现智慧教育。如图 1-1 所示,我们提出智慧教育拟人化具象,称为颜夫子,用以致敬孔子的弟子颜回,从中我们可以提炼出对应的技术内容用于构建技术体系,以便开发众多的教育应用。

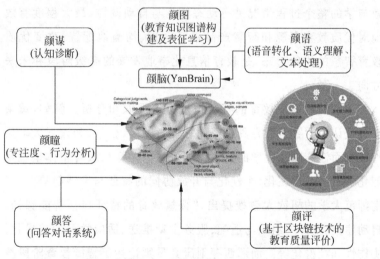

图 1-1　颜夫子:智慧教育拟人化具象示意图

1.1.2　智慧教育的技术体系解构

深入理解智慧教育及其所依托的技术体系,必须对智慧教育体系架构加以解构。杨现民教授结合智慧城市体系,把智慧教育体系概括为"一个中心、两类环境、三个内容库、四种技术、五类用户、六种业务"；赵秋锦教授进一步提出了智慧教育环境的系统模型，指出"以教育共同体为中心，利用物联网、云计算等先进技术智能感知教育环境，创设智慧教育情境，并通过情境感知方式进行情境推理、获取情境信息，为教育活动的顺利开展提供个性化的资源、工具和服务"，并描述了体系模块相互连接的部分技术。从智慧教育功能与技术的融合出发，智慧教育是一个由多个教育活动、过程及功能技术模块共同构成且相互反馈的复杂生态体系，该生态主要由教育文本处理、多模态学习分析和"区块链＋教育"3 个主要部分构成，其框架如图 1-2 所示。

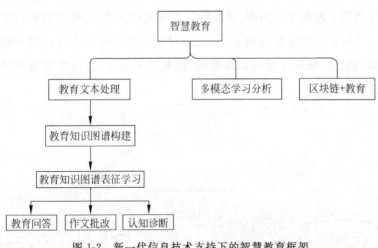

图 1-2　新一代信息技术支持下的智慧教育框架

1．教育文本处理

教育文本处理可以解构为 3 个模块：以教育知识图谱精准构建及其表征学习为技术基础的领域知识模型，以及以教育问答、作文批改、认识诊断为技术依托的学习者特征模型和教学模型。领域知识模型包含学习领域的逻辑体系、基本概念和原理、规则定义及探究方式等,学习者特征模型动态描述学习者的认知状况、学习历史、学习风格和偏好及情感状态等方面的个性特征,教学模型决定适合学习者的学习活动和教学策略。该部分的主要内容为精准构建融合知识实体的多层结构教育事件知识图谱,建立基于深度神经网络的可解释性机制,开展领域知识支持下基于认知推理的学习智能诊断处理,相关工作原理(见图 1-3)为:教学模型根据领域知识及其推理,对学习者特征模型反映出的知识水平、认知能力、学习风格和偏好等加以诊断和分析,做出适应性决策,动态安排高切合度的学习内容、学习资源及其呈现方式,有针对性地向学习者提供个性化推荐服务。同时,对学习过程进行实时监测和管理,动态获取学习者的表现数据,由此不断训练、更新学习者的特征模型。

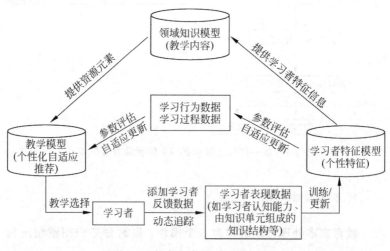

图 1-3 教育文本处理的基本框架

2. 多模态学习分析

多模态学习分析可以解构为四大模块：多模态话语分析模块、多模态教学与建构主义模块、信息技术下多模态信息认知教学模式和多模态教学互动模式。多模态话语分析模块分析了语言的各个层面及其层次，它所包含的言语与非言语的交际方式是开展多模态学习分析的理论基础。建构主义认为，人类学习的本质是一个主动建构自己所有知识的过程，而多模态教学侧重教与学之间的信息传递与感知的形式，因此，多模态教学使建构主义学习环境的创设更加便利。多模态信息认知教学模式主要研究教学模式中信息被获取、被认知和传递呈多模态数据，通过对多模态数据的捕捉、分析和预测，依据大数据评价分析，从而对学生的学习行为、认知建构、情感体验等教学决策的改进，以及优化学习过程。在现代信息技术下的课堂教学模式中仍然存在着诸如教学过程中各个主客体之间的多模式交流和互动、教学过程中各个主客体之间的多模式交流、学生和问题情境之间的互动和课堂中教师和信息环境之间的互动等，这些互动使教学信息相互交流，在给予评价的同时也可以为其提供反馈，从而推动课堂教学的发展。

3. 区块链＋教育

"区块链＋教育"可以解构为两大模块：区块链技术理论模块、区块链应用教学模块。区块链技术理论模块讲述区块链技术的概念及其特征，区块链系统的组成，最后重点介绍了区块链的关键技术密码学与分布式账本、共识机制、智能合约和区块链的扩展性等。区块链应用教学模块首先介绍"区块链＋教育"的发展历程，美国区块链研究院(Institute for Blockchain Studies)创始人梅兰妮·斯万(Melanie Swan)将区块链技术所带来的革新或影响,划分为 3 个阶段,即区块链 1.0、2.0 和 3.0 阶段。该模块研究应用发展智能的教育信息化 2.0 时代,区块链技术给教育带来的六大价值及区块链在教育中的应用模式。"区块链＋教育"表明,区块链技术与教育的结合将重构教育的价值,给教育带来新的变革与目标。

1.1.3　智慧教育的发展历程

　　智慧教育作为当前我国推进教育信息化体系建设的一种高端形态,对推动我国教育教学改革的未来趋势和教育发展战略方向研究具有重要的引领性推动和政策指导协调作用。教育信息化的长期发展过程就是技术与教育相互交叉融合的动态过程。在早期的初步规划和研究部署阶段(1978—1999 年),教育部审批通过并正式印发了《关于电化教育工作的初步规划(讨论稿)》(1978 年),首次从国家的战略层面对电化教育事业信息化的相关基础设施建设及重点问题做出具体的规划部署,1998 年后经教育部正式会议审批通过制订《面向 21 世纪教育振兴行动计划》并正式宣布启动参与推进和组织实施"现代远程教育工程"等。在这一时期,我国的教育信息化被普遍认为参与教育现代化建设的重要技术推动和力量,逐步进入社会各界民众的认识视野。在此发展阶段,信息技术知识作为辅助工具参与课堂教学,它们往往是课堂教育教学活动的"边缘参与者",主要体现为计算机辅助教学等发展形式,其中与之密切相关的信息技术形式的主要类型包括教学幻灯、投影、广播、电视、计算机等。

　　在教育攻坚性突破阶段（2000—2009 年）和坚定推进阶段（2010—2016 年），《关于在中小学实施"校校通"工程的通知》（2000 年）的出台和实施，标志着我国教育信息化领域第一个国家层面的发展规划正式颁布，而后国务院发布《关于基础教育改革与发展的决定》（2001 年），开始关注农村等基础教育薄弱地区的信息化体系建设，并于 2003 年启动和推进"农村中小学现代远程教育工程"（"农远工程"）。2010 年后，《国家中长期教育改革和发展规划纲要（2010—2020 年）》（2010 年）、《教育信息化十年发展规划（2011—2020 年）》（2012 年）、《教育信息化"十三五"规划》（2016 年）等关于教育信息化顶层设计与规范文件的相继出台，反映了国家坚定推行"以教育信息化推动教育现代化"的国家战略的决心，为全面开展教育信息化建设指明方向。"信息技术与课程整合""信息技术与课程深度融合"成为该阶段发展的主要目标，技术开始全方位参与教学，网络学习和远程教育逐步兴起到发展火热，微课、创客教育、翻转课堂、电子书包、STEM 教育等新兴模式如雨后春笋般争相进入人们的视野，以"应用驱动"为主要特征的信息技术与教育整合在改变教育生态的同时，也促使着师生角色的转变。

　　在当前阶段，智慧教育已经迅速得到发展并进一步转型成为以理解、解释、推理为现代教育教学核心技术使命的认知智能和教育深度融合创新的最新产物，正有力引领并推动着全国面向现代教育教学信息化、教育管理现代化的创新发展与改革探索。在这一关键阶段，以移动互联网、大数据、云计算、深度机器学习、知识处理图谱等多种新一代人工智能技术在促进智慧学校教育课堂教学过程中的广泛应用及在教育教学中深度融合发展为标志,"促进深度学习的技术整合教育"已经发展成为促进智慧学校教育的重要核心技术资源支撑,形成"技术无处不在而又难以察觉"的技术协同、技术沉浸、信息无缝流转的教育信息资源整合生态。此时,以融合人工智能和深度学习等新技术应用为研究核心的智能教育、个性化学习、自适应学习等智慧教育实现路径已经逐渐成为这一时期信息技术与智慧教育"双向融合"的教育发展战略主流。

1.1.4　智慧教育的典型应用

智慧教育通过充分运用现代信息化技术手段推动教育改革和发展,依托云计算、大数据、物联网、人工智能等先进技术,实现教学管理智能化、教学培养模式多元化、学习者学习路径个性化等。智慧教育的最终发展目标之一是为学习者提供更多的个性化学习服务,体现了学生的差别化,在机器学习领域,其特点是能够整合学生的知识、行为及情绪等,有效支撑各种类型的个性化、自适应学习平台搭建,为每位学生提供相应的学习支撑。个性化的自适应学习平台通过对每位学习者所掌握的历史知识及其学习行为特征等资料和数据进行综合统计和分析,预测每位学习者对于所掌握知识的表达与成就,能够及时地发现每位学习者的心理状况与所掌握知识、行为、结果之间的密切相关性,从而准确地向每位学习者推荐他们应掌握的知识与课程。在当前我国开展智慧教育领域存在的问题及其解决方案与实施中,主要包括以下几种应用形式:智慧导师系统、自动化考核评价测分系统、教育游戏和智慧教育机器人。

此外,在教学实践方面,智慧教育的研究工作主要集中在自适应学习、个性化学习及智能辅助学习方面。在线学习系统利用学生的学习轨迹、作业测评、学习答疑等信息的搜集,建立对学生学习过程的全景数据描述。通过关联分析、数据分类、知识图谱等信息技术,实现对学生学习兴趣的感知、课业弱项的分析,进而深度预测学生的学习需求和知识需求,从而做出学习内容推荐,例如"英语流利说"推出的"懂你英语"专栏。

在教学管理方面,智慧教育可以借助于信息化和管理系统实现教师和学生的基础信息,以及教师在课堂上进行教学活动的过程和学生在课堂上学习的信息和数据采集,通过数据融合及关联分析,实现对教师专业能力、教学质量反馈、学生学习状况的深入分析,并提供教学辅助决策的服务支撑。李爱霞等对智能管理做了分析,指出教育决策支持服务平台通过分析管理信息系统中的教育数据,为教学提供备选方案;智能管理教学平台则可对教师教学和学生学习数据进行可视化分析,提高对教师和学生的高效管理。余胜泉等提出"AI 代理",通过科学的专业技术和管理手段等实现代替教师布置作业、批改作业、测验出题、考试安排、数据检索等重复性、规则化的工作,降低教师工作负荷。

在教学辅助方面,智慧教育研究工作主要集中在 AI 辅助教学、智能教学评测、学习预测分析等方面。"AI 助手"通过对学习者行为数据的感知和分析,捕获学习者的学习特征和心理特征,为教师提供学生综合评价报告、学习障碍诊断等,从而为教师的教学策略提供辅助决策。智能问答系统是辅助教学的另一重要应用方向。"AI 好教师"利用人工智能的知识图谱技术,基于不同领域类型的育人信息资料,定义分析模式并融合各个领域知识,构建育人领域的知识图谱。通过知识图谱的知识推理、循环神经网络模型构建对话系统,实现教师育人问题的自动诊断和咨询建议。智能教学评测则是借助自动化评测技术实现对教学评测任务的自动评分,包括如计算机程序作业自动评测、学生考试答题自动评分、学生短文自动评价等,通过文本信息提取、语义分析、搜索匹配等技术实现学生答题自动评分。

1.2　智慧教育的技术体系

智慧教育和以前其他教育模式进行对比,所呈现的特征和功能均能找到相应的信息技术作为依托。下面我们将从智慧教育技术体系的 3 个重要组成部分入手,对其进行进一步的技术理论分析解构与细节剖析。

1.2.1　教育文本处理

在大数据时代,越来越多的学习行为能够被追踪和记录,教育从"用经验说话"向"用数据驱动决策、管理与创新"的方向发展。当前,智慧教育的核心应用主要为通过大数据分析学习过程和学习行为,能够精准识别学习者的个性特征、动态监控学习过程、实时预测学习趋势和有效评价学习结果,给予学习者个性化的干预和自适应的指导。因此,如何对海量教育文本数据的概念特征进行自动提取并建立关系,如何追踪学习者在学习过程中不断变化的个性特征,如何精准确定学习者每一步要学习的知识单元等,均是当前智慧教育实践中亟须解决的重要科学难题。下面首先对各对应模块进行简单介绍。

1. 教育知识图谱构建

知识图谱(Knowledge Graph)这个基本概念最先由谷歌公司于 2012 年正式在网站上发布并进一步提出,它指的是一种用图模型的方式分析和描述现实中的知识和建模世界任何事物间相互关联的一种信息分析技术手段和方法,由各个节点及其两侧边组成。实体是知识图谱中最基本的元素,以三元组的形式进行描述,意指具有可区别性且独立存在的事物,不同实体之间存在着不同的联系。教育与知识具有天然的联系。学科教育中的概念,即知识,同时也是实体的一种特殊形式,即知识实体。教育领域的知识图谱采用图形式对学科知识本体、教育资源及其关系进行建模,现已逐渐成为教育技术研究者关注的热点方向。

知识图谱作为诊断学习者对知识和技能的真实掌握状况的底层依托,知识元抽取在本质上来看属于序列标记问题,因此,可将教育数据的概念提取看作一个词语序列标记问题。近年来,Liang等从课程依赖中恢复课程间先决条件关系,Liu 等和 Wang 等利用课程之间的关系创建了一个有向的通用概念图,而 Roy 等则在此基础上利用未标签的视频播放列表学习了概念的先决条件关系。在具体构建技术上,相关学者相继引入神经网络、机器学习等技术,对关键环节(如实体识别、关系提取等)做了深入研究。考虑到教育数据的顺序性及其内部词语的依赖性，Lample 等提出 BiLSTM-CRF 模型，该模型精准度高且对词向量的依赖性较低，而 Li 等提出了 AT-BDRY 模型，通过无监督传输学习方法来减少源域和目标域之间的数据分布差异，无须手工提取特征或任何先前语言知识，便可从文本中检测出知识图谱的实体边界。为融合实体的文本和结构信息，Schlichtkrull 等则引入了关系图卷积神经网络的方法来完成知识图谱的构建。

然而教育是一个极其复杂的事件组合，因此教学事件的抽取及其之间的关系挖掘成为首先需要解决的重点和难点。就通用领域事件抽取而言，Chen 等提出采用动态池化卷积神经网络，对于含有多个事件的句子，分别从词汇级别和句子级别自动抽取其特征，克服了手动抽取特征的局限性，而 Liu 等则认为事件中的实体对事件分类有着重要作用，在此基础上结合监督式注意力机制，使模型更多地关注上下文所涉及的实体信息，最终提高事件检测分类的准确度。Zhang 等则站在更高角度，将实体抽取和事件抽取结合起来，提出了基于对抗生成网络的联合实体和事件抽取模型。然而，上述相关研究都限于通用新闻事件领域，并无领域特性。针对这一问题，哈尔滨工业大学的刘挺等提出与其概念相近的事理图谱，并成功将其应用于金融领域，构建出金融事理图谱。

以上种种研究为教育领域事件图谱的研究及应用提供了相关经验和思路。现有的在线学习领域知识图谱主要以一个静态的实体为核心，更多地依赖于对在线学习大数据中的实体信息进行构建，缺乏对教学过程中所产生教学事件的挖掘与融合，忽视了对其中各种逻辑事理关系（如顺承、因果、反转、条件、上下位和组成等）

和演化规律的推理与描述,难以分析其在特定时空所呈现的特征及对在线学习者的影响效果,与实际的在线学习应用需求还存在较大差距。

2. 教育知识图谱表征学习

表征学习的主要目标是将一个目标对象映射到稠密的低维实际语义空间,在这个语义空间中的距离越近,则其中心点之间的语义关系就越紧密,而知识表征学习则主要是对知识图谱关系和实体进行表征学习。Bordes 等提出 TransE 模型,将知识库中的实体关系视为一个实体之间的某一个平移向量,解决了知识库中在多个关系数据中将实体和关系之间映射至低维的向量空间的问题,但其在数据处理中的计算复杂程度相对较低,无法处理一对多、多对一或多对多等复杂的关系。为改进这一缺陷,Wang 等和 Lin 等分别提出了 TransH、TransR 和 CTransR 模型,Ji 等在 TransR 模型的研究基础上提出了一种可以利用两个向量来分别表征头部实体和尾部实体的 TransD 细粒度模型,此种方法充分考虑了向量之间的关系及其多样性。Xu 等提出了一种新型的用于数字化学习的实体架构和文本信息共享的联合式表示方法,有效提升了实体意义建模的效果。Nathani 等考虑到三元组现有的特征性嵌入方法不能完全覆盖三元组周围的局部邻居节点隐含信息,提出了一种基于人们注意力集中的三元组特征性嵌入方法,以捕捉任意一个给定的三元组在局部邻居过程中的三元组实体属性特征及其相互之间的关联性特征。

在知识图谱表征学习可解释性方面,Xie 等提出了一种结合稀疏注意力机制 ITransF 进行知识表征学习,并解释了由稀疏注意力向量表示的关系和概念之间的学习关联。Wang 等提出了一个基于知识图谱的知识路径递归网络模型,以区别于连接不同学习实体的不同路径上的知识点优势,使其更加具有一定的理论可解释性。Xian 等提出了一种基于知识图谱的策略引导路径推理的方法,该方法通过在知识图谱中提供实际路径将建议和可解释性结合在一起,而在事件知识图谱领域,Silver 等首先提出了一种被广泛应用于将各个离散事件之间的相互关系映射到实际场景中的一种离散事件本体模型,Van 等通过构建简单的离散事件映射模型,针对不同场景中的各个离散事件本体映射到实际场景中进行了建模,构造后得出了各个离散事件与其时间、地点和实际场景之间的链接,但是它们无法直接代表两个事件之间的相互关系。在此基础上,Li 等提出了一种用于描述各个事件之间相互关联的事理知识图谱来表示模型。

以上提到的表达学习方法,绝大多数只考虑除文本信息以外的两个实体之间的结构信息,对教育领域知识图谱全局信息处理考虑得还不够充分,并且过于专注数据的拟合而忽视了语义表达,尤其缺乏对泛在事件的语义关联,从而导致了不可解释、不透明度表示形式,而事件知识图谱的表征学习目前也正处于初步实践和探索阶段,对教育事件间的隐式关联发现、隐藏层特征信息处理及对其所包含的语义信息挖掘等方面仍有待探究,其可解释性也需进一步加强和提升。

3. 教育问答

智能问答是自然语言处理中的重要研究内容,教育问答源于智能问答,为智能问答在教育领域的具体应用。教育问答旨在通过对教学语言的自动分析,回复师生所询问的问题。为了更精准地回答师生的提问,采用对问句进行深层次语义分析以获取问句丰富的内涵信息,再反馈接近师生需要的答案,由此体现计算机的智能性。

在教育问答实践中,通常将教学问题及教育知识图谱中包含的丰富语义信息(如字词句、逻辑事理关系,知识图谱中的实体、关系及属性)投射到一个高维向量空间,获得字向量或词向量后,再采用深度学习等模型对向量进行相似度计算,进而通过相应的评分机制获得候选排序,得出最终问答结果。在通用领域,Bordes 等对问句中的实体进行准确定位后,将实体连接到知识库,以该实体为起点查找与其关系相连的实体作为候选答案,然后计算这些实体关系组合与问句之间的相似度,通过评分排序,将相似度最大的候选项返回答案,取得了良好的效果。Hao 等针对前面存在的问题表示问题在工作中未得到充分考量的候选回答问题的相关资料进行训练,提出 Cross-Attention 机制的神经网络模型,训练知识库全局信息,一定程度上减轻了 the Out of Vocabulary(OOV)问题,在 Webquestions 数据集上取得了良好效果。Lan 创新地将matching-aggregation 框架用于匹配候选项,增强候选实体表示,充分利用问题的特有语境关系,提升在公开数据集 Webquestions、Simplequestion 上的效果。

知识图谱嵌入学习(Knowledge Graph Embedding,KGE)是一种面向知识库系统中的各个知识实体和相互之间的知识关系所需要进行的知识表征形式的学习,将知识图谱中的每个对象编码至连续向量空间,能够反映出关系密切的实体及其关系的相似程度,并且具有良好的可行性和稳健性。针对谓词在问题中的不同表达和实体被识别后的消歧等问题,Huang 等设计了一种基于知识图谱嵌入的问答系统,其中 KGE 表示图谱中的每个谓词/实体为低维向量,给出一个简易的问题,目标之一就是通过找到一个谓词嵌入空间的一个节点来作为谓词的低维表示向量,并在这个节点的实体所需要嵌入的空间中寻找一个点,可以用来作为头部实体的表达向量。对于所有知识图谱可以解答的问题,它们中的谓词向量必然会存在于一个谓词所属的嵌入空间中,因此,设计了一个谓词与头实体学习模型并将问题作为输入,返回尽可能地将一个相似于问题的谓词/头实体嵌入所要求表示的矢量,确定谓词与头实体后最终找到尾实体,完成知识问答。

此外,近年来学术界更加重视如何解决一些包含多跳、组合或需要借助于推理来解决的复杂性问题。Zhang 等针对智能问答中的多跳问题将其分为两个步骤,一是通过概率模型来识别问题中的实体,二是设计一种嵌入推理图体系结构的逻辑推理模型,该模型包含所有推理规则及其复杂性,用于在知识图谱上做逻辑推理。Zhou 等针对多跳提出了一种新型可解释推理网络模型,采用可解释的逐跳推理过程来回答问题。

以上通用领域智能问答的研究,均能为基于教育知识图谱的教育问答提供理论借鉴和实践经验。现有的基于知识图谱的问答技术,在单一问题上已取得良好效果,但在真实教育场景下,教学问题往往更加复杂多样,回答复杂问题、深度推理机制、多轮交互式问答及长尾问句挑战等研究仍有很大提升空间,是当前教育问答领域亟须解决的热点问题。

4. 作文批改

作文批改是指利用人工智能技术实现批改学生作业的新技术或者一种综合性的技术应用,即通过机器智能实现对题目的正误进行自动判读、自动评分过程。当前关于作文批改的典型应用主要包括以下几大方面:

1) RealSkill

RealSkill 是由新东方、科大讯飞共同开发研究和设计发布的一款用于对口语和阅读进行审核及其写作的智能化审核及批改软件产品,该智能化批改软件旨在帮助广大用户更好地实现涵盖托福、雅思等多种出国国际证书考试的智能化审核及其写作的阅读和口语的评估。在论文写作审核和批改方面,该体系以 10 万篇托福、雅思考试期间新东方学员的论文作为资料依据和基础,并由行业内部的专家组成小组队伍按照托福和雅思的考试相对应的等级评估细则,进行了相关语料的标注。测试结果显示,RealSkill 的智能评分和考官的评分一致性至少可以达到 95% 以上,而且智能审核批改的准确性也可以高于 90%。同时,通过研究和开发针对托福、雅思的移动拍照识别技术,目前移动拍摄中的手写图像识别成功率已达 95%。学员们只需对自己的图片进行拍照,便可以快速地完成图片的上传和辨认,并且会收到即时的反馈。

2) 爱作业

爱作业是较早发布的小学人工智能教辅产品,其主要功能是运用光学字符识别(OCR)技术进行文字的自动识别,家长和教师只需拍照或者从相册中选择口算照片上传,应用程序会在 1s 内自动识别并给出一个需要检查的口算结果。对于有错误的题目还可以用颜色进行高亮度标注,并对检查结果进行激励和答题情境中的趣味性进行展示。目前爱作业支持识别各种口算练习本、出版物、手写数学口算练习题及各种打印口算训练等多种材质,也可以支持其他口算题的识别,四则口算、综合物理运算、估计综合计算、携带所有余数的除法、分数综合计算、比例调整大小、填写最大值及最小值等1~4年级各类口算练习题目,其口算识别精度高达98%。特别针对全国小学、初中数学教师量身设计了批量自动录入的口算识别练习功能,批量辨认拍摄或者任意选择多张相册图片中的一张图像,后台系统会自动进行辨认,一次性就可以轻松完成。

3) IN课堂

作文的批改与其他理科作业的批改不同,理科作业往往拥有比较标准的回复和答案,而对于作文的批改往往需要教师"具体问题,具体分析",没有太过明确的回复和评价标准。同时还可以通过引导学生将该篇文章中出现的错别字或者病句加以清楚地标记,判断本篇文章的内容是否完全符合选定题目的基本要求,论据的内容是否充分,观点表达得是否鲜明。IN课堂语文作文批改系统利用一个完整的可以拓宽和延伸扩展的"知识库"方式,以诠释每个学生撰写作品时所表现出的"一般逻辑"和"含义",凸显其需要创新和改进的作品、结构及主题等方面。这个系统能看懂中文和英文,并且会特别注意在网上看到某些段落是否与主题正好相反。在一项测试中,系统与人类等级评分者之间的一致性达到90%以上。智能化的作文审查和批评方式已经在一定程度上提高了对作文审查的公平性,同时也能够帮助教师节约更多的时间,去针对学生自身存在的问题做好辅导,令学生和教师之间能够更充分地进行双向互动。

5. 认知诊断

智慧教育过程中,识别学生学习过程中的认知状态是评估学生学习效果的关键因素,认知诊断成为当今教学评价的重要手段之一,是一种必然的结果。由于认知能力或技术的发展不仅需要知识的积累,还需要知识和认知技能的结构重组,因此,强调了教育成就的测量及知识和认知技能的心理过程。由于学生的特征及社会和教育经历会影响当前的表现,因此教育成就的衡量标准的解释和含义必须与个人内部和情境相关。认知诊断最初是指用心理学及其测量学相结合的理论方法,对个体的认知过程、加工技能或知识结构进行诊断评估(Cognitive Diagnosis Assessment,CDA)。教学是教育历程中重要的过程与表现形式,本书涉及的认知诊断主要是指在教学过程中受教育者的认知评价。传统的教学评价多数只进行测试总分数的分析,这样的评价只基于学生作答的分数,无法衡量受教育者的知识积累与认识组合重组过程等其他因素,被试的认知过程的相关信息无法被解释评价和诊断。智慧教育是多形式、多元化的教育模式,教学评价应该从只重视结果的学习评价转换为注重学习过程的形成性评价。20 世纪 80 年代认知科学和心理测量学被许多学者认为结合起来为教学服务,并且开始研究和开发结合认知科学和心理测量学的诊断评估的实践业务。1995 年,Nichols 认为测试理论由两个相关的方面组成:一个是构建和安排任务或项目的观察设计,另一个是收集和组合反应的测量设计。CDA 无论在观察或测量设计方案方面都采用测试理论所涉及的心理学与统计学相结合的方法。从 CDA 得出的诊断结果可以根据测量设计所使用的信息更深入地研究被测认知过程的本质与结构。

Yang 和 Embretson(2007)认为在心理或教育背景下的认知诊断测试主要集中于以下 3 方面的认知特征：

（1）在给定认知领域中必不可少的技能文档或知识列表。这些技能和知识集代表了该领域最重要的技能和概念，并且是发展任何其他高阶能力的基本组成部分。

（2）结构化的程序和/或知识网络。知识技能在我们的思想中以高度结构化的方式表示。一个领域的专门知识不仅由该领域拥有的基本技能或知识的数量来表示，而且还由这种技能和知识的结构或组织来表示。

（3）认知过程、组成部分或能力。认知研究的信息处理模式提供了利用认知内部过程的方法，因此可以为特定类型的认知任务开发特定的认知模型，因此，可以通过观察被测者执行此类任务时的潜在认知过程来解释所观察到的表现。

在实际中开展认知诊断评估，需要一系列工作。认知评价的主要目标是识别受教育者在某段时间内对特定范围内的知识结构或加工技术在某个认知过程中的学习评价，从而根据学习评价对学习模型进行调整，最终达到特定的学习目标。

除此之外，高阶思维技能，如认知策略、策略转换和元认知技能，也应包括在诊断性评估中。

认知诊断由认知诊断模型（Cognitive Diagnostic Model，CDM）和认知模型（Cognitive Model，CM）两类模型组成。教育测量中的认知模型是指以某种合适的粒度或细节水平对标准化解决人类问题的简洁描述，以便于解释和预测学生的表现，包括他们的优势和劣势。这些模型提供了一个解释框架,可以指导项目开发,因此测试性能可以与考生的知识、过程和策略的特定认知推理相联系。认知诊断评估可以被描述为一个过程,其中测试结果产生关于考生认知技能的信息,并报告来自该评估的结果。这种测试方法突出了考生与项目之间的相互作用,从认知的角度来看,考生用来回答测试项目的知识、心理过程和策略是显而易见的。表现这种互动的一种方法是使用任务表现的认知模型。基于认知模型的考试分数推论对于评估和理解成绩应该更具解释力和意义。认知诊断模型是根据认知模型,结合特定的测验原则所设计的认知诊断方法。在教育信息化技术的推进和智慧教育的发展过程中,海量的数据对认知诊断得到了更热烈的研究。大数据与人工智能技术为认知诊断提供了更广泛的应用空间,国内外的研究者已经根据不同的研究需要开发出了众多认知诊断模型。

1.2.2 多模态学习分析

多模态(Multimodality),本义指多种模态的复合体。多模态研究的最早例子之一是视听语音识别(Audio-Visual Speech Recognition,AVSR),许多研究人员从言语感知过程中听觉和视觉之间的相互作用受到激励并扩展它们的视觉信息方法。基于各种隐马尔可夫模型扩展产生了 AVSR 的许多早期模型。随着个人计算机和互联网的发展,数字化多媒体内容的数量急剧增加。索引和搜索多媒体视频的方法逐渐由直接搜索视觉和多模式的多媒体内容代替了关键字搜索,例如自动镜头边界检测和视频摘要。

21 世纪初期，以了解社会交互过程中的人类多模式行为为目的的多模式交互成为新的研究领域，例如 AMI 会议语料库和 SEMAINE 语料库。基于自动面部检测、面部标志检测和面部表情识别技术的强劲进步，情感识别和情感计算领域在 2010 年初开始蓬勃发展。

"多模态"存在 3 种形式：①描述具体某个对象的不同形式的多媒体数据，例如描述某个特定对象的视频、声频、文本等数据；②来自不同传感器的同一类媒体数据，例如医学影像学中不同检查设备对同一对象不同的数据描述；③具有不同的数据结构、表征形式符号与信息，例如描述某个数学概念的逻辑符号、叙述文本、函数图像及数学公式。

智慧教育时代，复杂学习过程的数据分析需求日益增加，由此的一般方法，相关研究陆续产生的"数据驱动"研究范式已成为不争的事实。物联网、计算机视觉、移动终端等技术的介入，为智慧课堂环境下实现多模态教学数据的常态化、自然采集提供了技术条件。信息技术的发展促进了学校教学条件的改善、意义表征和信息交流的多模态化，促使我们要改变传统的教学方式，以促进课堂教学最优化。多模态教学是以多模态理论为指导，将语言、图像、声音、动作等各种符号构建的多模态系统协同成为最有效的意义表达和交流方式。多模态已被用于探索各种背景下的教学实践，并为教学模式提供信息。

信息技术价值的体现之一是多模态教学模式，它能以不同的模式从不同方面调动学生的感官体验学习，学生的学习积极性和能动性得到有效促进。大量的教育数据通常以图像、视频、语音、文本等的混合形式展示，多模态的教学模式可以利用这些教育数据，不仅使学生掌握并运用学科专业知识和相关科学技能，还为激发学生的思辨能力和创新能力提供更好的空间。新的高频数据收集技术和机器学习分析技术可以为学习过程提供新的见解，特别是在学生有足够空间生成独特的个性化的任务中，例如计算机程序、机器人或工程挑战的解决方案。迄今为止，在线课程或认知推荐上集中了大多数关于学习分析和教育数据挖掘的工作，这些课程明显更加结构化并且所有的交互在计算机之间进行。

对这种多源异构数据的挖掘分析被称为"多模态学习"（Multimodal Machine Learning）。卡内基-梅隆大学的 Morency 在 ACL2017 的"Tutorial on Multimodal Machine Learning"报告中，将大量的多视角学习方法归类为多模态机器学习算法。目前多模态学习可以划分为 5 个研究方向：多模态表征学习（Multimodal Representation）、模态转化（Translation）、对齐（Alignment）、多模态融合（Multimodal Fusion）和协同学习（Co-learning）。多模态学习分析是一门数据驱动型科学，它与计算教育学具有共同的研究趋向。张琪等研究构建了数据映射分析模型，该模型以学习者可被观测和记录的多模态数据作为模型的输入数据，经过人工智能的计算与分析，生成学习者学习状态输出标签，如图 1-4 所示。多模态学习应用于教育的研究成为热点，它既可以向学习者提供干预、提示与反馈，又能激励学习者对学习的反思，从而形成一个闭环的学习系统。

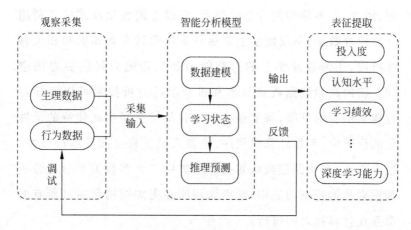

图 1-4　数据映射分析模型

1.2.3　区块链＋教育

区块链是以分布式方式(例如没有中央存储库)实施且通常没有中央机构(如银行、公司或政府)的防篡改、防复制的数字分类账。在基本级别上,它们使用户群体能够在该群体内的共享分类账中记录交易,这样,在区块链网络的正常运行下,交易一旦公布就不能改变。2008 年,区块链的想法与其他几项技术和计算概念相结合,创造了现代加密货币,即通过加密机制保护电子现金,而不是中央存储库或权威机构。第一种基于区块链的加密货币是比特币。

区块链是由区块组成的分布式分类账,每个块由包含关于该块的元数据的块头和包含一组事务和其他相关数据的块数据组成。每个块头(除了区块链的第 1 个块)都包含一个到前一个块头的加密链接。每笔交易都涉及一个或多个区块链网络用户和所发生事情的记录,并由提交交易的用户进行数字签名。区块链可以被视为一个公共分类账本,所有提交的交易都存储在一个区块列表中。这个链随着新块的不断添加而增长。为了用户安全和分类账的一致性,已经实现了非对称加密和分布式一致性算法。正因为区块链技术具有分散性、持久性、匿名性和可审计性等关键特征,区块链可以大大节约成本,提高效率。区块链技术赋予数字身份一种新颖的、潜在的、革命性的去中心化特征,确保数据的安全性与可信任性。

应用信息教育技术已经成为国家教育创新的基本战略。2017年7月国务院颁布了《新一代人工智能发展规划》,要求"发展智能教育,利用智能技术构建新型教育体系、开展智能校园建设、开发智能教育助理及提供智能教育服务"。2018年4月教育部颁布了《教育信息化2.0行动计划》,指出"人工智能、大数据、区块链等技术迅猛发展,将深刻改变人才需求和教育形态"。随着教育信息化、智能化的进程,人工智能、大数据等新技术在教育领域的应用中存在的难题成为研究的热点,例如:信息安全保障和网络化治理的政策制约、普遍存在教育资源分布不均、共享不一致性与统一管理等一系列难题。随着区块链技术的不断成熟和应用,我国逐步进入"区块链＋教育"的起始阶段。2016年10月,工业和信息化部颁布了《中国区块链技术和应用发展白皮书(2016)》,指出"区块链系统的透明化、数据不可篡改等特征,完全适用于学生征信管理、升学就业、学术、资质证明、产学合作等方面,对教育就业的健康发展具有重要的价值"。

基于区块链的技术在智慧教育中的应用与价值主要体现在建

立个体学信大数据、打造智能化教育淘宝平台、开放学位证书系统以及开发去中心化的教育系统等方面,基于区块链技术的"互联网＋教育"新生态体系如图 1-5 所示。目前,区块链技术在教育管理与服务中的应用包括证书管理、能力和学习结果管理、评估学生的专业能力、保护学习对象、确保协作学习环境、费用和学分转移、获得数字监护同意、竞赛管理、版权管理、增强学生在电子学习中的互动、考试审查及支持终身学习等。区块链技术在智慧教育中发挥着重要的作用,包括高安全性、低成本、增强学生的评估、更好地控制数据访问、增强问责制和透明度、身份认证、增强信任、提高学生记录管理的效率、支持学习者的职业决策及增强学习者的交互性。

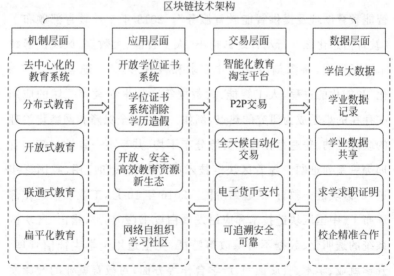

图 1-5　基于区块链技术的"互联网＋教育"新生态

1.3　全书结构

本书介绍智慧教育的主要技术与应用,共 8 章。第 1 章简单介绍智慧教育的发展和智慧教育系统。第 2 章和第 3 章介绍知识图谱相关知识。第 4 章介绍基于知识图谱的教育问答。第 5 章结合心理学测评方法,利用大数据分析对学习者的学习状态进行认知诊断,使学习者更好地被学习环境感知,同时介绍用学习路径推荐方法,为学习者提供更好的学习内容。这与智慧教育本质特征的要求相符合。第 6 章介绍知识图谱技术在作文批改中的应用,深化信息技术,包括讲述运用信息技术提升教学质量、作文批改减轻教师负担、增强学生学习效率等。第 7 章主要介绍多模态数据采集与分析技术,智慧教育对大数据的诉求不断增加,全维度、多模态的数据成为学习分析技术分析的重要基础。第 8 章介绍区块链技术及区块链独特的技术特征,实现智慧教育资源的共享与安全性,促进教育的公平,有利于建立健全的人才培养体系。

第 2 章

教育知识图谱

本章将主要介绍知识图谱的基本概念、发展历史、新的研究工作和新技术,并就教育知识图谱的构建进行探讨。同时结合教育知识图谱的应用案例,更进一步了解知识图谱在教育领域的作用。

2.1　知识图谱简介

本节主要介绍知识图谱的基本知识点、历史发展、新的研究工作和新技术,其目的是为后面教育知识图谱的延伸学习打下基础。

2.1.1　知识图谱概述及发展历史

2012 年,谷歌率先提出知识图谱这一概念,并将其应用在搜索引擎后大获成功。知识图谱(Knowledge Graph,KG)是一种大规模的语义网络,是对现实世界的一种语义化表示形式,它对客观世界中的概念、实体及其关系进行了结构化的描述,用人类对外界的认知模式来表达领域信息,更好地对互联网的海量信息进行理解、组织和管理。图谱由互相有联系的实体及其属性所构成,用节点表示实体、概念或属性,用边表示实体的属性及实体间的关系,网状的图结构通过不同知识的关联性构成。知识图谱有很多分类方式,根据处理领域的不同,特定领域知识图谱和通用知识图谱是知识图谱的两大类。实体、概念、属性 3 种节点构成了常见的知识图谱示意图。作为知识图谱中的基本元素,实体是独立存在且具有可区别性的事物。不同的实体之间存在着不同的关系。概念是指具有同种同类特性的实体所构成的集合,如民族、国家、书籍、粮食等。属性用于区分概念的特征,在不同的概念中包含不同的属性,图中不同类型属性的边即代表不同的属性值类型。属性分为对象属性与数据属性两种,其中带有具体数值的属性为数据属性。对应实体或者概念的属性为对象属性,用于描述两个实体之间的关系。目前,知识图谱被用来泛指各种大规模的知识库,这些知识库可融合自然语言处理、知识表示与推理、认知计算、信息检索与抽取、机器学习与大数据挖掘、Web 技术等方面,同时在电子商务、智能助手等领域发挥着重要作用。

知识图谱的历史可追溯到 20 世纪五六十年代,是从语义网络、本体论、万维网、语义万维网一路发展而来,如图 2-1 所示。

1. 语义网络

20 世纪 60 年代,Quillian 提出了一种用图结构化表示知识的方式——语义网络(Semantic Networks)。在语义网络中,信息为以一组节点来表达,节点之间彼此相连,节点间的关系则用一组带

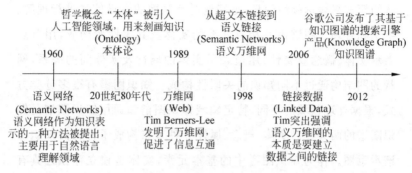

图 2-1　知识图谱的发展历史

标记的有向直线来表示。语义网络的网状结构提供了直观且有用的表示形式,用于建模语义知识和推理。语义网络的优点是简单直观,缺点是缺乏标准,完全靠用户自定义。实体结构、层次及实体间的因果关系等知识可以被语义网络深层次地表示。语义网络没有可遵循的推理规律,但可以通过语句强化直接得出知识表达的自然性;可以模拟人的语义记忆和联想方式,直接明确地表达概念之间的语义关系。同时因其结构关系,检索处理和推理效率较高,但语义网络不适用于动态、定量的知识,也不便于表达控制性、过程性的知识。语义网络最早试图以集成的方式实现。Collins 和 Quillian 在 1969 年提出的概念可被表示为树结构层次结构中的节点,其连接由类包含关系确定,如图 2-2 所示。特征属性或谓词的其他节点被连接到层次结构的最通用层次上。Keil 和 Sommers 所提出的树状结构的层次结构提供了一种特别经济的系统,用于表示有关类别的默认知识,但它对谓词的可能扩展(实质上是对可能的知识种类)施加了强烈的限制。Collins 和 Quillian 提出了有效搜索这些继承层次结构以检索或验证 Robins Hadwings 等事实的算法,它们表明人类受试者的反应时间似乎常常与该模型的定性预测相匹配,尽管此设计很优雅,但作为语义结构的一般模型,它仍然有很多局限性。继承层次结构只适用于表达某些分类学组织的概念,例如动物类别或其他自然类型。

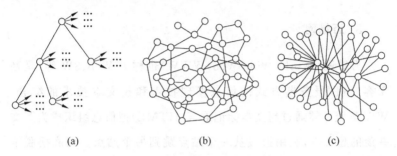

图 2-2　知识图谱的不同实现结构

2. 本体论

17 世纪,德国经院学者 P. 戈科列尼乌斯首先使用本体论(Ontology)作为探究世界的基质或本原的哲学理论。在最近半个世纪中,计算机界广泛应用本体论,使其在计算机语言、数据库理论及人工智能方面占据重要地位。本体论用于描述事物的本质,用于指代对某些感兴趣领域的共有理解的术语,是对概念化的精确描述和详细说明。形式上,本体是逻辑理论的陈述。本体必然包含或体现关于给定域的某种世界视图。世界视图通常被认为是一组概念,例如,实体属性在处理其定义及它们之间的相互关系时称为概念化。这种概念化可能是隐含的,例如仅存在于某人的脑海中或体现在软件中,因此,程序的本体可以在 AI 的上下文中通过定义一组表示性术语来描述。在这样的本体中,我们将话语宇宙中实体的名称(例如,类、关系、函数或其他对象)与人类可读的描述名称含义的文本及约束解释和良好表达的形式公理定义为相关联,而在计算机科学领域中,本体论是指一种用于描述由概念或者类、属性及关系类型所构成的世界模型,该模型可以由本体创建而成就特定类型的自动推理。

3. 万维网

万维网(World Wide Web,WWW)也称为 Web、3W 等,是基于客户机/服务器方式的信息发现技术和超文本技术的综合。WWW 服务器通过超文本标记语言(HTML)把信息组织成为图文并茂的超文本,利用链接从一个站点跳到另个站点。彻底摆脱了以前查询工具按特定路径一步步查找信息的限制。

4. 语义万维网

1998 年 Tim Berners-Lee 提出了语义万维网(Semantic Networks)概念,其作用是把能够被计算机所理解的语义元数据添加到全球信息网上的文档中,例如标准通用标记语言下的 HTML,从而使互联网成为通用的信息交换媒介。为了扩展全球信息交换的能力,语义万维网将通过使用相关的处理工具及标准置标语言。

5. 链接数据

利用语义万维网技术在不同的数据集间创建链接是链接数据(Linked Data)所强调的,它实际上是一个对语义万维网技术更简洁、简单的描述,弱化了语法而强调了网络部分。链接数据很少在 Schema 层使用 RDFS 或者 OWL 技术,而是倾向于在语义万维网技术栈中使用 RDF 和 RDF 查询语言 SPARQL 技术。在概念层次上,链接数据与知识图谱非常接近。知识图谱从某种角度来讲是对链接数据的进一步包装。根据数据集的开放程度,Tim 定义了链接数据的星级,将其划分为 5 个层次:一星级别是在网上;二星级别是机器能够自动读取;三星级别是使用公有格式,促进公开交换;四星级别是使用 RDF;五星级别是 RDF 拥有唯一 ID。链接数据结构(LDS)(例如列表和树)应用于许多重要的应用程序中。随着 C++、Java 和其他使用链接的对象图和函数表的系统的日益普及,LDS 的重要性日益增长。灵活且动态的构造使链接的结构变大且难以缓存。同时,以防止单个访问重叠的方式遍历 LDS,这些因素放大了片外数据访问对性能的负面影响。LDS 广泛用于编译器、数据库和图形应用程序中,LDS 是通过将数据元素之间显式连接而构造的。LDS 中的元素包含按地址命名所有相邻元素的字段。这种连接方式允许轻松构造和操作任意形状的数据结构,例如树和图形。动态构造还使 LDS 变得非常大,使其难以缓存。除此之外,访问连续 LDS 元素及其包含的数据的过程也不能重叠,因为地址生成过程本身需要通过内存进行固有的串行评估。此类问题通常称为指针追随问题,这种情况有效地暴露了每个 LDS 访问的全部延迟。隐藏此延迟的关键是尽早发布 LDS 访问,并将其与其他工作重叠。

2.1.2　知识图谱的主要技术和前沿工作

知识图谱的技术主要包括知识/信息抽取、知识表示、知识融合和知识推理 4 部分。在本节中,我们将详细介绍这几大技术及其前沿技术。

1. 知识/信息抽取

经过识别、理解、筛选、归纳等过程,知识抽取是把蕴含于信息源中的知识提取并存储,以此形成知识元库。作为自然语言处理领域的重要研究分支,如何自动从异构数据源中抽取信息而得到候选知识单元是信息抽取的关键问题。对知识进行简单预处理后,可作为后续系统的输入或者借助于自然语言处理中某些技术对信息进行结构化提取都是知识获取的途径。因涉及实体抽取、关系抽取和属性抽取等关键技术,序列化正是信息抽取的难点。

1) 实体抽取(Entity Extraction)/命名实体识别(Name Entity Recognition)

实体抽取,又称为命名实体识别(Name Entity Recognition,NER),是指从文本段落自动识别出命名实体并将其建立为知识图谱中的节点,由实体类、时间类、数字类三大类及人名、地名、机构名、日期、时间、货币、百分比七小类构成了整个实体类型。最初,实体识别采用人工对实体分类体系进行预定义,但随着技术的不断发展,目前的需求已经不是人工预定义可以满足的,因此需要研究更有价值的面向开放领域的实体识别和分类技术。实体识别既可以对已知的实体实例建模,利用该模型处理海量数据得到新的命名实体列表,并针对新实体迭代生成实体标注语料库,并采用聚类算法等对识别出的实体对象进行聚类。在开放域的实体识别和分类研究中,为每个领域或者每个实体类别建立单独的语料库作为训练集是不实际的,因此,如何从给定的少量实体实例中自动发现具有区分力的模型是研究人员面临的主要挑战。信息抽取中最为基础和关键的部分是实体抽取的质量,后续的知识获取效率和质量都极大地受召回率和准确率的影响。

2)关系抽取(Relation Extraction)

语料文本经过实体抽取,会得到一系列离散的可形成实体的命名实体。为了得到完整的语义信息及将多个实体或概念联系起来构成网状知识结构,语料文本还需要经过关系抽取将实体之间的关联关系提取出来而构成边。抽取句子文本中两个实体及实体之间的关系并以此构成关系三元组(s,p,o)是关系抽取的主要任务,其中三元组中的 s(subject)表示主实体,o(object)表示客实体,p(predicate)表示两实体间的关系。由于一个句子中可能不止两个实体和一种关系,关系抽取需要抽取句子中尽可能正确且多的关系实体对,这样才能使知识图谱更加全面。关系抽取分为传统关系抽取和开放领域关系抽取两种。传统的关系抽取直接用离散结构或将关系实例转换成高维空间中的特征向量来表示关系,而后在标注语料库上训练生成分类模型并识别实体间的关系,即采用统计机器学习的方法。关系抽取的方法包括:基于特征向量方法、基于核函数方法、基于神经网络的方法,而开放领域关系抽取则需要研究新的抽取方法,如按需抽取(Bootstrapping)、开放抽取(Open IE)、知识监督抽取(Distant Supervision)等。

3)属性抽取(Attribute Extraction)

属性抽取一般采集特定实体的属性信息,从而完成对实体属性不同信息源的完整勾画。因为实体属性值也可被看作一种特殊的实体,所以属性抽取实际上也是一种关系抽取。半结构化数据是通用领域属性抽取的主要研究数据来源，但若具体到某个特定应用领域，则当其主要数据来源为非结构化数据时，属性抽取仍然面临着极大的挑战。目前属性抽取只有 4 种方法：通过高频名词或名词短语抽取、利用主题模型抽取、利用监督学习抽取及利用句法关系抽取。

前人已经提出了许多方法来解决关系提取任务，这些传统的关系提取方法大多数假定有关实体提及的信息可用。Pawar 等提到了有关实体的信息由其边界（句子中的单词构成提及）及其实体类型组成，因此，在实践中，任何端到端关系提取系统都需要解决3 个子任务：识别实体提及的边界、识别所提及的实体类型及识别每对提及的适当语义关系。端到端关系提取的前两个子任务对应于由自动内容提取（ACE）程序定义的实体检测和跟踪（EDT）任务，而第三子任务对应于关系检测和表征（RDC）任务。传统上，端到端关系提取的 3 个子任务都是以管道方式串行执行的。这种流水线式方法仅允许用于提取关系的信息的单向流动，因此，任何子任务中的错误都会传播到后续子任务中。为了克服这些问题，有必要共同执行部分或全部子任务。

命名实体是稀有事物名称的集合，命名实体的主要功能是识别事物名称在文本中的位置。从新领域中提取命名实体是一项艰巨的任务，这些事物名称恰好指的是一个或多个相同、真实的或隐藏的概念。命名实体识别主要用于识别特定领域中非结构化文本的含义，这是许多包括情感分析、语义注释、问题回答和本体学习等重要领域管理信息的基础。通常，完整的命名实体识别通常分为两个主要问题：通过名称所指实体的类型对名称进行检测和分类。实际上,命名实体识别已经在现实世界的工业应用中显示了未来的商业价值,例如银行交易明细中的旁白列表、药物命名实体识别、机器翻译拼写检查器和问题答案生成系统等。

2. 知识表示

知识表示(Knowledge Representation)关联了知识客体中的知识与知识因子,将关于世界的信息表示为符合机器处理的模式,研究在机器中如何用最合适的形式对知识进行描述,使知识形式化、模式化,以便在机器中存储和使用知识的同时尽可能模拟人对世界的认识和推理。知识表示是知识组织的前提和基础,所有知识组织方法都依赖于知识表示基础。对知识的一种描述或一组约定即是知识表示,它也是一种用于描述知识且可供计算机理解的数据结构。基于数理逻辑的知识表示、基于非逻辑的知识表示及基于统计学习的分布式知识表示是知识表示的三大类。基于独热(One-Hot)表示的知识库三元组利用表示学习得到能够高效地实现语义相似度计算等操作的表达式,既大大提高了计算效率,又有效解决了数据稀疏问题,并实现了异质信息融合。

目前,由于科学界尚未对人类大脑中知识形成和知识结构的机制进行完全研究,故暂时没有通用的知识表示形式。人们认为,针对不同问题及不同领域,应存在多种知识表示方法。知识表示方法包括产生式规则表示法、状态空间表示法、语义网络表示法、框架表示法、逻辑表示法及"与/或"图表示法,其中根据客观世界中各客体之间存在的依赖关系的实质,产生式规则表示法中的产生式规则被提出。在客观世界中,各客体之间具有相互存在的因果关系,例如,如果现在下雨,就穿雨衣。类似上述包含状态-动作对或前提(条件)-结论(行动)对的句子可以用产生式规则表示。

对于一个具体问题可采用不同的表示方法,而采用不同的表示方法则有难易程度不一样的问题求解。一个合适的知识表示方法能够把问题求解变得容易,更有利于知识的存储和运用,因此,知识表达方法对问题求解是至关重要的。在有些情况下,知识表示是智能的主要体现,在找到适当的知识表示方法后问题也将基本解决。对于一个具体问题域的知识描述,往往可以有多种等效的知识表示方法。在具体问题求解过程中,各种知识表示形式所表现的效能是有差异的,应该根据其在问题的知识处理过程中控制知识运用所产生的效果作为评估原则去衡量知识表示方法的适用度。评估原则包括有效性(能准确、有效地表示问题域内的所有类型的知识,实现问题的有效求解)、可拓展性(以相对方便的形式进行知识检查、增删或者修改,对整个知识库产生较少直接影响)、可理解性(以符合人类思维逻辑的、便于理解的形式对问题域内的所有知识进行自然描述)和清晰性(简单的知识表示形式和知识库结构)。

3. 知识融合

经由信息抽取之后,信息单元间的关系变得扁平化,缺乏逻辑性和层次性的同时可能存在大量错误冗余的信息碎片。知识融合是将多个知识库进行知识整合而形成一个知识库,主要的关键技术包含实体消歧、指代消解、实体链接等。知识融合旨在融合同实体概念的多源描述信息,整合不同知识库的描述,从而获得实体完整描述。

1) 指代消解（Coreference Resolution）

指代消融分为回指、共指及下指 3 种。回指也被叫作指示性指代，指的是上文出现的词、短语或句子与当前的指代词存在密切的语义关联性，而且该指代词依赖于先行词的解释，同时具有非传递性和非对称性。共指是指包括代名词、名词短语的两个名词即使在脱离上下文的情况下仍然同时指向真实世界中的一个参照体，主要用于解决同一实体对象对应多个指称的问题。下指是指代词的解释取决于指代词后文的某些词、短语、句子或者句群的解释。

2) 实体消歧（Entity Disambiguation）

实体消歧专门用于解决同名实体所产生的歧义问题。通过实体消歧，可以将一些在表述或者写法上不一致但实际指向同一个实体的实体根据当前的语境准确建立实体链接，从而降低图谱的稀疏性及减少实体的种类。实体消歧主要采用聚类法，类似于词义消歧和词性消歧。

3) 实体链接（Entity Linking）

实体链接是指将从半结构化数据或非结构化数据中抽取而得到的实体对象链接到知识库中的正确实体对象的操作。实体链接是根据给定的实体指称项从知识库中选出一组大致相近的候选实体对象，通过相似度计算将给定的实体指称项链接到正确的实体对象。

4) 知识合并

一般来讲，知识合并主要分为两种：合并关系数据库，一般使用 RDB2RDF 等方法；合并外部知识库，主要处理模式层和数据层的冲突。

4. 知识推理

为了扩展和丰富知识网络,知识推理利用计算机推理,基于已有的实体关系数据建立实体间的新关联。知识图谱在初期搭建完成后,大多数关系是残缺不完整的,而使用知识推理技术可以在残缺的基础上完成进一步的知识发现,以此进行修补。知识推理不局限于实体关系对象,也可以是本体的概念层次关系或者实体的属性值等。知识推理方法可以分为基于图的推理及基于逻辑的推理两大类,包括基于图结构和统计规则挖掘的推理及基于知识图谱表示学习的推理,基于逻辑的推理包括基于描述符号逻辑的推理及基于概率逻辑的推理。基于描述符号逻辑的推理,描述了逻辑主要被用来对事物的本体进行建模和推理,描述和推断概念分类及其概念之间的关系。其主要方法是基于表运算 Tableaux 及其改进的方法,如 FaCT++、Pellet Hermit 等,基于 Datalog 转换的方法,如 KAON、RDFox 等及基于产生式规则的算法,如 Jena、Sesame 等。

2.1.3 小结

本节介绍了知识图谱的概念、发展历史、主要技术及前沿工作,其中主要技术包括知识/信息抽取、知识表示、知识融合及知识推理。

2.1.4 思考与练习

(1) 知识图谱是什么?

(2) 知识图谱的发展经过哪 5 个阶段?

（3）知识融合的技术有哪些？请给出大致解释。

2.2　教育知识图谱构建

　　教育从本质上来讲就是知识的创生、传递、接收和加工的过程，故教育和知识密不可分，而知识图谱作为认知智能的关键技术基础，在教育智能化走向"认知智能"中起着决定性作用。基于教育的知识图谱可以在精准教学和自适应性学习等场景下发挥较大作用，其构建的实际意义有 3 方面。①知识图谱帮助用户从关系角度分析问题，以便高效地获取相关知识及各知识间的逻辑关系，将抽象的信息用可视化的方式呈现；②建设现代化的网络资源平台，推动教育建设现代化，弥补传统数据库技术的缺陷；③帮助非专业学者从宏观层面快速概览学科知识体系。

2.2.1　教育知识图谱构建两大视角

　　教育知识图谱是以学科知识为核心，建立各个学科的知识点概念、层级关系及知识点与知识点之间的关联关系。教育知识图谱的构建主要从应用逻辑和教育资源建设两个视角出发。

　　首先是教育知识图谱的应用逻辑。教育学科知识图谱由不同知识点之间的前后序关系构成，可将知识点之间的关系通过可视化形式展示给学生，帮助学生构建知识体系，查阅知识要点，发现知识点之间的关联，消灭知识盲区。在学科知识图谱构建完成后，我们可以将其跟教学资源，如试题、教材、讲义等构建关联，通过用户信息和学习记录,进而建立知识点与用户之间的关联,更加精准地刻画学生对知识的掌握情况,实现对用户精准的学情研判,以及学习资源个性化推荐。与此同时,学科知识图谱也能帮助老师更好地了解学生的学习情况、优化教学方法和调整教学策略,通过与教研资料关联,主动推荐教研来为老师教研备课,提升效率和质量。以知识图谱问答为核心技术的辅助教学答疑系统可以有效地减轻简单重复问题给老师带来的负担,也可以在很大程度上满足学生的答疑需求。

其次是以学科知识图谱为核心的教育知识资源建设。教育知识图谱节点具有多样性,其中包括知识点、各类学习资源、知识点属性值等。关系包括知识点间关系、知识点与学习资源间的关系等。教育领域知识图谱有较高的质量要求,因此审核校验阶段需要大量业务人员参与,成为教育图谱落地的一个挑战。教育知识图谱对多模态知识的需求强烈,应能以图片、视频、语音等多种形式表现图谱内的知识点,增加一些除了文字描述以外的具象化感知。

2.2.2 基于智能处理技术的图谱构建

最早期的知识图谱构建主要采用人工方式,依靠业务专家制作本体和创建关系,耗费人力较大且效率较低。随着网络资源的丰富和完善,人们广泛采用在开放域上基于信息抽取的知识图谱构建方式,如图 2-3 所示。

知识图谱构建的整体流程具体包括以下几点:

(1) 在教育领域内对如课标、教材、考纲、教案、试题集等纸质教育资源进行收集并对其进行数字化转换,在开放领域对结构化/半结构化知识及非机构化知识进行数据采集，并进行数据预处理。

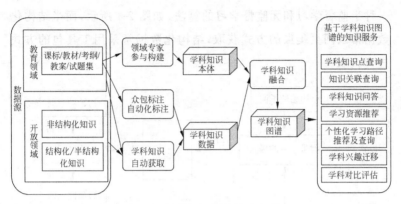

图 2-3　教育知识图谱构建流程

（2）领域专家参与构建学科知识图谱的本体，对教育领域内的概念进行梳理及对关系、属性、相关约束进行定义。利用领域专家对领域业务的深度理解，对当前领域知识的大体框架得以表达。领域专家将与图谱工程师按照知识图谱的建模原则对图谱进行数次交替修正迭代，构建出一套合适的学科知识图谱。

（3）知识抽取是指依据图谱框架和需求从互联网上抽取结构化或半结构的数据，是进行实体抽取、关系抽取和属性抽取的总称。知识抽取一般采用众包标注，通过本体映射将结构化/半结构化数据转换成三元组，并利用多种算法模型从非结构化数据中抽取三元组。在工具上，一般使用 OpenIE 主动从语料中自下而上挖掘出候选的概念和关系从而进行知识抽取，而后把候选概念及关系送至业务专家判断对错，借此大大提高建模效率。关系识别问题通过分析上下文来确定知识点之间的关系，一般被转换为分类问题来处理。关系识别的方法包含利用少量标注信息的半监督方法及基于大量语料库的监督学习方法。其中一种较为常见的方法为 Bootstrapping，只需带有语义的种子，就能实现实体的挖掘，是一种半监督学习和无监督学习的算法，如图 2-4 所示，而半结构化数据常以网页爬虫的方式获取，结构化数据常采用工具包的方式进行获取。

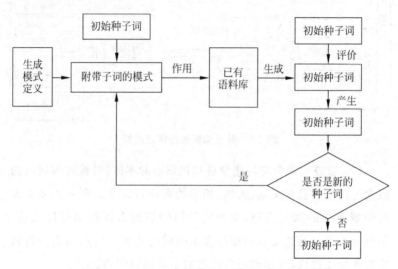

图 2-4　Bootstrapping 算法实现实体挖掘的过程

（4）知识融合是将采用不同方法抽取、不同数据来源的知识三元组进行实体对齐、属性对齐等知识融合操作，借此将由不同数据源构建的知识图谱融合为一个更大的知识图谱。知识图谱表示和构建的重要步骤是知识融合，包括学科知识点和知识体系的融合。由于来源广泛，知识可能包含大量的歧义、模糊、冗余甚至错误信息，难以评估知识的质量，所以对知识抽取所得到的原始知识资源进行清洗和融合是非常必要的。知识融合所涉及的技术主要包含共指消解、实体消歧、多数据源合并等。其中共指消解是指消除多个实体同一含义的技术,常用方法有聚类法、词法句法分析法和决策树法等;实体消歧是指消除同一实体不同含义的技术,常用方法有语义模型、词袋模型、百科知识模型和社交网络模型。

（5）经过质量控制和多次优化迭代后,可以得到最终的学科知识图谱,但由于网络信息的复杂性,在开放域上抽取的原始知识资源不可避免地会包含冗余或错误,也就是噪声,若在此基础上再进行知识推理,则所得到的知识同样是没有质量保证的,且随着知识图谱数量的增多,彼此之间存在的冲突也随之增加,所以知识图谱中的实体、关联等信息迫切需要进行质量评价。知识质量评价的优劣,是图谱构建中重要的一环,其意义在于剔除低价值的知识,保留高可信度的知识,体现知识可信性,以便提高知识图谱的质量。关于知识质量评价,可以通过综合多种评估方法来确定知识的最终质量评分,或根据业务的实际需求动态定义质量评估指标。

2.2.3　小结

本节介绍了教育知识图谱构建的两大视角及构建流程,其中构建流程包括资源收集、专家构建、知识抽取、知识融合及知识评价。

2.2.4　思考与练习

（1）教育知识图谱构建的两大视角是什么？

（2）为什么在教育知识图谱构建流程中需要知识评价？

2.3 教育知识图谱应用

2.3.1 应用场景

根据学科知识图谱的构造、意义及其与智慧型教育的适应性，学科知识图谱在智慧教育方向的应用场景主要包括学科知识点查询、学科知识自动问答、知识关联查询、学科知识资源推荐、个性化学习路径推荐和学习兴趣迁移 6 方面。

1. 学科知识点查询和知识关联查询

基于学科知识图谱，学习者可以查询某个知识点及其相关的知识点，即学科知识点查询。例如在数学学科知识图谱中，若学生想获取与"导数"相关知识点，则可通过输入知识点的名称进行查询，系统会呈现与该知识点相关联的知识点。同样地，学习者可以输入多个知识点的名称来获得知识点之间的关系。知识关联首先识别知识点并找到对应学科知识图谱中的节点，而后利用图算法搜索出两个节点之间的全部路径，并将其给学习者以可视化的方式呈现，使其能更好地了解知识点之间的关联关系。

在查询的实现中，RDF 较为常见。目前使用较多的知识图谱标准数据基本通过 RDF 三元组数据的格式进行存储。RDF 是一种 W3C 标准，同时也是一种描述信息的通用方法，它可以描述现实中的资源，使其被计算机应用程序读取并理解。RDF 模型中的资源可以代表现实中的任何实体,作为知识图谱中对客观世界的概念、实体和事件的抽象,资源带有唯一映射的统一资源标识(Uniform Resource Identifiers,URI)。通过属性和关系,很多资源就被连接起来,从而形成了 RDF 数据集。RDF 具有灵活性,知识图谱数据提供方以 RDF 格式展示自身的知识图谱数据并在互联网上发布。通过 URI 相互连接,多方数据共同构成庞大的知识图谱,将互联网上知识尽可能完整地描述,使互联网从文档网络转化成数据网络。因其可用性,RDF 知识图谱数据集数量与规模日益增长,未来的研究趋势为利用分布式数据库相关技术进行 RDF 数据查询处理。研究人员提出并实现了针对 RDF 数据的分布式查询处理方法,包括基于已有云平台的分布式查询处理方法、基于数据划分的分布式查询处理方法及联邦型分布式 RDF 数据查询处理方法。

2. 学科知识资源推荐和个性化学习路径推荐

按需推荐是智慧教育的一个技术特征。汇聚了多模态的学习资源,学科知识图谱以知识点为核心及网状发散结构呈现学科知识,利用知识关联性为学习者推荐学习服务、资源、工具等,满足学习者个性化发展与发展的需求。在了解学习者知识优缺的基础上,基于学科知识图谱的学习平台会为其推送拓展延伸性的知识点或者根据图谱间的语义关系为其推送需要强化的知识点。

而关于个性化学习路径推荐方向,在现实中,学习者会有不一致的学习路径及学习进度。即使是两个相同节点,学习者所带有的不同学习认知风格及知识掌握情况,会导致其学习路径也不尽相同。学科知识图谱会以用户相关学习知识点的联系及当前学习的知识内容为基础,推荐适合其现有知识水平的个性化学习路径并连接后续相关的学习内容。系统更支持学习者对自身学习路径的查询,实现学习者的自我了解。

利用知识图谱对多源异构数据的整合性,基于知识图谱的推荐系统可以对互联网上的大数据进行知识抽取,得到更细粒度的用户项目特征信息,精准计算出用户之间、用户与项目及项目之间的相关性,最后为用户做出推荐。其中包括基于本体的推荐生成(Moreno 等完成基于本体和协同过滤的混合推荐系统 SigTur/E-Destination)、基于 LOD 的推荐生成(Ristoski 等提出一种基于 LOD 的混合多策略推荐系统)及基于图嵌入的推荐生成(Palumbo 等针对基于知识图谱的推荐生成提出一种通用的向量化模型 entity2rec)。

3. 学科知识自动问答

我们在学科知识图谱的基础上设置问答系统,该问答系统会根据提问内容为学习者提供相关问题的答案,从而提高学习者的学习效率。智慧教育提供更加智能的学习工具,提倡为学习者创造更加高效、便捷的学习环境,而基于学科知识图谱的问答系统正可以利用自然语言理解技术及知识点的关联性给出答案,在减轻学习负担的同时提升了学习者的体验,不再需要学习者进行二次检索或筛选。

目前已有较多学者对知识图谱问答系统开展了长期研究,如建立在多样化语义万维网资源基础上的自动问答系统 Aqualog X97,实现了消歧和排序的相互融合,确保了较高的问题回答精度,构建得到了建立在模板分析基础上的自动问答方法;采用 TESL

算法优化处理中文领域知识库并构建得到流式中文知识图谱自动问答系统 CEQA，通过 Word2Vec 对词典进行混合链接，以 SDP 为基础实施的依赖缩减商品咨询问题类型而获得更加准确的答案；基于 BiLSTM-CRF 的细粒度知识图谱问答模型，将 N-Gram 算法与 Levenshtein 距离算法相结合用于候选主实体的筛选，应用注意力机制和卷积神经网络从语义层次和词层次捕获问句与关系之间的相互联系。

4. 学习兴趣迁移

学习兴趣迁移是设计一条由学习者兴趣点到学习目标之间的有效学习路径。根据学习者的知识特点、学习兴趣，学科知识图谱能够将某类学科的学习兴趣迁移到另一类学科，并构建学习兴趣迁移路径，以提高学习者的学习兴趣，树立终身教育的理念与体系及实现学习者学习的常态化与动态化。迁移学习主要分为基于实例和基于特征的两种方式。其中基于实例的方法，具有代表性的工作有 Dai 等提出的提升方法，其通过改变有标注数据样本的权值来达到迁移学习的目的。基于特征的方法对于数据是否有标签没有严格要求，其主要解决两个问题，即如何学习特征和如何迁移特征。

2.3.2　小结

本节介绍了教育知识图谱的应用场景，包括学科知识点查询、学科知识自动问答、知识关联查询、学科知识资源推荐、个性化学习路径推荐和查询、学习兴趣迁移。

2.3.3　思考与练习

（1）教育知识图谱是如何应用在知识资源推荐上的？

（2）你认为未来教育知识图谱会应用在除上文出现过的哪些场景？

## 第 3 章

教育知识图谱表征学习

本章将继续第 2 章知识图谱内容的核心技术延伸,即教育知识图谱的表征学习。本章将首先介绍什么是知识图谱的表征学习及当前主要的几种知识图谱表征学习技术;然后介绍表征学习应用在教育领域的特点和所面临的挑战,以及对应的解决方案和在这方面新的可解释性研究;最后,结合实际案例介绍教育知识图谱表征学习的作用。

3.1 知识图谱表征学习简介

知识图谱的表征学习(Representation Learning)是指将考虑的实体或者关系计算出相应的向量化表示的方法,它是深度学习应用在知识图谱上的最核心技术之一。在当前的表征学习的诸多方法中,广为人知的是 Word2Vec。Word2Vec 是一种被成功应用广泛的表征学习技术,它将单词转化成对应的向量,同时让语义上相似的向量具备对应的相似度。除此之外,Word2Vec 还可以在一定程度上学习到单词之间的抽象关系。例如著名的词类比例子:

(king－man＋woman＝queen)就告诉我们 Word2Vec 可以学习到"男女"关系。词类比是形如「a 之于 b，相当于 x 之于 y」的声明，也就是说 a 和 x 经过相同的变换后会分别得到 b 和 y，反过来通过 b 和 y 也可以得到 a 和 x。由于这是一个可逆的变换，我们可以将其形式化地定义为词类比 f 是一种在一组有序单词对 s 上成立的可逆变换，当且仅当 $(x,y) \in s, f(x) = y \bigcap f^{-1}(y) = x$。当 f 可以表示为如 $x \rightarrow x + r$ 的形式时，就称其为一个线性词类比。当它们恰好成立时，会在向量空间中形成一个平行四边形结构，并从中学习到单词之间的抽象关系，如图 3-1 所示。

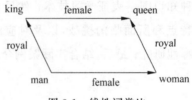

图 3-1　线性词类比

除了 Word2Vec 这类传统知识图谱表征学习技术外，在表征学习领域广泛地应用了很多基于语言翻译的模型和基于神经网络的模型，如 TransE、TransR、TransG 和 SLM、SME、NTN 等，本章将进行相应的介绍。在此之前，先对表征学习的几个重要概念进行阐述，包括表征空间、评分函数、编码模型、基于辅助信息的嵌入等。

1）表征空间

表征学习的关键是学习实体和关系的低维空间分布式表征。其中包括 Point-Wise 空间、复数向量空间、高斯分布空间、流形和群空间。

Point-Wise 空间将关系嵌入映射到向量或者矩阵空间中，其中基于翻译的表征学习技术一般采用类似的表征空间,而复数向量空间不同于实值空间,是将实体和关系在复数空间表征。例如 head 头实体,可以切分为实值部分和虚值部分。新的工作则将传统的复数空间扩展到超复数空间,通过定义一个四元空间 $Q=a+bi+cj+dk$,包含 3 个复数项。四元空间的内积定义为 Hamilton 积,因此可看作 head 实体和关系的组合操作。

高斯分布是由研究人员在 2015 年引入,用于处理确定和不确定的实体和关系。通过将实体和关系嵌入多维高斯分布,将关系嵌入视为高斯分布的混合来达到表征空间的作用,而流形和群空间则是把 Point-Wise 空间的方式扩展到流形空间,通过 n 维圆环空间的嵌入,解决 Point-Wise 空间类型方法的正则化问题。

2) 评分函数

评分函数用来衡量 facts 的合理性,在基于能量的学习框架中也可以看作能量函数。基于能量学习的目标是学习一个能量函数 $\varepsilon_{\theta}(x)$,其中 θ 为参数,来确保正样例得分高于负样例。一般来讲,有两种类型的评分函数:基于距离的函数和基于语义相似度的函数。这两种评分函数对应的知识图谱表征学习技术会在 3.1.1 节和 3.1.2 节详细介绍。

3) 编码模型

编码模型主要包括线性模型、因子分解模型和神经网络模型。线性模型通过线性/双线性的映射方式,例如简单的乘法操作编码实体和关系的交互,将头实体映射到表征空间,使其接近尾实体。经典的 Trans 系列模型就是采用的这种思想。

因子分解模型通过将关系数据描述为张量并分解到低秩矩阵进行表征学习。通用的张量分解方式描述为 $\chi_{hrt} \approx \boldsymbol{h}^{\mathrm{T}} \boldsymbol{M}_r t$,组合函数之后就是语义匹配模式。类似的还有双线性结构的隐因子模型LFM，以及通过输出一个中心张量及实体和关系的嵌入向量，以此来学习整体的嵌入。

神经网络模型通过神经网络实现编码，例如 MLP 就是将实体和关系一起通过全连接网络进行编码。近年来，使用 2D 卷积和多层非线性特征建模实体和关系之间的交互，或者采用 CNN 编码实体和关系的拼接，另外也可以利用循环神经网络及循环跳转机制通过区分关系和实体强化语义表征学习。通过随机游走得到实体和关系交错的路径，用于计算循环神经网络的隐含层输出，而最近火热的基于 Transformers 的模型本质上都是基于预训练模型的思想，通过特定关系转义来建模图谱。

4）基于辅助信息的嵌入

多模态嵌入是近年来人工智能领域的研究热点，同样也存在于知识图谱的表征学习中，因为目前的知识图谱不仅包括实体和关系，还包括对应的文本描述、类型约束、数值和视觉信息等。例如在 2014 年时就有学者通过引入实体名称和维基百科锚点，将实体空间和单词空间对齐。一般来讲，在知识图谱表征学习中融合文本描述，联合损失函数是一种常用的方法，通过对应不同模态数据的损失，实现联合学习。

类型约束信息一般是为了通过融合实体的语义范畴在语义空间平滑地对属于相同类范畴的实体进行嵌入，实现建模实体描述之间的相关性，而视觉信息则可以基于图片的表征，将图片编码到实体空间，遵循转义的原则结合图谱结构的特征共同映射到相同的表征空间。

3.1.1　基于翻译的传统知识图谱表征学习技术

基于翻译的模型本质上是构建一个嵌入模型,将这样的数据关系网络简洁高效地嵌入数学模型中,并提供自动添加事实的功能,而不需要人工提供额外的知识。其主要思想是通过提取已有的数据关系中的模式,利用该模式对已存在的实体与关系(两者没有对应关系)进行预测。

经典的基于翻译的模型当数 TransE 模型,以关系(Relation)为核心,选用关系模型中的关系的一个低维向量来表示关键关系(Key),是一种嵌入低维模型的平移转换,头尾实体的嵌入依赖于该关系所产生的低维向量,因此关系可以看作嵌入转换过程中的翻译,也是基于翻译模型流派名字的由来。一开始这个模型是为具有层次结构的知识图谱服务的,实际应用后对大部分结构都适用,并且能应用于大规模的实体-关系图上。

图 3-2 为 TransE 的示意图,其受到了 Word2Vec 的启发,基于词向量的平移不变现象将每个三元组实例中的关系 Relation 看作从实体 Head 到实体 Tail 的翻译,通过不断调整 h、r 和 t(即 Head、Relation 和 Tail)的向量,使($h+r$)尽可能与 t 相等,即 $h+r \approx t$。数学上表示就是

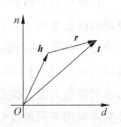

图 3-2　TransE 示意图

通过约束 $\mathrm{d}(h+l,t)=||(h+r)-t||_2^2 \approx 0$ 来对实体和关系建模,将它们映射到相同的向量空间中。

TransE 效果不错,但对于知识库中的实体关系建模,特别是一对多,多对一,多对多的关系,需要设计更好的建立负类的办法

用于训练,因此有学者提出了 TransH,将实体和关系嵌入同一向量空间,但实体在不同关系中有不同的表示。图 3-3 展示了 TransE 和 TransH 的区别,可以看到 TransE 中三元组(h,r,t)需要满足 $d(h+l,t)=\parallel(h+r)-t\parallel_2^2\approx0$,而 TransH 中三元组$(h,r,t)$则需要满足 $d(h+r,t)=\parallel(h-w_r^\mathrm{T}hw_r)+d_r-(t-w_r^\mathrm{T}tw_r)\parallel_2^2\approx0$,其中 $w_r,d_r\in\mathbf{R}^k$ 表示关系。

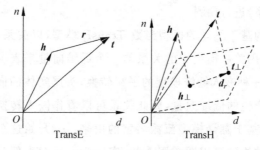

图 3-3　TransH 示意图

其他还有:例如 TransR 将实体和关系分开嵌入,TransD 通过动态映射矩阵嵌入,TransA 更换度量函数,区别对待向量表示中的各个维度,增加模型表示能力。TranSpare 则针对不同难度的实体间关系,使用不同稀疏程度的矩阵及参数进行表征,其目的是防止对复杂关系欠拟合或者对简单关系过拟合的情况。对头尾两种实体采用不同的投影矩阵,解决头尾实体数目不对等的问题等。有兴趣的读者可以自行查看相关文献。

近年来,在基于翻译的模型系列设计中使用高斯混合分步表示实体。例如 TransG 就是一个高斯混合模型,其利用贝叶斯非参数高斯混合模型对一个关系生成多个翻译部分,根据三元组的特定语义得到其中的最合适部分。类似的还有 KG2E,其利用高斯分布表示实体和关系,并通过采用高斯分布的协方差来表示实体和关系的不确定度新想法,提升已有模型在链接预测和三元组分类问题上的准确率。

3.1.2　基于神经网络的知识图谱表征学习技术

基于神经网络的知识图谱表征学习技术通过使用神经网络为三元组定义评价函数,在训练中,要求正确的三元组获得较高的分数,而错误的三元组得到较低的分数。通过惩罚错误的三元组完成学习过程,使正确的三元组和错误的三元组之间可以有一个明显的分界线。比较常用的基于神经网络的知识图谱表征学习模型有 SLM、SME 和 NTN 等。

单层神经网络模型 SLM 通过采用单层神经网络的非线性操作,来减轻距离/翻译模型无法协同精确刻画实体与关系的语义联系的问题。SLM 为每个三元组(h,r,t)定义了评分函数:

$$f_r(h,t) = u_r^\mathrm{T} g(M_{r,1} l_h + M_{r,2} l_t) \tag{3-1}$$

本质上来讲,SLM 将头实体向量和尾实体向量通过关系 r 的两个矩阵投影到 r 的对应空间中,然后在该空间中计算两投影向量的距离。这个距离反映了两个实体在关系 r 下的语义相似度,它们的距离越小,说明这两个实体存在这种关系,然而,SLM 的非线性操作仅仅提供了实体和关系之间比较微弱的联系,与此同时却导致了更高的计算复杂度,所以性价比相对来讲不高。

能量模型 SME 提出了更复杂的操作,寻找实体和关系之间的语义联系。在 SME 中,每个实体和关系都用低维向量表示,在此基础上,SME 定义若干投影矩阵用于刻画实体与关系的内在联系,SME 为每个三元组(h,r,t)定义了两种评分函数,分别是线性形式:

$$f_r(\boldsymbol{h},\boldsymbol{t}) = (\boldsymbol{M}_1\boldsymbol{l}_h + \boldsymbol{M}_2\boldsymbol{l}_r + \boldsymbol{b}_1)^{\mathrm{T}}(\boldsymbol{M}_3\boldsymbol{l}_t + \boldsymbol{M}_4\boldsymbol{l}_r + \boldsymbol{b}_2) \quad (3\text{-}2)$$

双线性模式：

$$f_r(\boldsymbol{h},\boldsymbol{t}) = (\boldsymbol{M}_1\boldsymbol{l}_h \otimes \boldsymbol{M}_2\boldsymbol{l}_r + \boldsymbol{b}_1)^{\mathrm{T}}(\boldsymbol{M}_3\boldsymbol{l}_t \otimes \boldsymbol{M}_4\boldsymbol{l}_r + \boldsymbol{b}_2) \quad (3\text{-}3)$$

张量神经网络模型 NTN 的基本思想是，用双线性张量取代传统神经网络中的线性变换层，在不同的维度下将头、尾实体向量关联起来。NTN 为每个三元组$(\boldsymbol{h},\boldsymbol{r},\boldsymbol{t})$定义了如下评分函数，评价两个实体之间存在的某个特定关系 r 的可能性：

$$f_r(\boldsymbol{h},\boldsymbol{t}) = \boldsymbol{u}_r^{\mathrm{T}}g(\boldsymbol{l}_h\boldsymbol{M}_r\boldsymbol{l}_t + \boldsymbol{M}_{r,1}\boldsymbol{l}_h + \boldsymbol{M}_{r,2}\boldsymbol{l}_t + \boldsymbol{b}_r) \quad (3\text{-}4)$$

NTN 中的实体向量实际上是该实体中所有单词向量的平均值，这样计算的好处在于实体中的单词数量远小于实体数量，可以充分重复利用单词向量构建实体表示，降低实体表征学习的稀疏性，增强不同实体的语义联系。NTN 的缺陷在于其虽然能够刻画实体和关系的复杂语义联系，但其计算复杂度非常高，需要大量三元组样例数据训练，同时以往的研究表明 NTN 在大规模稀疏知识图谱上的效果较差。为了解决这些问题，近年来出现了很多新兴的知识图谱表征学习技术。

3.1.3　知识图谱表征学习的新兴技术

随着深度学习的兴起和其探索深层特征的能力，利用深度学习模型进行知识图谱表征学习也引起了人们的广泛关注。这些模型的主要思想是采用一种深度神经网络，用于学习实体和关系的嵌入，以获得更好的表示。近年来，基于卷积神经网络的知识图谱补全模型 ConvE 模型和 ConvKB 模型被提出并获得了较好的效果。ConvE 模型是一种基于二维卷积神经网络和多层非线性特征建模知识图谱的链接预测模型，该模型由二维卷积层、嵌入投影层和内积层组成,如图 3-4 所示。

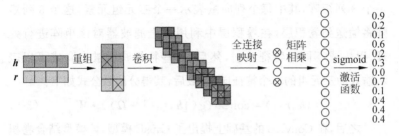

图 3-4　ConvE 模型示意图

具体来讲,ConvE 首先将输入的一维向量转换为二维向量,送入卷积层进行特征提取,即对输入矩阵进行不同的滤波,输出特征映射张量,然后对特征映射向量进行线性变换,最后其得分函数如下:

$$f(\boldsymbol{h},\boldsymbol{r},\boldsymbol{t})=f(\mathrm{vec}(f([\bar{\boldsymbol{h}};\bar{\boldsymbol{r}}_r] * \omega))\boldsymbol{W})\boldsymbol{t} \qquad (3-5)$$

同样地,ConvKB 模型也利用卷积神经网络解决知识图谱补全的问题。不同于 ConvE 模型将实体和关系表示重组为二维向量,ConvKB 模型通过卷积神经网络直接对三元组进行特征提取,以便能够捕捉到知识图谱中实体和关系之间的全局关系和转换特征,其架构如图 3-5 所示。

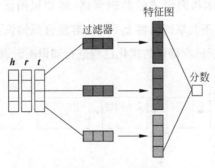

图 3-5　ConvKB 模型

在 ConvKB 中，每个三元组（头实体、关系、尾实体）被表示为一个 3 列矩阵，其中每个列向量表示一个三元组元素，这个 3 列矩阵将馈送到卷积层，在卷积层中利用多个滤波器对该矩阵进行处理，以生成不同的特征映射，然后，这些特征映射被串联成可以表示输入的三元组的单个特征向量，最后，其得分函数公式如下：

$$f(\boldsymbol{h},\boldsymbol{r},\boldsymbol{t}) = \mathrm{concat}(g([\boldsymbol{h},\boldsymbol{r},\boldsymbol{t}] * \Omega)) \cdot W \qquad (3\text{-}6)$$

之后，在 ConvKB 的基础上提出了 CapsE 模型，该模型结合卷积神经网络和胶囊网络进行知识图谱补全，同样获得了较好的效果。

除了上述模型外，我们发现这些模型都利用了知识图谱本身的结构信息的知识图谱表征学习模型。另外，一些研究者考虑将实体名称和实体描述等外部知识融合到知识图谱补全模型中，以提高模型的性能。Wang 等利用文本语料库中丰富的上下文信息，提出了一种新的知识图谱补全方法 TEKE，该方法通过引入丰富的上下文文本信息来扩展知识图谱的语义结构，使每个关系对不同的头尾实体有不同的表示，从而更好地处理一对多、多对一和多对多等复杂关系，其模型框架如图 3-6 所示。对于给出的知识图谱和文本语料库，TEKE 模型首先对语料库中的实体进行语义标注，然后构建由实体和词组成的共现网络，将知识图谱和文本信息连接起来，之后基于共享网络将上下文内容整合到知识图谱结构中，最后利用一个基于标准翻译的优化过程进行知识图谱表征学习。

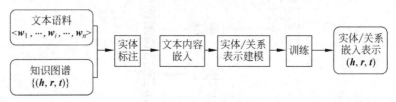

图 3-6　TEKE 模型

　　Xie 等研究了一种基于实体描述的知识图谱表征学习方法 DKRL,更具体地说,这种方法提出了两种编码器,分别利用连续的词袋模型(CBOW)和深层卷积神经网络(CNN)编码实体描述,同时进一步学习三元组和描述的知识表示,如图 3-7 和图 3-8 所示,分别展示利用词袋模型和深层卷积神经网络进行编码的模型图。

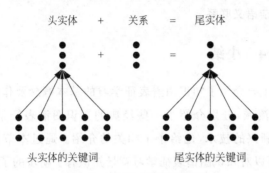

图 3-7　DKRL 连续词袋模型

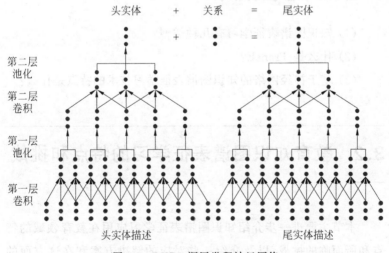

图 3-8　DKRL 深层卷积神经网络

DKRL 模型将实体表示分成了两种类型,一种是基于结构的表示,一种是基于描述的表示。基于结构的表示可以捕捉到知识图谱中三元组的信息,基于描述的表示可以获得实体的语义特征信息,该模型在同一个向量空间中学习这两种表示,并定义了能量函数公式,从而更好地进行实体和关系的表示,精确地刻画实体和关系的复杂语义联系。

3.1.4　小结

本节主要介绍了知识图谱表征学习的基本概念及作用。按照不同技术流派,分别介绍了一些经典的知识图谱表征学习模型。同时对于新兴的技术,也给予了相关的介绍。通过本节内容的学习,读者可以对知识图谱表征学习背景知识有了初步的了解。

3.1.5　思考与练习

(1) 知识图谱表征学习有几种类型?

(2) 什么是 TransE?

(3) 基于神经网络的知识图谱表征学习技术的特点是什么?

3.2　教育知识图谱表征学习的特点和挑战

本节主要进一步介绍知识图谱表征学习应用在教育领域的特点和所面临的挑战,以及介绍一些对应的解决方案和在这方面的新的可解释性研究。

3.2.1　教育知识图谱的语义特点及提取方法

上文我们提及了知识图谱的表征学习是将考虑的实体或关系计算出相应的向量化表示的方法。换句话说,当处理教育知识图谱时,首先要考虑教育知识图谱实体或关系的特点,进一步说,是实体或关系的语义特点,这样才能更好地将教育知识图谱所包含的信息展现出来。

教育知识图谱实体或关系的语义特点是什么呢? 语义需要从实体、概念、关系的知识维度去做全方位的解析,这样才可以有效地提供应用所需语义知识。在这一过程中,首先要对文本进行实体类的标注,即实体识别,然后将实体关联到知识图谱,这样通过关联关系及知识图谱可以更好地获取实体对应信息。很明显,在教育知识图谱定义下的这一过程中,如何实现教育文本中的实体识别是重中之重,而目前实体间关系的语义类别一般由专家来预定义,因此在本书中不做专门介绍。

教育文本中的实体语义的特点和其他领域不同,一个词出现很多次并不等于它是一个我们所需的教育知识图谱中的概念实体,而一个词可能只出现过一次,但可能却是非常重要的一个知识概念。教育文本中的实体有其专门的领域概念或意义。除此以外,教育领域的知识总体呈动态性,知识不断更新,并且很多知识的语义是隐性的,难以用语言表达,因此需要通过一定的方法让其明确化和显性化。另外就是教育概念理解中的语义泛化问题。所谓语义泛化,是指在词语的使用过程中,最初的语义特征不断减弱,同时随着时代的变化,词语的外延不断扩大,用法不断增多。以"课程"这个实体词的定义为例,据统计,截至 1973 年,'课程'这一术语就有 119 种定义。概念本身的泛化会导致重重的歧义。

因此,传统的提取和显现方法陷入并不适用,我们首先需要从原始数据中准确提取与主题或课程相关的概念。概念提取的目标是通过深刻理解词语的语义,将每个词语进行序列化标注,该序列化标注指定该词语是否是教学概念的一部分,而最终仅需要识别出概念的边界,并非识别出概念的整体,因此,概念提取任务即可被视为概念边界检测问题,成功地提取概念可以在一定程度上解决上述的教育领域内概念的语义问题。

图 3-9 是一个基于神经序列的概念边界检测模型。其中涉及的神经序列模型可以有效避免繁杂的特征工程,不仅如此,基于指针网络机制的模型能够进行概念边界检测,有效定位概念首尾标签。在此模型中,有 4 种类型的标签,即 O、B、I 和 E。O 表示"概念之外",B 表示"概念的开始",I 表示"概念内部",E 表示"概念的结尾"。其中,在此模型中以 B 和 E 标签作为重点对象。模型的输

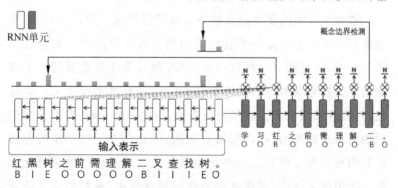

图 3-9　基于神经序列的概念边界检测模型

入表示层将每个词的字符粒度和词粒度的向量表示进行拼接,以此生成可代表语义的嵌入向量;第二部分的上下文编码器则对输入词所组成的句子进行上下文特征自动提取,捕获序列间的依赖关系;第三部分为标签解码器,是模型的核心部分,其利用指针网络机制,不检测预测的所有标签类型,而是有针对性地将首尾标签进行二分类识别,单词的首和尾皆标记为 1,其余则标记为 0,以此达到实体边界检测的目的。

3.2.2　教育知识图谱表征学习的当前挑战和解决方案

　　知识之间的关系主要包括:上下位关系,主要是父子概念之间、概念与实体之间。概念图谱表达教育领域概念之间的关系。在教育领域概念性的内容会比较多,这些概念间的关系就是整个知识的脉络。例如包含关系,知识点下的几个具体的小考点,整体与部分的关系。先后序关系,可以用来做学习规划。在不同的学科还有一些特殊关系,例如互斥和因果等。除此之外,教育图谱中知识也有丰富的属性,例如共性的“考点”“难点”“易错点”“考纲要求”等共性属性。不同学科里有具体的细粒度属性,例如数学里面的“定义”“性质”“面积公式”“周长公式”等,因此,如何设计一个知识图谱表征学习方法把上述教育领域的特点表现出来是当前面临的挑战。

　　当前绝大多数知识图谱表征学习工作是针对三元组结构的学习,对全局信息处理考虑得还不充分,缺乏捕获实体间的关系依赖性的能力,因此在实体之间传播的语义信息不够丰富。对于不同来源、不同类型数据的跨图谱表征学习,此问题体现得尤为明显。

此外,还需考虑教育知识图谱和一般知识图谱的区别,例如教育领域特有的一些实体间的关系,以及知识点之间的先决条件关系和包含关系等,因此,需要针对教育知识图谱中的实体信息和实体间的关系信息特点建立具有稳健性的高效编码,增强表征学习过程中的语义信息传播,以得到信息低损失的连续低维向量空间。

图 3-10 是一个基于图卷积网络(Graph Convolutional Networks)的半监督表征学习模型,作为解决方案用以融合实体的文本和结构信息。此模型使用一阶和二阶相似度来捕捉知识图谱的局部结构和全局结构,以便更好地学习实体的文本和结构信息。其中,一阶相似度用于描述知识图谱中实体之间的成对相似性,而二阶相似度用于描述实体邻域结构之间的成对相似性。对于一阶相似度,采用了经典的 DeepWalk 算法把每个实体(如图 3-10 中的 V_i)转换成一个向量,然后用欧氏距离计算两个向量的相似度。计算出来的一阶相似度可以为二阶相似度的计算提供监督信息。

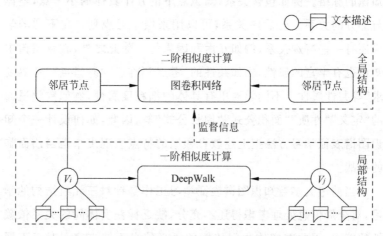

图 3-10　基于图卷积网络的半监督表征学习模型

对于二阶相似度计算,可以设计一个基于图卷积网络的自动编码器来计算,如图 3-11 所示。该图显示了图卷积网络的预处理架构。灰色的顶点是实体顶点,红色的顶点是关系顶点。首先将实体顶点属性读作通道,然后构造一组邻域图来对每个实体顶点进行排名。具有蓝色的顶点是在特定范围内具有最高排名值的顶点,并且其可用作构造邻域图的质心。在归一化后,笔者可以得到每个邻域图的接收字段列表作为卷积网络的输入,整个过程可以描述如下。

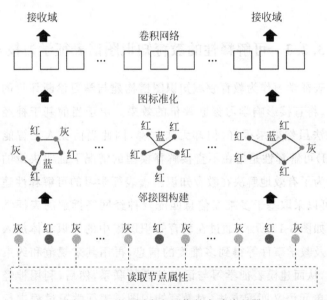

图 3-11　基于图卷积网络的自动编码器

给出图 $G=(V,E)$,其中 $N=|V|$ 为顶点,然后把 G 的邻接矩阵 M 和一个 $N\times D$ 矩阵 X 作为输入。利用随机潜变量 z,可以得到 $N\times F$ 输出矩阵 Z,其中 F 是输出特征的数量,D 是每个顶

点的属性数。现有的相似模型仅适用于无向图,不适用于有向的知识图谱,因此,在模型中,将知识图谱变为无向二分图,其中附加节点表示原始图中对于这种情况的关系,即关系顶点。每个实体顶点由一阶相似度计算的特征向量描述,并且每个关系顶点将被分配一个唯一的表示。在这个模型中,每个关系顶点的文本表示为其文本加上其连接实体的文本。最后,在有了一阶和二阶相似度计算方式后,采用通用的图拉普拉斯正则化项损失函数就可以执行联合优化,以保证局部结构和全局结构信息都被考虑在内。

3.2.3　可解释性的教育知识图谱表征学习技术

表征学习作为教育领域知识图谱构建与学习诊断评价的中间环节,将直接影响学习诊断评价的效果。由于当前基于神经网络的方法虽然效果很好,但却无法解释,因此当前在人工智能领域(XAI)可解释性是指在不直接解释模型的情况下证明决策的合理性。为了有效地解决在教育知识图谱表征学习的可解释性建模问题,可以采取基于多维度信息匹配及神经网络拆解的表征学习方法。如图 3-12 所示,通过在教育知识图谱中的知识实体加入背景知识及教学事件等得到多维度的信息,再用其来规范和约束嵌入训练,从而建模表征学习与语义信息的联系,然后,利用神经网络特征单元语义匹配方法,对教育知识图谱表征学习过程进行可解释性建模,主要包括两个技术要点,融合背景知识的教育图谱可解释性嵌入训练方法和神经网络特征单元与教学事件的语义匹配。

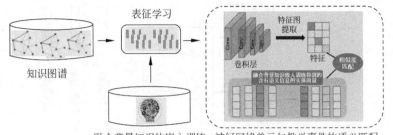

图 3-12　基于多维度信息匹配及神经网络拆解的表征学习方法

1. 融合背景知识的教育知识图谱可解释性嵌入训练方法

近几年来,使用神经网络来学习实体和关系的嵌入是对大规模关系数据执行统计学习的有效方法,然而,这种方法仍有一个非常大的局限,即它们只依赖于现有的事实,而不利用任何形式的背景知识,因此会导致无法挖掘一些潜在信息和背景知识的关联,所以需要提出一个有原则的、可扩展的方法。采用在关系嵌入上提出一种由背景知识驱动的正则化约束,利用外部背景知识来规范事件知识图谱嵌入的训练,如图 3-13 所示,这对于接下来的学习诊断评价更有效。具体来讲,将由背景知识驱动得到的正则化约束有效地在关系类型的分布式表示之间强制实现了一组理想的代数关系实现表示的可解释性。通过在谓词嵌入上强加一组依赖于Trans 系列训练模型的软约束,用于加强谓词嵌入之间的一组期望关系,以此来反映关系的嵌入,表示分布的现有先验背景知识,增强方法的可解释性。这种方法的好处在于让嵌入空间中的规则有效地反映了可用的背景知识,这为实际的嵌入训练提供了可解释的语义联系。

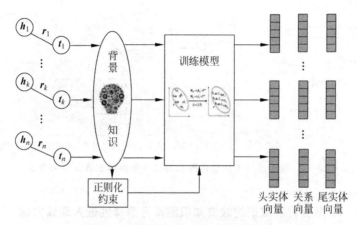

图 3-13　背景知识驱动的正则化约束

2．神经网络特征单元与教学事件的语义匹配

　　教育知识图谱结合教学事件的表征学习旨在通过深度神经网络挖掘各种教学事件的隐藏语义特征，以获得具有可解释性的表示，使其可以更好地应用到学习评价中。然而，大部分基于深度学习的表征学习方法都缺乏可解释性，仅有的少部分可解释性方法也只是通过简单的可视化来讲明网络与语义之间的关系，没有直接揭示其直接联系，但是，神经网络中的隐藏特征单元分布了混合语义特征信息，因此需要进行网络结构拆解，将得到的隐藏特征单元信息与教学事件等实体进行匹配，挖掘特征单元的混合特征语义信息。图 3-14 是一个神经网络特征单元与教学事件的语义匹配方法。在该方法中，通过网络拆解得到隐藏特征单元，并利用激活函数对其进行激活以获取更全面的特征信息，然后，通过一个基于相似度匹配的映射函数对特征单元进行分析，将含有混合语义信息的隐藏特征单元映射到语义信息的概念向量表示上，以此得到

各个概念在特征单元的概率分布及特征单元中的混合语义信息，从而解释网络特征单元的概念特征编码的过程。和现有的方法相比，此方法具有可解释性，可以更加准确地学习融合了事件的教育知识图谱的表征。

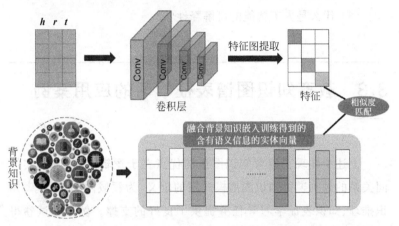

图 3-14　神经网络特征单元与教学事件的语义匹配方法

3.2.4　小结

本节介绍了知识图谱表征学习在教育领域的语义特点及挑战，通过本节的学习，读者可以了解对应问题的具体解决方案，进一步加深对教育知识图谱表征学习的理解。除此之外，本章还介绍了当前人工智能新的热点，即可解释性，在教育知识图谱中如何体现，通过融合背景知识的教育图谱可解释性嵌入训练方法和神经网络特征单元与教学事件的语义匹配，可真正实现高质量的教育测评及学习资源推荐。

3.2.5　思考与练习

(1) 教育知识图谱的语义特点是什么？

(2) 教育知识图谱表征学习的挑战是什么？

(3) 什么是人工智能的可解释性？

3.3　教育知识图谱表征学习的应用案例

上述中体现了教育知识图谱的优点在于逻辑结构清晰，实体间关系的刻画遵循知识图谱模式层的定义，为领域内知识共享、知识推理、知识表征学习等任务提供了良好的支撑。例如在试卷得分预测任务上，引入了教育知识图谱比没有引入教育知识图谱效果要好很多。本节将介绍两个基于教育知识图谱表征学习的应用案例，包括基于教育知识图谱的教育测评和基于教育知识图谱的学习资源推荐。

3.3.1　基于教育知识图谱的教育测评

教育测评包括两部分，即教育测量和教育评价。教育测量从定义上讲是指针对学校教育影响下学生各方面的发展，侧重从量的规定上予以确定和描述的过程，关注点在于学校的教学效果，反馈关于课堂教与学两方面的信息。教育评价是指按照一定的价值标准和教育目标，侧重于对学生行为的定性描述及利用测量和非测量的种种方法系统地收集资料信息,对学生的发展变化及其影响学生发展变化的各种要素进行价值分析和价值判断,并为教育决策提供依据的过程。目前,中学教学大多通过组织大规模的考试活动,如多校联考、地区统考、月考、周考等各类考试,将学生组织在一块进行考试,频繁的考试活动会耗费师生大部分时间精力。卷面测评覆盖的考点内容有限,而且涉及的知识点具有零散不连贯的弊端,容易导致学生缺乏对知识系统性的认知,而传统的集中式卷面测评同样很难适合各阶段学习情况的学生,教学针对性相对较差。当前,各种测评系统包括知名企业研发的系统大多采用统计的方法整理分析考试结果并生成各类型的数据报表,统计结果往往只局限于学生直观的考试分数和排名,无法对知识进行系统性建模,从而帮助学习者了解自己在整个知识结构上的各知识点的掌握情况。统计结果相对离散,数据间的关联关系也无法得到有效体现。

　　基于教育知识图谱的教育测评可以在某种程度上解决这个问题,与其他领域的知识图谱构建方法相比,除了领域数据层的构建外,知识图谱的表征学习方法的差异,可以直接影响在知识图谱上的计算效率,并进一步影响知识图谱在具体应用上的实际性能。目前比较适合用于教育测评知识图谱的表征学习方法是基于符号表示的表征学习方法,其借助于逻辑规则和产生式等方式进行知识层面的刻画。基于符号表示的表征学习方法具备特有的强逻辑关联与规则推理能力,在知识图谱领域具有广泛的应用,如语义检索、智能问答、推荐系统等。通过对构建好的知识图谱进行嵌入式表征学习,将通过符号表示的表征学习方法处理后的知识嵌入连续稠密低维向量空间中,可有效提高如实体链接预测、三元组分类等任务的性能。例如,基于翻译模型的分布式表征学习核心在于将知识图谱中符号化知识嵌入连续稠密低维向量空间中,将关系解释为对实体进行映射操作的翻译,在保留原始知识图谱结构的同时尽可能减少语义信息的丢失,同时简化了计算过程。图 3-15是一个融合了领域知识图谱、认知推理模型及神经网络等技术生成的学习评价报告样例。

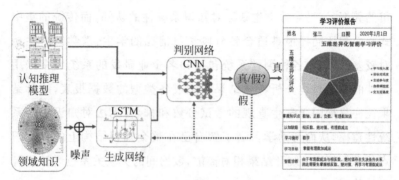

图 3-15　领域融合知识图谱

综上所述,结合当前快速发展的知识图谱技术及全球各国提倡的精准化、智能化教育测评的大背景,本节提出的构建教育测评知识图谱,通过建立教育学习过程中的各种测评指标、数据及诸如老师、学生、试卷、知识点等概念对象、实体、属性等之间的关联关系,实现教育领域内知识共享与互联。与此同时,知识图谱可以为智能教育测评提供更为广泛有效的应用。知识图谱技术中的学科知识点层次结构关系建模让学生对知识有了更系统性的认知,可以细致全面地刻画学生的学习能力,从而让教学更具有针对性和指导性,而知识图谱的表征学习则为教育测评领域的智能化提供了更为广泛的实现基础。

3.3.2　基于教育知识图谱的学习资源推荐

随着信息化社会的到来,终身化教育理念日渐深入人心,不同于传统的线下面授教育模式,目前线上教育更受到大家的瞩目,互联网 5G 技术和多媒体技术使远程教育成为可能,打破了面对面教育的局限性,突破了时空的限制,实现了学与习的分离,学习者通过信息网络技术,进行同步或者异步学习。学习资源通过网络技术传输到网络,任何时间和地点,以及任何人都可以利用网络享受到上传的优秀教育资源,实现教育资源的最大化利用。构建教育知识图谱有助于在线教育更好地发展,让有限的教学资源发挥出无限的效能。建立基于教育知识图谱的教育资源推荐不仅可以为学习者指出日后学习的目标,更可以为学习者构建一个完整的学习路线,学习起来事半功倍。如何利用知识图谱进行学习资源推荐呢?首先要明确学习资源推荐有两种方式,分别是学习资源推荐和学习资源路径推荐,可以理解为学习路径推荐是学习资源推荐的一个扩展衍生,而知识图谱的定义是结构化的语义知识库,用于更精准地描述物理世界中的概念及其相关关系,通过对错综复杂的文档数据进行有效清洗处理,并转化为简单、清晰的实体关系三元组,最后聚合海量知识,实现知识的快速响应和推理。通过知识概念的相关关系,对学生实体的历史行为进行分析,推荐出符合其需求的学习资源。

对于一般的推荐算法,通常会有 3 个重要的模块,即用户建模模块、推荐对象建模模块和推荐算法模块。一个好的推荐系统应该能为用户量身定做、能为用户准确高效地推荐内容,即推荐系统首先需要为每个用户建立对应的用户模型,通过获取、表示、存储用户的兴趣偏好，对用户进行分类识别。用户模型的建模方法主要有遗传算法、聚类、贝叶斯分类、决策树和神经网络，从用户分类可以分为单用户建模和群组建模。推荐对象建模则是提取对象特征，主要有如何提取及提取哪些特征。当基于内容的推荐对象建模时可对对象本身抽取信息来表示对象，常用的方法为 tf-idf。基于分类是把推荐对象放入不同类别中，把同类对象推送给该用户，传统的机器学习方法有 SVM、k 邻近、朴素贝叶斯，而经典的推荐算法有基于内容的推荐、协同过滤推荐、混合推荐等。推荐系统把用户模型中的兴趣需求信息和推荐对象模型中的特征信息进行匹配，并采用合适的推荐算法进行筛选，找到用户可能感兴趣的推荐对象后推荐给用户。推荐系统的任务是帮助用户发现对自己有价值的信息和让信息能够展现在对它感兴趣的用户面前，就像中介一样，联通着两者，为用户找到合适的商品，为商品找到潜在的买家。

如何通过知识图谱进行课程推荐，从海量的学习资源中发现和推荐最符合学习者深度学习需求的多模态学习资源，以及通过提供精准的个性化学习服务促进学习者的积极性，已成为当前教育信息化，尤其是在线教育亟待解决的核心问题。对于在线教育，课程推荐是一个基本且有挑战的问题。和传统推荐系统不一样的是，在线教育中参加同一课程的学生会有着不同的背景和目的。有的人学习某一门课是因为此课程是另一门课的前置知识，但有的人可能只是单纯因为好奇而学习这门课。同时，作为推荐也分为学习资源推荐及学习路径推荐。对于它们两者而言，既有主次，也有差别。因为对于学习路径推荐，它的本质便是针对个体学生，分析其习惯，通过该学生的学习情况，推荐个性化的学习路径，然后推荐学习资源。对于学习推荐资源,可以利用较少的数据,推荐后续的学习资源。

3.3.3　小结

本节简单介绍了推荐系统及基于知识图谱推荐系统的应用,然而基于多模态的知识图谱的课程资源推荐是一个很大的课题,单是多模态的知识图谱就包括了 NER、知识抽取、知识融合等子任务。对于该任务应该先构建出多模态知识图谱,再根据所构建的知识图谱选取合适的推荐算法。

3.3.4　思考与练习

(1) 基于教育知识图谱的推荐系统特点是什么?

(2) 慕课应该如何利用基于知识图谱的推荐系统?

(3) 经典推荐系统和基于知识图谱的推荐系统的分界线是什么?

## 第 4 章

教育问答

本章将介绍知识图谱在人机交互与问答方面的应用,进一步地,结合教育领域问答进行详细阐述。本章将首先介绍问答对话系统的基本概念及主流模型方法;然后,介绍知识图谱问答的基本概念、研究现状及其应用在教育领域的特点和挑战,并给出一个构建完整教育知识图谱问答系统的参考方案;最后,结合一个实际案例进一步阐述问答系统在真实教学场景中的应用价值。

4.1　问答对话系统简介

本节将介绍问答对话系统的相关基本概念、类别及其相应的主流技术和应用。本节首先基于人机交互形式或应用方式将对话系统进行分类介绍,进而介绍对话系统的相关主流技术和应用。

4.1.1　问答对话系统概述

早在 1956 年,人工智能(Artificial Intelligence,AI)这一概念就被首次提出,并成为计算机科学技术领域一个重要的研究课题。

AI 企图了解智能的本质，并生成以类似人类的智能的方式做出回应的机器或系统。20 世纪 70 年代衍生出的自然语言处理，从语言工程角度诠释了 AI 的外延。它旨在人通过自然语言和计算机进行流畅、有效的交流。这是 AI 最重要的标志之一，也是 AI 的难题之一。

自然语言处理（Natural Language Process，NLP）有着"人工智能的皇冠"的美誉，是一门涵盖和融合了语言学、统计学、数学和机器人深度学习的综合性专业，也是现代计算机与信息科学技术领域的重要课题和研究方向。自然语言处理的两大核心任务是：①自然语言理解，旨在让机器人拥有与正常人一致的理解能力；②自然语言生成，旨在将非语言格式的数据转化为人类可理解的语言格式。自然语言理解通过算法将人类的自然语言转化为计算机可执行的指令，而自然语言生成则将指令的运行结果通过算法生成人类可理解的自然语言。

具备智能的问答对话系统是 NLP 领域的明日之星，已获得业界和学术界的广泛关注，不仅如此，其广泛应用于人工智能领域及其附带产业，已在互联网、医疗、金融等领域进行了应用尝试，是自然语言处理领域极具代表性的研究任务。近年来，随着语音识别处理和移动终端的快速发展，人机交互形式已日益突显出其重要性。人机交互能够使用户在避免直接接触复杂数据的情况下，轻松地获取自己想要的信息。不仅如此，具备互动功能的人机交互使用户在与机器人交流的过程中的体验更加友好，我们将具备人机交互功能的平台称为问答对话系统。不同于传统的搜索引擎（例如百度、谷歌、必应等），通过接收关键词，只能向用户反馈大量的、与用户查询相关或者不相关的网页列表和非结构化的文本数据,而问答对话系统可以更快速、更准确地直接向用户反馈所需要的信息或答案,能够解决用户的痛点问题,因此,问答对话系统被视为未来信息智能服务的关键性技术之一。

关于对话系统的历史,可以追溯到 AI 的诞生。1950 年,阿兰·图灵提出了著名的图灵测试。他提出了一个大胆的关于对话系统的假设,机器是有可能实现智能的。如果一台机器可以与人展开流畅通顺的与人无异的对话,那么这台机器就具有了智能。1966 年,美国 MIT 人工智能实验室的 Weizenbauml 创造了第一台对话机器人——ELIZA。ELIZA 具有简单的问答功能,可以理解简单的对话,简单地模拟人类并与人互动,实现了与人的简单交流。随后大量与人机交互相关的研究成果如雨后春笋般涌现出来,其中包括 Colby 设计的 Parry、ALICE、Jabberwacky 等对话系统,以及具有里程碑的事件之一,即上演了精彩"人机大战"的"沃森"智能机器人。

一石激起千层浪,在 20 世纪末及 21 世纪初之际,国内外互联网公司也相继发布了各自的智能对话系统,如苹果的 Siri、谷歌的谷歌助理、亚马逊的 Alexa、微软的小冰、阿里巴巴的天猫精灵、小米公司的小爱同学等。早在 2011 年,华盛顿大学就做出了一个权威预测,"以直接而准确的方式回答用户自然语言提问的自动问答系统将构成下一代搜索引擎的基本形态。"

进一步来看,信息通信技术的蓬勃发展,智能手机的普及,智能对话系统的需求与日俱增。自鼠标和键盘敲击、触摸屏单击滑动之后,对话系统被称为新一代人机交互范式。智能对话系统已经被应用到工业界中各种类型的产品和服务中,例如微软公司的 Cortana、谷歌公司的 Allo 和百度公司的度秘等个人助理系统,还包括亚马逊公司的 Echo 智能家居服务系统及阿里巴巴的小蜜电商智能客服系统等。对话系统为数以亿计的人们带来了极大的便利,影响着他们的日常生活。其中以阿里的智能客服助理——阿里小蜜较为典型,2017 年阿里小蜜全年服务 3.4 亿人次淘宝消费者,其中"双十一"当天 904 万人次,智能服务占比达到 95%,智能服务解决率达到 93.1%。不仅如此,其应用之广泛甚至还可直接涉及医疗健康、在线教育等需要专家知识的垂直领域。

对话系统的概念范畴较大,因此其包含范围也较为广泛。广义上,其可分为对话系统和问答系统,其中问答系统包含于对话系统中。狭义上,按照任务目标,可分为任务导向型对话和非任务导向型对话;按照对话轮次,可分为单轮对话和多轮对话;按照内容,可分为开放域问答和特定域问答;按照实现方式,可分为检索式问答、生成式问答和知识图谱问答(也称作知识库问答)。问答系统更多属于一问一答式的人机交互,人们常用的搜索引擎本质上属于问答系统,而对话系统则更多地关注多轮互动式的问答,但内容不一定是一问一答形式,常见应用有闲聊机器人(例如微软小冰等)、火车售票预订系统、系统语音助手(例如苹果公司的 Siri 助手和百度公司的度秘等)。不过,一般情况下众人并不会将对话和问答这两个词进行明显划分。按照现今所有的应用,对话系统主要分为任务导向型和非任务导向型,其中任务导向型包括语音助手、针对用户需求的车票预订系统等,而非任务导向型包括闲聊机器人等。按照数据来源的差异,问答系统又可以归类成 3 种:①结构化数据,例如知识图谱问答(Knowledge Base Question Answering,KBQA);②普通文本数据,例如机器阅读理解(Machine Reading Comprehension,MRC);③问答对数据,例如常见的问题系统

(Frequently Asked Questions,FAQ)。目前问答对话系统的主要功能及应用,如表 4-1 所示。

表 4-1　问答对话系统的主要功能及应用

问答系统类型	任务型	开放域聊天型	知识问答型	推荐型
目的	完成任务或动作	闲聊	知识获取	信息推荐
领域	特定域	开放域	开放/特定域	特定域
应用场景	虚拟个人助理、特定平台客服	情感陪伴、娱乐、营销沟通	搜索、客服、教育	个性化推荐
典型案例	Siri、小爱同学、火车票自动预订平台	微软小冰、腾讯小 Q	IBM Watson、Wolfram Alpha	今日头条
呈现方式	指令执行	闲聊对话	搜索引擎	信息动态推荐

接下来我们将介绍实现任务导向型和非任务导向型对话系统的主流方法。

4.1.2　任务导向型对话

目前,对话系统有两种主流架构,一种是基于端到端的架构(End-to-End),另一种是基于管道的架构(Pipeline)。

一般情况下,针对所有对话系统,其整体实现过程可形象化为"Pipeline 管道"模式,如图 4-1 所示。总体来讲,分为四大步骤:自然语言理解(Natural Language Understanding,NLU)、对话状态追踪(Dialog Status Tracing,DST)、对话策略学习(Dialog Policy Learning,DPL)和自然语言生成(Natural Language Generation,

NLG)。其中,NLU 和 NLG 是任何对话系统必经的步骤,前者作用于语义理解,即理解用户表达的内容含义;后者作用于语言生成,即生成用户期望的回复(或答案)。中间两个步骤则根据对话状态做出相应的决策。

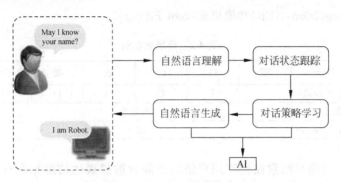

图 4-1　Pipeline 管道模式

按照任务目标进行划分,本节介绍任务导向型的主流技术。任务导向型对话系统旨在帮助用户完成特定任务,其背后通常还包括一系列执行机制,例如查询天气、制订个人闹钟等。一般来讲,"管道"模式同样适用于非任务导向型对话,后面会有对应的介绍。

1. "管道"模型

接下来简单介绍这个"管道"模式的所有流程:

1) 自然语言理解(NLU),用于将用户意图解析至预定义的语义槽中

根据不同场景,语义槽已预定义,NLU 则将用户输入语句映射至相应的语义槽中。以自然语言表示的一个场景为例子,此处的 New York 已填入作为语义槽的内容,领域(Domain)和意图

(Intent)做同样的处理,如表 4-2 所示。一般来讲,自然语言表示的方法分为两种:一种是内容层级分类,即根据整个用户语句在宏观内容上做特征抽取,以用户的意图和对应话题为基础进行分类;另一种则是词粒度信息抽取,例如命名实体识别(Name Entity Recognition,NER)和槽填充(Slot Filling)。

表 4-2 槽填充示例

句子	李	白	诗	歌	集	合
槽(Slots)	B	I	O	O	O	O
意图(Intent)	作品集					
领域(Domain)	语文					

意图检测意在检测用户语句所隐含的想表达的思想和行为。在内容层级上,用户意图可预先定义好,因为在任务型对话场景中,每个用户的语句表达中都必然包含着此次对话的目的,由此我们就能够根据该领域的业务场景预先对用户的意图和话题进行分类和确认。针对这方面的解决思路,深度学习技术早已先行应用于意图检测之中,其中卷积神经网络(CNN)就曾用于提取用户语句中隐含的特征,进而利用挖掘出的特征进行意图分类。

槽填充则是语义理解过程中的另一个挑战,此处槽填充的本质与命名实体识别有相同之处。类似于命名实体识别,槽填充也可视作序列标注问题,即每个语义槽都会被打上预定义的语义标签,此处的标签则包括 B、I 和 O 三类。注意,输入是由一系列单词组成的句子,输出是一系列槽/标签,每个单词对应一个标签。针对这方面的解决思路,深度信念网络(DBN)和循环神经网络(RNN)取得了较好的成效,效果优于经典机器学习方法——条件随机场(CRF)。

2）对话状态追踪（DST），用于每轮对话历史及该轮次对话状态的输出

对话状态追踪作为对话决策的前提，保证了对话系统的健壮性。其主要作用在于对用户每轮次对话的意图或目的进行合理预估，并由槽填充或语义框架作为 DST 的状态结构。

针对该方面的解决方案，传统方法通常采用人工编制规则来筛选出最可能的结果；鉴于人工编制规则具有明显的局限性，针对对话系统所面临的噪声和模糊性，经典的统计方法（如条件随机场、最大熵模型等）被用于学习各个轮次中每个插槽的所有概率分布。为了进一步加强稳健性和适用性，人们近几年引入了神经网络模型，包括带有滑动窗口的神经网络、多领域 RNN 模型和神经信念追踪模型。DST 以上一轮次的用户状态、用户输入语句本身及相应的插槽值对（Slot-Value Pairs）三者作为整体输入，然后对所有候选插槽值对进行迭代学习，以便后续决定如何对用户的对话状态进行表示。

3）对话策略学习（DPL），基于当前轮次对话的学习，做出下一轮次对话策略

对话策略学习利用上一阶段的状态追踪器，基于当前轮次的对话状态表示，进行学习并在下一轮对话中做出合理的对话策略。针对此解决方案，通常采用基于规则的代理将对话系统进行热启动（Warm-Start），而对基于规则生成的策略行为进行监督学习。接下来举个具体例子：当人们在进行网上浏览购物时，如果系统预测当前对话状态为"推荐"，则系统将触发"推荐"行为；如果对话状态为"比较"，则会对目标物品进行一个比较。进一步地，还可通过强化学习进行对话策略的端到端训练，从而引导系统制订更合理

的对话策略。

4）自然语言生成（NLG），根据所做出的对话行为生成相应的回复

NLG 基于对话策略做出的对话行为生成合理的语句输出并反馈给用户。一个优异的生成器所生成的回复通常具备以下几个因素：丰富性、流畅性、可读性和多样性。针对此解决方案，传统方法通常将输入语句对应的语义符号映射为具有一定结构性的中间形态（如树状或模板结构），而后通过符号实例化将中间形态转化为人类可识别的语句作为回复。与前面的 DPL 类似，基于神经网络的模型方法同样得到了此领域的广泛应用。基于神经网络的方法将对话行为类型及其槽值对转化为 One-Hot 向量，作为语义特征，确保生成的语句保存了应有的语义信息。研究人员提出了基于编解码器（Encoder-Decoder）结构的神经网络模型，将用户语句信息、语义槽值对和对话行为类型三者结合起来作为编码器输入，而后解码器生成合理的语句回复。另外，研究人员还提出了一种基于序列到序列（Seq-to-Seq）的自然语言生成器，该生成器可以训练生成自然语言字符串及从输入对话行为生成深层语法依赖树，使模型能够适应用户的说话方式，从而生成适应上下文信息的回复。

2.“端到端”模型

“管道”模式的整个流程虽足以应对大部分场景的对话系统，但其整个过程的分化较为明显，每个步骤都涉及一个完整模型，并且需涉及一定的人工特征，有着较为明显的局限性，难以直接移植到其他特定域之中，因此基于“End-to-End 端到端”模型的对话系统应运而生，如图 4-2 所示，其整个过程直接基于整个联合模型进

行学习,需要较少的人工干涉。一般来讲,其具体到某类对话系统
(如知识图谱问答),还需做适当调整。

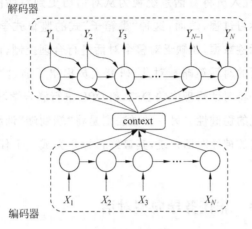

图 4-2　"端到端"模型

其中,在此类模型中有两个亟待解决的问题:第 1 个是终端的
反馈难以传播至上游模块;第 2 个则是中间模块处理问题,这里将
第 2 个问题进行详细叙述。由于"管道"模式的分化性,从用户语
句输入到生成语句回复都将经历"管道"模式所述的四大步骤。如
果其中一个模块的内部模型优化出现问题,则会产生连带效应,从
而影响后续模块的性能,进而影响了整个对话系统的性能表现。
再者,由于每个模块都有其对应的功能,当将模型迁移至新领域
时,又不得不对每个模块重新进行训练。由此可见"管道"模式不
仅会消耗太多不必要的资源,还极大地阻碍了整个对话系统的研
究进展。

借助于近几年生成式神经网络的发展,针对任务导向型对话
的"端到端"训练框架如雨后春笋般涌现。不同于传统的"管道"模

式,"端到端"模型的内部仅使用了一个模块进行学习,并且还能够联动外部知识库使其获得更加丰富的语义信息。针对此解决方案,相关研究人员将对话系统视为从对话历史到对话回复的向量空间映射学习过程,然而,这种"黑箱子"式的监督式学习,不仅需要大量的标签数据,还缺乏对整个对话进行合理控制,由此也就无法做出合理的对话策略。对此,研究人员提出了通过"端到端"强化学习方法将对话管理中的 DST 和 DPL 进行联合学习和优化,使其具备更优的稳健性。另一种做法则是将"端到端"训练视为一个任务完成式的神经对话系统,其最终目标是完成一个任务,如电影票预订。

4.1.3　非任务导向型对话

与任务导向型对话系统(旨在为用户完成特定任务)不同,非任务导向型对话专注于与用户在开放域进行对话,其也被称为聊天机器人。一般来讲,聊天机器人是通过生成式方法或检索式方法得到合理的语句并反馈用户。生成式模型能够生成更多在语料库中从未出现过的语句与回复,而基于检索模型的对话则具备信息丰富和流畅性的优势,因为它直接从预定义的问答对语料库中进行选择,作为当前对话合理的语句进行回复。下面对常见模型方法进行介绍。

1. 生成式模型

生成式模型是较早提出的一种数据驱动方法,相关研究人员于 2011 年提出了基于段落式统计机器翻译的生成概率模型,对博客上的对话内容进行建模,将对话生成任务视为一种翻译问题。

不过,研究者们发现对话生成任务相比于不同语言之间的翻译难度大得多。尽管如此,近几年深度学习在机器翻译上的成功应用又给予了对话生成任务极大的参考价值,接下来将简单介绍主流的模型方法。

Sequence-to-Sequence 是一种常见的生成式模型框架,也是一种编解码模型,和 4.1.2 节的"端到端"模型完全相同,此处只是采用了不同说法,如图 4-2 所示。一般来讲,研究者们基于该模型直接对对话历史进行表征学习,进而生成合适的语句回复。这种做法仅需要少量的领域知识数据和手工特征,相应地需要利用大量的非领域数据来保证神经网络对内容进行表示和语句生成决策的可靠性。

Dialogue Context 是指该轮对话的前几次对话内容。研究者们一直致力于提高对话上下文的文本表征能力,因为历史对话内容会对该轮次的对话产生重要影响。为了解决生成语句与上下文相关性弱的问题,研究人员利用 RNN 等语言模型对完整的对话历史(包括当前轮次对话内容)的词和短语分别进行表征,最终形成连续稠密的低维向量。另外,层次类模型在划分先后顺序上有着不同做法,其首先挖掘出单个语句的意义,然后将这些语句融合为具备丰富信息的完整语句。不仅如此,还可在层次结构的基础上加上注意力机制,分别融入词粒度和语句粒度信息。总体来讲,层次结构模型相比于非层次结构模型在利用对话上下文内容进行语句生成时更具优越性,前者在生成语句的长度、丰富度和多样性方面的表现都比后者更加优越。

Response Diversity 是指生成语句的丰富性和多样性。如今的生成式模型往往面临着这样的问题,即生成的语句是合理的、常见的,但是语句本身却缺乏应有的意义。例如,模型往往更倾向于生成诸如"我不知道""哈哈哈"等我们人类对话中喜闻乐见的语句,但是在实际情况下我们希望模型应该尽可能避免重复生成这类缺乏具体意义的语句回复。针对此挑战,一种可有效缓解此困境的解决方案为在模型训练时提供一个更好的、有针对性的目标函数。研究表明,统计机器学习中的两大常用指标,最大互信息(MMI)可计算出输入和输出之间的相互依赖性,逆文档频率(IDF)则可用于测量训练过程生成语句的多样性,这两个指标在一定程度上缓解了此困境。

另一系列解决方案则着重于以引入随机潜在变量的方式来产生更多样化的输出。此方式证明了自然的人机对话具有不确定性,主要体现在对相同内容消息的回复因不同对象而表现出明显的差别,然而,回复语句来源于一个具有确定性的编码-解码器模型。通过引入一个潜在变量的方式,使这些模型的优点得以体现,具体表现在:在生成语句时,它们先从潜在变量中进行采样,而后以确定性的解码器从分布结果中进行抽样,从而得到语句回复。

2. 检索式模型

基于检索的方法从候选语句中选择一条进行回复。此法的关键是"消息-回复"匹配。匹配算法必须能够有效消除或缓解消息和回复之间的语义鸿沟。

1) 单轮问答匹配

早期对检索式聊天机器人的研究主要集中在单轮问答匹配上,此时仅仅将单条信息用于选择一个合适的语句回复。典型的做法是,将对话上下文和所有候选语句回复分别进行表征而得到两个连续稠密的低维向量,而后基于这两个向量计算其语义匹配得分,最终选择得分最高的作为语句回复。借助深度学习,基于DNN 的短文本语句匹配模型表现的性能已初获研究人员的青睐,而后有研究人员基于此进行了改进,并提出 DCNN 模型来学习信息和语句回复的表征,或者直接学习两个句子之间的交互式表征以获得每个语句之间的匹配信息。另外,还可从中抽取出依赖树匹配模式并用于解析输入语句,也可直接利用 LDA 主题模型来引入相对应的主题向量和丰富语句回复的信息。

2) 多轮问答匹配

一般情况下,多数对话是多轮的而非单轮的。在多轮语句回复选择时,当前信息和历史对话信息两者都直接作为模型的输入,最终目标即从候选语句中选择一个与所有对话内容关联性最大的语句作为回复。其中,很重要的一点是充分利用历史对话内容对每条语句之间的关系进行合理建模,从而确保对话内容的一致性。在这方面,较为常规的做法是利用 RNN/LSTM 等自然语言处理经典模型对所有对话历史和候选语句进行编码而得到嵌入向量,而后直接计算向量间的匹配得分并选择出结果作为语句回复。另一种思路则是以不同的策略对所有对话历史内容进行筛选,然后将当前轮次的语句结合起来重新形成完整的对话历史;进一步提高了对语句关系和上下文信息的利用程度,先通过 CNN 将候选语句与上下文中的每个语句在多个粒度上进行匹配,然后通过 RNN按时间顺序累积向量,从而对语句之间的关系进行建模。

3. 混合模型

上面我们已知晓了生成式模型和检索式模型的优劣之分,为了进一步探索性能可提升的空间,研究者曾试图将这两种方法的优势结合起来。以检索式模型为基础的系统往往会给出精确而直白的语句回复,而以生成式模型为基础的系统往往会给出具备高可读性、流畅性但缺乏丰富语义信息的语句回复。在一个集成模型中,检索方式得到的候选语句将和当前语句一同作为 RNN 生成式模型的输入语料,最后的语句选择则是由一个新的排序器进行筛选得出。这种结合了检索式和生成式模型各自优点的方法以其表现出的优异性能吸引了众多研究者的青睐。较有代表性的一个做法是,同时融合生成式和检索式模型在内的多个模型,包括基于模板匹配的方法、词袋模型、序列到序列神经网络和潜在变量神经网络模型,并将强化学习应用于众包数据和真实用户交互中,最终从模型结果中选出合适的语句回复。

4. 目前的挑战

目前,深度学习已成为对话系统的主流解决方案。一般情况下,研究人员将传统任务导向对话系统的各部分进行分隔开来,并将神经网络独立应用于各部分,包括自然语言理解、自然语言生成、对话状态跟踪。近年来,端到端的模型框架在非任务导向型的聊天对话系统中深受欢迎,其在任务导向型对话系统中也成为众多研究者的主流解决方案。深度学习最大的特点及优势之一是充分利用了海量数据,此方法能够有效构建起统一的智能对话系统。值得一提的是,这种做法使任务导向型和非任务导向型对话系统之间的界限更为模糊了。特别地,聊天对话多由序列到序列(也称为端到端)的模型框架进行建模,以生成式的形式得到回复。任务导向型的对话模型也朝着端到端的可训练方向发展,而强化学习则重在表示状态-行动的向量空间,从而对整个"管道"进行梳理。值得注意的是,当前的端到端模式还远不够完美。尽管取得了上述成就,但余下的问题仍然具有较大的挑战性,以下将逐一进行简要阐述。

快速热身(Swift Warm-up)。尽管端到端模式是近年来研究的热点,但在实际介质工程中,特别是在一个新的领域的预热阶段,我们仍然需要依赖传统的"管道"模式。开放域的日常对话数据量足够大,但是垂直特定域的对话语料则相当有限。若需要在特定领域构建出高效的对话系统,则前期对话语料数据的收集本身已是一项繁杂但又很重要的工作,因为数据的质量在一定程度上决定了整个模型的性能表现。虽然基于神经网络的模型本身擅长利用大量数据,但我们仍需不断探索新的模型方案来协助解决对话系统的热身阶段。基于此思考,人们发现对话代理具有从与人类的互动中自学的能力,这是未来可行的发展方向。

深刻理解(Deep Understanding)。目前以神经网络为基本模型构建出的对话系统依赖于大量的标注数据,以及结构化的知识库和对话语料。这类模型在训练过程中与婴儿相似,通过反复模仿用户的回复来学习"说人话",然而生成的这些"回复"在多样性方面的表现极为明显,更甚者是产生毫无意义的对话,因此,机器对话主体应首先具备对语言乃至真实世界中包含的信息有着深刻理解的能力,这样才能在训练过程中更有效地学习。具体来讲,如果对话代理能够从人类语指令中进行学习,摆脱反复的训练,那么它仍然有很大的潜力。现今互联网可提供海量知识数据,如果对话代理能够充分挖掘并有效利用这些非结构化数据中所包含的知识信息,则其智能化程度有望进一步得到提升。最后一点也很重要,就是对话代理应该能够做出合理的推断,发现新东西,并能以跨领域的方式共享知识数据,而不是像鹦鹉学舌一样不断地重复固有单词。

隐私保护(Privacy Protection)。如今,对话系统已广泛应用于各行各业,得以为不同人群提供智能化服务,然而,我们注意到当每个用户都使用同一个对话系统时,由于其需要与被服务者进行互动,此时对话系统需要存储大量信息,这其中可能包括一些敏感信息,因此,在建立更好的对话系统的同时,如何有效保护用户的隐私值得探讨。

4.1.4　小结

本节对问答对话系统的概念、相关背景、意义和发展现状进行了详细描述,以及重点介绍了不同种类的对话系统,包括问答系统和对话系统、任务导向型和非任务导向型对话。其中,重点阐述了任务导向型和非任务导向型对话的主流解决方案和发展现状,前者包括"管道"模型和"端到端"模型,后者则包括生成式模型、检索式模型和混合模型。最后,简要概述了问答对话系统目前面临的挑战。

4.1.5　思考与练习

(1) 简要介绍问答系统和对话系统,以及它们的区别是什么?

(2) 对话系统可分为哪几种类型?聊天机器人属于哪一类?

(3) 如今的对话系统通过了图灵测试吗?如果没有,则对话系统最大的挑战是什么?

4.2　教育知识图谱问答

本节先介绍知识图谱问答概念、相关背景和意义及发展现状，而后简要概述开放域和特定域知识图谱问答的特点和异同，并以教育知识图谱问答作为特定域的典型代表，进行重点阐述，其中包括语文学科知识图谱的构建及基于学科语文知识图谱的问答系统的构建流程。

4.2.1　知识图谱问答

1. 知识图谱问答概述

知识是人类文明发展的基石与动力，关于知识的承载方式及呈现形式都经历了漫长的演变过程，在局部范围内用较为结构化的组织方式将知识进行记录。直至今日，伴随着互联网技术的迅猛发展，人们获取知识的方式从根本上发生了改变，在短时间内从互联网数据中获取任意所需的知识成为可能，而如何快速、精确地检索到这些知识成为互联网时代的一个重要课题。在这个背景下，搜索引擎应运而生。其基本流程是，用户输入关键词，搜索引擎在全网范围内进行检索，并根据特定的算法（如经典算法PageRank 等）对检索到的数据进行排序，将结果反馈给用户。由于返回的结果通常是与关键词相关的互联网页面，因此其与关键词的相关性有待判别，同时，需要用户具有一定的背景知识对返回结果进行提炼，这样极大降低了用户获取知识的效率和准确性。

为了改正这一缺陷，谷歌公司于 2012 年提出了知识图谱概念及构建了属于自己的知识图谱，而后将其应用于自家的谷歌搜索引擎，以便提升检索结果的性能。如图 4-3 所示，关于"钱学森"的搜索结果能够清晰地展现到用户眼前，从而能够轻而易举地获得想要的知识。

图 4-3　谷歌搜索结果示例

所谓知识图谱，即利用结构化的数据组织结构将现实世界的事物及其对应属性（或与其他事物）关联起来而形成的网络，其本质为一种数据的组织形式。知识图谱的应用远不止如此，随着人工智能技术的不断发展，知识图谱的应用潜力被不断挖掘，诞生了许多基于知识图谱的应用案例，例如自动问答、聊天机器人和智能推荐系统等。这些领域的应用已经一定程度上改变了人们获取知识的方式,而随着 Freebase、DBpedia 和 YAGO 等大规模知识图谱的出现,基于知识图谱的问答能够直接给出准确、简洁的答案,引起了研究者广泛的兴趣并逐渐成为自动问答系统的重要部分。我们先来看一下知识图谱问答的基本概念。知识图谱问答(Knowledge Graph Question Answer, KGQA)作为对话系统分类之一,可使用户在无须知晓结构化特征的情况下高效利用知识图谱中隐含的信息。将用户的自然语言问题转化为逻辑形式语言,以便将其直接应用于知识图谱的检索和匹配,从而得到答案,这样的过程称为 KGQA。

除了以上默认针对英文的知识图谱问答,还有以中文知识图谱为基本的中文知识图谱问答(Chinese Knowledge Base Question Answering,CKBQA),即给定一个中文自然语言问句,问答系统能够从现有的知识库中搜索相关的实体或文本作为该问句最终的答案。问题都是客观事实类,不含有任何的主观色彩。当前,已经有很多大规模的高质量的知识图谱,例如英文的有 Freebase、YAGO 和 DBpedia 等,中文的有百度知心、知立方和 XLore 等,这些知识大多来源于维基百科、百度百科等网站。已有知识图谱的数据形式一般是由资源描述框架(Resource Description Framework,RDF)组成,即(主语,谓语,宾语)或者(实体,属性,值)或者(头实体,关系,尾实体)等三元组的格式,主要包括实体的基本属性、类型、提及信息,以及实体与实体之间的语义相互关系等。知识图谱由于具有规模化、结构化的特点,可以作为不同领域KBQA 重要的知识来源,目前大量的科研工作开始聚焦于知识图谱问答上面。

2. 知识图谱问答研究现状

一个完整的 KGQA 系统建立在一个已有的知识图谱上,如图 4-4 所示,通常包括以下两大步骤:语义理解和语义匹配、查询、推理。

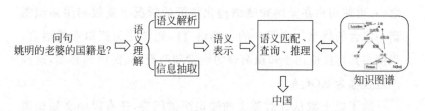

图 4-4　知识图谱问答通用流程

在语义理解这一关键步骤可采用多种不同方法达到目的,如图 4-4 所示。常见方法有基于语义解析和基于信息抽取的方法,前者依赖传统语言学知识,依托语言本身具备的属性特征进行语义理解,也因此更具有可解释性,而后者则依托近年来数据挖掘和深度学习的飞速发展,更多地减少了人工干预,从而形成一个端到端的模型学习过程。明显区分两者的不同之处在于,得到答案前的一步,语义解析最终转化为查询语言(通常为 SPARQL)对数据库进行检索,而信息抽取则直接面向整个知识图谱进行匹配及排序,从而得到最终答案。可以看出,语义解析法最能直接体现 KGQA 的高效性。值得注意地是,由于知识图谱特有三元组格式,不论何种方法都离不开主题实体检测、实体链接和关系抽取三大实体信息抽取的相关模块。

通常来讲,KGQA 所涉及问题的答案多属于实体/属性,在 KG 上表现为"节点",即选择某个三元组的节点作为实体答案进行回复,而依据问题的复杂度,KGQA 又可分为单跳和多跳问答。针对不同复杂度的问句,其实体和关系抽取模型还需进行适应性调整。

一般来讲,知识图谱问答技术架构可分为两大类:基于语义解析的方法和基于信息抽取的方法。基于语义解析的方法即将自然语言问题转化为逻辑形式表达,作为数据库的查询语言进行答案检索,如图 4-5 所示。基于信息抽取的方法则重在向量建模,将自然语言问句和答案两者的信息映射至同一空间的低维稠密向量。前者重在语言学的语法、句法分析,能够较好地表达自然语言问句,并且拥有良好的可解释性,但同时需要开发者具备一定的语言学知识。后者则重在向量空间的信息挖掘,该过程不涉及任何语言学中的语法和句法分析,实现简便、逻辑清晰明了,但相应地缺乏一定的可解释性。接下来将对这两类方法做一个简要介绍,以便读者了解知识图谱问答目前的进展和前沿技术框架。

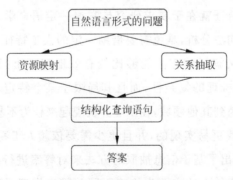

图 4-5　语义解析方法步骤

大多数早期知识图谱问答采用的是传统语义解析法,其主要致力于学习如何将自然语言问句转化为机器可识别的逻辑形式表达,即通过构建一个语义解析器,将问句映射成一种语义表示或表达式,而后基于知识库查询得到最终答案。早在 2013 年,就已有不少研究者采用手工模板规则和基于语义匹配的方法进行转化,并提出从问答对中学习语义解析,而不是大规模地标注数据。直到 2015 年,Yih 和 Bao 等提出的阶段查询图生成(Staged Query Graph Generation)方法将语义解析法推至一个新的高度,其首次将神经网络引入语义解析的做法,使 KGQA 的发展有了一个新的飞跃。值得注意的是,该过程引入的神经网络帮助生成查询图,能够帮助更高效地表达整个自然语言问句的语义信息,从而在转化为逻辑形式表达时更加便捷,而后,不少研究者在查询图方法的基础上不断进行改进,其中有 Yu 等将 KGQA 视为一个关系分类任务,并提出将问句和知识图谱中的关系(边)进行匹配的层次表征模型。Luo 等则采用神经网络直接对生成的查询图进行编码,从而挖掘出查询图中隐含的更深层更丰富的语义信息。语义解析法的一个显著特征就在于要求研究员掌握一定语言学知识,利用其进行语法和句法分析,难免需要借助一定的人工特征工程。再者,虽然基于语义解析的方法能够比较有效地解析出问句隐含的信息,但由于其推理的复杂性,而且其局限于某个特定领域的语料,难以直接移植到其他领域,在工业界实现起来较为不易。

为了寻找更易实现的,并且更少需要依赖人工特征工程的方法,研究员提出了基于信息抽取的方法来对答案进行抽取和匹配。基于信息检索的方法主要先构建不同的排序模型,然后检索出一组候选答案,通过分析对不同答案进行排序,选择得分最高的答案作为最终结果。其中,Yao 和 Van 等则参照人类在知识图谱中寻找答案的思考方式,提出了信息抽取法。其做法是,首先通过抽取问句的问题词和问题焦点来初步得知答案的类型,然后结合问句的主题词得到一个问句图,该问句图的形成过程即问句的信息抽取过程。Bordes 等则于同一年提出了与信息抽取思想相近的向量建模法(其本质也是信息抽取),其核心思想在于利用词袋模型对问句和候选答案进行分布式表达,然而,此种分布式表达法缺乏对问句语言顺序的思考,使其无法正确表达一些问句,因此,借助近年人工智能和深度学习的快速发展,Dong 等提出利用卷积神经网络从三方面对问题和答案的分布式表达进行学习,使该分布式表达比之前的向量建模方法能够包含更多且有效的特征。中国科学院的刘康老师则引入了注意力机制,通过关注答案类型、路径和上下文等,使问句更加准确地匹配出正确答案。Bordes 等则另辟蹊径,初步尝试了将新颖的记忆网络(Memory Network)应用于KGQA 中。

4.2.2　开放域和特定域知识图谱问答

1. 开放域问答和特定域问答概述

知识图谱问答按照领域可分为开放域问答和特定域问答。开放域问答可形象化为"天文地理,无所不晓",只要用户提问的内容在表达方式上合理,机器应当都可以做出相应的答复。开放域知识图谱问答的前提则是有一个具备大量知识的知识图谱(又称知识库),目前常用的开放域知识图谱包括(英文)Freebase、Wikidata和 DBpedia 等,以及(中文)OpenKG、百度知心、搜狗知立方等。开放域知识图谱问答的特点在于,其不仅拥有庞大的知识量,而且包含了由庞大知识量带来的成百上千种关系。

特定域问答则专注于某个专家领域进行的人机交互,领域知识图谱问答要求拥有特定领域的知识图谱。由于要求专家领域知识,因此特定域知识图谱的源数据获取往往是 KGQA 整个过程的最大难点。相比开放域,特定域知识图谱的关系类数量是较少的,通常不多于 100 种。表 4-3 展示了开放域和特定域知识图谱问答的特点。

表 4-3 开放域和特定域知识图谱问答的特点

对 比 项 目	开放域知识图谱问答	特定域知识图谱问答
关系类别	较多	较少
知识构成	复杂	简单
知识图谱规模	较大	较小
典型应用	搜索引擎	垂直类咨询平台
应用领域	基于 Freebase 的 KGQA	影视、医疗健康类问答

2. 教育领域自动问答概述

教育是社会中每个人的必经之路,是国之要事,是国家发展进步的基础。作为人口大国,处于基础教育阶段的学生群体数量庞大,而教师资源则是非常有限的。此时学生教育需求与有限的教师资源形成矛盾,老师无法做到对每个学生进行精细的个性化照顾,只能以统一的方式进行教学,以此种种,加上教学形式的单一,学生学习积极性和效率自然不高,因此,在信息化、智能化的大数据时代,如何利用技术手段为不同的学生群体创造出更多的学习手段,使其能够高效便捷地对知识融会贯通,是非常重要的研究目标。

随着人工智能技术的蓬勃发展,人机协作的交互教学模式可能成为未来教育的主要形态之一。教育自动问答机器人作为未来教学与交互模式之一，在未来教育教学尤其是 K-12 教育阶段具备着一定的潜在应用价值，同时成为工业界和学术界的重点研究和实践探索对象。按照实际应用，教育机器人可分为教学活动类机器人和教育服务类机器人。教学活动类机器人通常包含了各种硬件设备，可用于教学课堂中辅助学生的实践活动，而教育服务类机器人则是对教学过程进行智能辅助的机器人，主要用于教学课程与课后教学活动等，此类应用通常包含了三类辅助角色，导师、学伴及监督者。其中，导师即能够像教师一样，为学生提供较为专业的领域知识解答，并能够针对学生个体提供个性化教育服务，例如学习资源推荐、个性化学习路径生成等。学伴则主要作为学习伙伴参与进学生的学习过程之中，与学生开展互动性学习，以及协助学生的学习时间管理等。监督者则通过对学生的体征数据、学习情况等进行实时监测和分析，为学生提供情感支撑、学情分析报告等，更好地让学生了解自身的学习情况及需求，便于学生及时做出合理的调整。如今国内教育类机器人众多，其中较有代表性的就有出自北京师范大学余胜全团队的"AI 好老师"智能育人助理和"智慧学伴"机器人。当然，此处所举案例的意义已远超出仅具备普通问答功能的教育系统，而由此可看出我们所讲的教育自动问答系统属于教育服务类机器人范畴，同时多承担"导师"角色，并且不涉及硬件设备及情感分析这一类更适应具体场景的硬软体功能，因此本节的重点将放在具备初步教育服务功能的自动问答系统之中。

　　回顾我们的核心概念——知识图谱，它的出现在一定程度上为满足以上需求，提供了一个很好的参考方案。根据实际应用的观察,其通用方案如下:将教师用到的教材资料所涉及的知识点通过结构化知识图谱的方式呈现出来,如图 4-6 所示。一般来讲,在知识图谱的三元组形式中,每个实体即代表单个知识点(该知识点多是名词性的概念),而实体之间的联结边则代表着各个知识点之间的关系(一般是知识点的前驱或后继关系)。这种形象化的知识

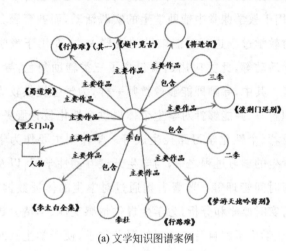

(a) 文学知识图谱案例

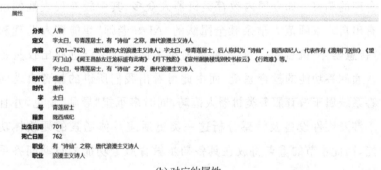

(b) 对应的属性

图 4-6　基础教育知识图谱示例

点关联有利于教师教学和学生对知识点的融会贯通。另一方面，将教育知识图谱作为底层数据来源，在其上层构建智能化应用，更是在人工智能背景下的"智慧教育"(Smart Education)时代对教育方式的一种改进和创新。

在众多知识图谱应用中，自动问答系统是非常适用于教育领域的一种应用形式。一方面，问答系统作为教师的一个助手，它能够在全天无休息的情况下给予学生答疑，而学生也能够借此得到快速反馈；另一方面，自动问答系统以其良好的人机交互性，一定程度上能够调动起学生的积极性和互动性，从而培养及增强学生自主学习的能力。

4.2.3　教育知识图谱问答研究现状

在教育领域，知识图谱常用于分析某一学科领域的研究情况，帮助相关研究人员了解学科的发展和基本知识，如核心期刊、文献及学者，辅助研究课题的选定和展开。进一步地，知识图谱隐含的语义信息还可以促进知识的高效利用和传播，促进教学模式的探索和创新。其中，清华大学的唐杰团队构建了一个科学与论文主题相关的大型知识图谱 Science Knowledge Graph。该知识图谱聚焦于计算机领域的相关研究成果，主要由概念、论文和相关学者组成，而后该团队提出在此知识图谱的庞大数据基础上，利用条件随机场训练信息抽取模型，以此获取学者的相关信息，包括学者的基本信息、主要研究方向和内容等。通过挖掘知识图谱的深层隐含语义信息，我们能够得知不同学者之间的合作关系及他们的研究方向，学生和老师则可借此快速了解前沿方向和研究热点。不仅如此，模型还可进一步挖掘出未来可能的或者有潜力的研究方向，从而帮助确定课题研究方向。由上海交通大学构建的学术知识图谱 AceKG,包括论文、学者、研究领域、教育机构、学术期刊、学术会议等实体,在网络拓扑结构的基础上融入语义信息,旨在通过学术地图可视化的效果帮助学生和老师了解学术领域的发展脉络及在这个领域有所建树的相关学者及其合作信息。有国外学者认为聚合学术资源有助于分析科研合作情况和交流情况。此外,许多学者致力于自适应学习的研究,通过聚合学科不同层次的知识点及学生的学习数据,构建教学知识图谱为学生提供个性化学习内容,从而提高学生的学习效率。不仅如此,还有相关研究人员提出通过构建教育领域知识库进行应试热点的预测分析,帮助学生进行有针对性的学习。美国 Knewton 公司基于知识图谱技术研究知识点的概念及其之间的关系,并以此定义学习路径,类比图谱中点和边的关系,任何一个学习目标的达到都有着先决条件,即为每个知识点分配一个"检测"或"学习"的状态,通过挖掘学生当前的学习数据,在恰当的时候为学生推荐下一步的学习计划和内容,并预测学习效果,帮助学生和老师及时了解学习进度,动态调整学习规划。可见大部分教育知识图谱一方面是从学科领域方向的角度出发探究热点话题和发展,辅助科研教学,另一方面可以从学生学习的角度出发,挖掘知识结果,为学生提供个性化的学习指导,辅助学科教学。

4.2.4 教育知识概念抽取

1. 知识概念定义

概念(Concept)是人类在认识过程中,从感性认识上升到理性认识,把所感知的事物的共同本质特点抽象出来,加以概括,是自我认知意识的一种表达,形成概念式思维惯性。在人类所认知的思维体系中概念是最基本的构筑单位。广义上,知识概念是一个具体事物的概念性描述,是一个较为统一的简称。在狭义的课堂教育场景中,知识概念即一个具体的知识点,其中最多的莫过于陈述性概念,例如数学学科的"一元二次方程",物理学科的"牛顿第一定律"等。现代网络和互联网 2.0 的飞速发展催生了许多在线开放平台,其中 Coursera、学堂在线和在线慕课(又称 MOOCs)等在线课程教育平台为学习者提供了极大的便利。伴随着这一趋势,平台产生了大量的知识数据,其中就包括课程视频和课程字幕,然而,学习者很难从全局的角度理解和分析知识,而课程概念可以描述这些课堂或教科书中包含的知识点。理解一个完整概念有助于学习者理解该课程的主题。更进一步地,抽取课程提及的概念,从而构建基于概念的教育知识图谱,不仅可以帮助学生把握课程的核心内容,而且还有助于教师制订教学计划,促进个性化教育的相关研究。此外,高质量的概念集合可为下游任务提供优良基础,例如概念关系的抽取和领域知识图谱的构建等,因此,精准抽取课程提及的概念是一项基本且意义重大的任务,然而,如何从这些海量的在线课程数据中精准地抽取与课程相关的概念仍然是一个巨大挑战。接下来将以 MOOCs 作为教育应用场景,对其现有的概念抽取方法进行相关阐述。

2. 概念抽取背景及研究现状

学科知识图谱的构建过程不可避免地需要进行知识概念抽取,虽然已有不少对教材和课程字幕进行概念抽取的相关研究,但

MOOCs 作为全球性教学平台之一,其课程字幕的概念抽取问题远未得到解决。主要有以下 3 个原因:①课程概念抽取是一项非常重要且具有挑战性的工作,第 1 个原因是其本身具有的短文本特性。与新闻、教材等长文本相比,MOOCs 上的课程字幕上下文整体偏短,因此概念抽取任务提供的信息不足。此外,概念抽取是在课程语料库的当前片段(单个文本段落)中进行的,而不是基于整个课程的所有语料文本。与多文本段落相比,单文本段落提供的相关信息有限。在信息受限的情况下,仅仅依靠语料库内的上下文信息,包括词的共现性、域间熵等,是无法解决这一问题的。②词汇低频问题。课程字幕以口语化表达居多,其非正式表达的随机性产生了许多无用的信息(非概念的词汇提及次数非常频繁,而有关的概念词汇则很少)。在 MOOCs 中,由于词汇低频问题,在语料库统计信息中抽取课程所提及的概念极具挑战性,因此单纯地采用传统方案如 TFIDF 值等无法取得满意的效果。③概念词汇表达的多样性。本质上,表达多样性是词汇低频的另一种表现形式。具体地,由于词汇表达多样性,一个概念可以用不同的词汇进行表达,从而产生各种各样的词汇表达方式。例如,"简单选择排序"是"冒泡排序"概念的另一种表述,"快排"是"快速排序"的简称,是一种非正式表达,因此,在某种程度上,这些零散的术语反映了某些概念所具有的多样性。

因此,仅从课程本身的统计信息中提取概念是一个巨大挑战。相关的研究课题,包括关键词提取,在信息检索领域中是流行和有效的,也被用于提取关键词,但是,这些模型只利用统计特征,不能取得满意的结果。具体原因已在上面描述,因此,一些研究引入了外部知识,进一步探讨具有相同含义但有着不同表达形式的概念之间的关系。它们利用基于图的算法,如图传播来提取概念。引入外部知识可以在一定程度上提高抽取的准确率,从而使具有相同含义的概念之间的关系更加显著。

许多相关的工作将课程概念抽取视为关键词抽取,其重点是从文本段落中抽取重要的主题短语。传统的关键短语提取方法有两种:有监督方法和无监督方法。在本节中,我们将回顾这两种方法:

对于有监督方法,任务可以看作一个二值分类问题。给定一个文本段落作为输入,该模型将对其中的每个词汇进行分类,判断一个短语是否为关键字短语(输出 0 或 1)。用于分类任务的经典分类器有朴素贝叶斯、最大熵、支持向量机、决策树、随机森林和 Xgboost 等,此外,近几年还有大量关于利用神经网络对关键词进行分类的研究。

对于无监督方法,关键短语的抽取过程主要分为 3 个阶段,即候选词抽取、候选词权重计算和候选词排序。给定一个文本段落,我们首先对候选词进行预处理,如进行文本分段和词性标注等,然后,根据相关特征对每个候选短语进行显著性评分。一般来讲,此任务会将文本的统计特征作为一个关键信息考虑进去,包括词频、词性、位置及文档中不同短语的相关性。具体算法包括 TF-IDF 和 PMI 等。基于词图模型和主题模型的关键词抽取也是一种有效方法。词图模型包括共现图和语义网络图,其中将候选词作为节点,边表示不同候选词的共现关系。主题模型计算给定文本段落的隐藏主题得分,并根据候选主题和主题之间的相关性确定关键短语得分。例如,ExpandRank 算法就通过使用少量的邻域文本段落提供更多的知识来增强单个文本段落中的关键短语提取。TextRank

算法则通过滑动窗口为关键字进行排序,以此构造出一个词汇共现图。一些研究者则将句法关系表示为边,将统计信息表示为节点,构建出一个词的语义网络。Liu 等提出了一种短语切分与短语抽取框架相结合的新方法。此外,也有一些研究通过引入外部知识来增强关键词之间的语义关系。

相关研究人员基于以上众多关键短语抽取方法尝试了几种概念抽取的研究方法。Pan 等将该任务与关键词抽取进行了比较,设计了一种新的基于图传播过程的抽取方案。首先通过基于规则的方法抽取候选概念,然后,利用词嵌入来学习候选概念的语义表示,并通过一种新的基于图传播模型对它们进行排序。Chen 等则扩展了该方法,通过一种新的自动短语挖掘方法来提升候选概念的质量。此外,也有研究者在该基础上进一步研究,通过互动游戏的方式实现了课程概念的扩展。

不同于上面所列出的将概念抽取任务视为排序问题的思想,Lu 等通过为学科教材设置 3 种不同类型的标签,将深度学习应用于概念抽取任务。他们提出的模型所使用的语料来源于标准教材《数学国家课程标准》,这种语料选取的一个优势在于减少了口语化所带来的挑战。以上所有思想和方法都为概念抽取任务提供了一定的参考价值。

4.2.5　教育知识图谱问答系统构建

本节简要介绍整个领域知识图谱问答系统的构建过程,以教育知识图谱问答为示例。

1. 学科知识图谱构建

在第 2 章我们已经掌握了构建一个知识图谱的基本原理及流

程,那么在本节我们将再回顾并细化知识图谱构建的流程。不过知识图谱构建本身是个庞大且复杂的系统工程,要构建完整的知识图谱涉及本体构建、知识抽取、关系抽取、知识存储、质量评估等,而本节重点在于知识图谱问答而非图谱的构建,因此此处以中学语文为例,简单展示构建教育知识图谱的完整流程。

知识图谱的构建过程可分为六大部分。知识图谱构建从结构化、半结构化和非结构化数据源开始,抽取所需的实体、属性和关系数据。经过自动化及半人工的初步筛选和数据预处理后,以RDF 或图存储的形式存入数据库中(一般多选择主流的 Neo4j 数据库进行存储)。此时数据的准备工作已到位,近年来基于深度学习的知识表示在知识图谱的应用上得到了广泛应用,例如神经张量模型、图表征学习等,极大地推动了知识图谱的推理和应用。知识表示后,需要通过实体对齐、名称消歧等方法进一步对知识进行加工,最后存储在图数据库中,便于后续的知识挖掘、推理等。我们将构建好的语文学科知识图谱结果进行部分展示,如图 4-7所示。

2. 问答系统构建

在 4.2.1 节我们已经完成了学科知识图谱的构建,在本节将详细讲述基于知识图谱的完整问答流程。目前实现问答模块的设计方案有两种:利用查询语句进行检索的管道模式和利用知识三元组的匹配模式。两种模式的最大区别在于资源的利用方式,前者最终依托数据库的查询语句进行检索并得到答案,而后者则直接利用知识图谱进行匹配而得到包含答案的三元组。接下来将分别对两种方式进行阐述,而后介绍基于核心模块设计的问答系统,并实现可视化及用户交互。

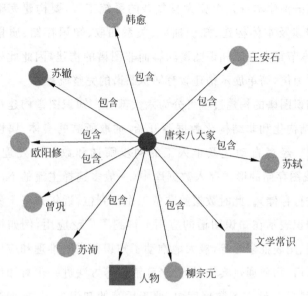

图 4-7　语文知识图谱示例

1）基于查询语句检索的管道模式

由本节前面的描述，我们能够很容易得知教育知识图谱问答属于特定领域问答，为了简化整体问答流程，我们能够将其看作一种任务导向型对话。由于最终需要依托查询语句进行检索，因此需要在模型训练前对查询语句进行预先定义。首先，明确模型的输入为自然语言问题，输出为知识图谱中的知识（实体）。问答模块的设计主要包含三大部分：实体抽取模块、关系分类模块和语义槽填充，如图 4-8 所示。

任务导向型的对话主要需要获取意图中的"槽"和"值"，为预定义好的查询语句进行槽值填充。根据前面所提到的实体抽取和

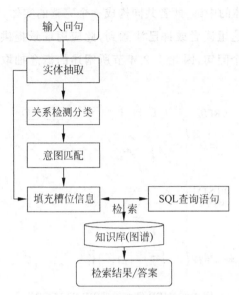

图 4-8　查询语句检索的管道模式

关系检测分类,实际上是为了准确填充完整查询语句,以便将其用于实现知识库的调用,进行检索并获得精准答案。

(1) 实体提及识别(Entity Mention),即给定一个问句,从中识别出主题实体的提及。例如,给定问题"唐宋八大家指的是哪些人?",其中的实体"唐宋八大家"为该问题的核心词汇,由于该词代表了整个问题的内容,因此也称作主题实体(Topic Entity)。主题实体的确定,是检索正确答案的基本前提。

通常来讲,实体提及识别任务的模型与经典的命名实体识别(NER)同属一类,都被视作一个序列标注任务,采用深度学习模型进行识别。首先根据带有实体标注的语料,然后进行数据预处理,以便构建出序列标注所用的数据,训练一个提及识别模型,模型如图 4-9 所示。其中的标注有以下规则,标签 B 表示实体的起始,标签 I 则为实体的中继,两者共同构成一个完整的实体,标签 O 则表非实体。到这里读者或许已注意到,此应用场景提供的文本信息是极短的一个问句,因此 4.2.4 节所阐述的概念抽取相关方法是不适用的。

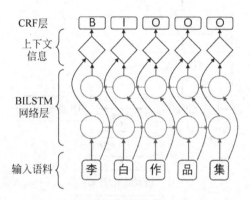

图 4-9　NER 经典模型 BILSTM-CRF

得到问题的实体提及后,还需要将其与知识图谱上的实体进行映射匹配。由于每个实体的命名多种多样,例如"李白"的另称还有"李太白",因此,主题实体"李白"还需对应至知识图谱上的"李太白"实体(如果知识图谱上的实体为"李白",则可直接匹配),此时需要使用额外的技巧或算法模型确保匹配正确,该过程为实体链接(Entity Link)。实体链接的实现方式多样,例如最大长度优先匹配规则、相似度计算等,复杂的实现方式还有基于神经网络的模型匹配。关于更多的实体链接内容,可自行搜索相关文献及技术博客,此处不再详述。

(2)意图分类(关系分类),即给定一个问题,通过模型和算法对其内隐含的关系进行识别和分类。关系分类本质上属于短文本分类,在问答领域中也称为意图分类。由前面章节我们已知,问答系统中用户提出一个问题的本意即想要得到解答,那么前提之一需要设计模型和算法来理解用户的需求,即理解"用户想要问什么",此即为用户的意图,对应任务即意图分类。

对于给定的一个问题,识别出其相应的主题实体后,第二步的关键在于意图分类。在此之前,需要根据应用背景需求预先对意图进行分类,以便将用户的问题进行统一归类,而后再根据问题的类型进行答案检索匹配。由于前面已经详述的特定领域问答的问题类型较少,因此此处进行穷举是一个合理的做法,例如在语文学科问答中的问题分类有人物关系、诗歌类型、诗歌集等。

完成以上前期准备后,接下来将进行意图分类模型的设计与训练。更具体地,意图分类过程包含了语义匹配,即对于给定的两个句子,需要设计模型和算法以确定它们的意图是否相同。例如,有两个句子:"李白作品集有哪些?"和"李白有哪些诗集?",我们需要判定其是属于类别1(相似),还是类别0(不相似),而实现此方法能够更好地应用到智能问答等自然语言处理任务的实际需求中。对于这两个句子,直觉上我们可以轻易得知两个句子所表达的含义是相同的,相应的意图是一致的,对于计算机则需要进一步处理,其中语义匹配的实现方式之一为计算两个句子的语义相似度,即判断两者所属的类别(0 或 1)。显然,依前面的介绍,该语义匹配过程可引申为分类问题,即前面所述意图分类或关系分类这一类文本分类任务,但是不同于文本分类的是,语义相似度的计算包含了两个输入,并且句子长度普遍较短、需提取语句隐含的深层语义特征,而传统的文本分类输入仅有一个,并且句子相对较长,只需提取文本浅层的语言层面特征,基于此接下来我们需要在模型设计时进行量化。由于本节更多地直接关注于核心任务"意图分类",因此此处不再详述语义匹配的相关内容,感兴趣的读者自行搜索。

意图分类作为一种文本分类任务,其解决方案与短文本分类任务是相通的。意图分类的整体流程如图 4-10 所示。由于前面我们已经将问题进行了实体提及识别的操作,下一步则需要对问题进行 MASK 掩码处理,以构成易于模型训练的输入语料,而后,将准备好的语料用于训练意图分类模型,最终将对各种意图类别进行概率权重分布,选择概率最大的类别作为用户意图。其中,意图分类为整个流程的关键部分,目前经典短文本分类算法有基于卷积神经网络的 TextCNN 及 fastText 两种模型,接下来将进行概述。

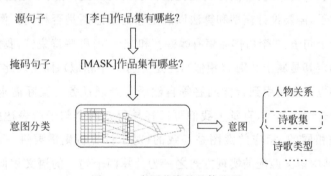

图 4-10 意图分类的整体流程

TextCNN 算法于 2014 年被提出,是首次用于文本分类任务的类卷积神经网络模型。随后,有研究人员基于该算法在词嵌入、卷积核区域、激活函数等不同方面进行对比实验,以找到最优的模型参数和架构。值得注意的是,其中采用的是一维卷积,而非通用的二维卷积做法,每个卷积核的大小为 $H \times k$(其中 H 为卷积核的窗口大小,k 为词向量的维度)。进一步地,其常见做法是采用多种不同尺寸的卷积核,用以提取不同文本长度的特征,然后,将得到的输出进行池化(MaxPooling)操作,以此来提取最重要的特征。最后,将池化得到的所有新特征进行拼接而形成一个新向量,再将其输出至全连接层分类器(DropOut ＋ Linear ＋ Softmax),以此实现文本分类,如图 4-11 所示。

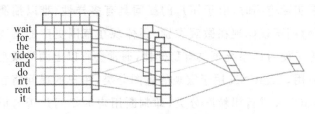

图 4-11   TextCNN 算法模型基础架构[①]

fastText 是 Facebook 于 2016 年开源的一个词向量计算和文本分类工具,在学术上并没有太大创新,模型结构如图 4-12 所示。即便如此,fastText 的优点却非常明显,在相同的文本分类任务中,采用 fastText(浅层网络)所得到的结果往往能和深层网络相媲美,但在模型训练时所需的时间却比深度网络少了很多个数量级。具体来讲,在标准的多核 CPU 上,能够在 10 分钟之内完成 10 亿量级

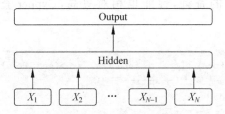

图 4-12   fastText 模型架构

① 模型图源自:KIM Y. Convolutional neural networks for sentence classification[J]. arXiv preprint arXiv:1408.5882,2014.

别语料的词向量训练,能够在1分钟内完成50多万条有着30多万个类别的句子分类。其模型的构成也极为简化,仅包含输入层、隐含层,并以层次 Softmax 作为输出层,其中输入由向量化的系列单词组成,而输出则是一个指定的目标(Target),隐含层则是对多个词向量的叠加平均。

在实际应用时,由于用户的提问具有多样性、难以揣测性等特点,意图不仅体现在微观类别,还体现在范围更广的宏观类别中。为了使对话系统更具有稳健性,通常会将以上两类模型进行部署应用,TextCNN 用于宏观的意图分类,用户的提问将首先经过 TextCNN 进行粗粒度分类,即判断用户的提问是否与语文学科类相关,而后再经过 fastText 进行细粒度分类,即判断用户的提问属于哪个问题类型,易知第二步的意图分类发挥着最核心的作用。

(3)槽填充是一个通俗的说法,一般指对预先挖取的空槽进行填充。由于此处选择以 Neo4j 数据库作为数据源存储之地,因此槽填充对象为 Neo4j 数据库查询语句。不同于 MySQL 等数据库,Neo4j 遵循的是 Cypher 语法,其更适合于存储图结构的数据源,在该领域的查询,性能也相对更高,Cypher 查询语句示例如下:

```
MATCH(p: Poem) -[r: " + intent + "]->(end: Poem)
Where p.name = ''' + entity + '''
Return end
```

输入的槽位实体信息(entity)对应知识图谱中的实体,意图信息(intent)对应实体之间的关系,根据这两类信息即可查询该实体在该关系下的另一实体结果,例如查询与"李白"有作品集关系的实体,其将返回"静夜思""将进酒"等诗集实体结果。最终,检索的实体结果即为用户所需的结果。

2) 基于知识图谱三元组的匹配模式

不同于前面所述的管道模式,三元组匹配模式则无须借助数据库及其对应的查询语句,仅需要将知识图谱内容按照规范的格式进行存储,最终将其与问题进行语义匹配即可,如图 4-13 所示。

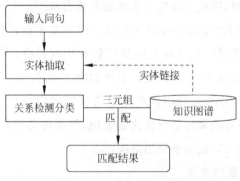

图 4-13　三元组匹配模式

和管道模式相比,由于三元组匹配模式能够自行与实体间的关系进行匹配而无须预先对关系进行标签分类,因此更适合于有较多实体关系的开放域问答。其余模块包括实体抽取、实体链接和关系检测分类,后者和前一节所介绍的基本一致,只是在将问题和答案进行语义匹配时目标对象会有所不同,具体表现在此法直接基于知识图谱的三元组进行匹配,可省略查询语句预编写、槽值填充和数据库配置及检索等前期的烦琐工作。

语义匹配的解决方案有很多,最直接的做法是对基于问句和实体的向量做相似度分析。具体地,可先通过语言模型对问句进行表征学习,而后再对实体进行表征学习,最后将两者习得的向量进行相似度计算。其中，目前主流的语言模型有 Transformer 预训练框架，由于此类预训练模型框架积累了大量现实世界知识，因此常采用其中的编码器对问句进行编码。一般情况下，选择 Bert 作为编码器。Bert 同样已经预先习得了丰富的现实世界知识，因此其编码向量结果所包含的语义信息也更加丰富。由于实体的长度本身较为短小，因此可以直接使用 Bert 模型内部包含的词向量进行简单的映射，以此获得每个实体的向量表示。

以上分别获得实体和问句的嵌入向量结果后，可采用最简单的全连接分类器对两个嵌入向量计算相似度得分，直接对知识图谱的所有答案实体打分预测。整个过程其实类似于三元组的匹配，实体和问句的向量相似度计算结果即对应一个三元组结果。当然，此处还有很多可进行优化的余地，例如将每个答案都限制在两跳范围之内，以此缩小预测范围。

3）问答系统设计

完成了以上核心模块的设计和实现，剩余的任务便是将核心功能进行可视化展示，以便直接应用于实际场景之中。

此问答系统的设计根据软件设计中常用的 MVC（Model-View-Controller）设计思想，分为数据层、逻辑处理层和用户交互层，系统框架如图 4-14 所示。

其中，数据层用于存储逻辑处理层所需的数据，此处仅包含知识图谱；对于管道式问答，用 Neo4j 数据库进行存储，其支持 Cypher 语法的查询语句，性能优越；对于匹配式问答，则直接以规范化的三元组形式存储在文件之中。关于这两种不同的数据存储方式，需要依具体应用场景和相关语料规模而定。

逻辑处理层作为框架的核心层，用于对用户的输入内容进行

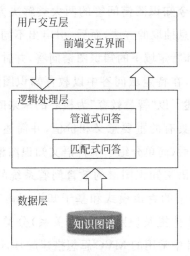

图 4-14 系统框架

运算处理,包括管道式问答和匹配式问答两种模式,前者依赖预定义的带有空槽的查询语句,经实体识别和意图分类模型将其进行填充,形成完整的查询语句,进而对知识图谱进行查询检索以便获得答案,性能较为优越。后者则摆脱了需要预定义标签分类的人工过程,直接对知识图谱三元组中的实体关系进行匹配,以此获得实体答案,但是性能相对较低。

用户交互层用于接收用户的请求并将逻辑处理层得到的结果进行展示。用户交互层的具体实现方式多样,可利用现有成熟框架技术实现,打造一个适合人机交互的界面,例如小程序、Web 网页端、App 等。

4.2.6　小结

本节主要介绍了知识图谱问答的相关概念、背景及发展现状,并着重叙述了现今知识图谱问答的两大类解决方案,包括基于语义解析和基于信息抽取的方法,而后,引申出不同场景下的问答系统,包括开放域和特定域下的知识图谱问答,并针对两者的特点进行了比较。其中,在特定域问答中以教育知识图谱问答作为示例进行了述说,阐述了以"智慧教育"为核心的未来时代背景下,教育自动问答领域所具有的重要意义和价值,并简述了国内教育自动问答的现状。最后,简单介绍了学科语文知识图谱的构建,并详细介绍了基于学科语文知识图谱的教育问答系统的搭建过程,包括基于查询语句检索的管道模式和基于知识图谱三元组的匹配模式,两者都涉及实体提及识别和意图(关系)分类两大核心功能模块,并以软件设计中常用的 MVC 思想搭建起具备人机交互功能的可视化界面。

4.2.7　思考与练习

(1) 简要介绍知识图谱的概念、意义及应用。

(2) 开放域和特定域知识图谱问答有何区别? 请结合应用举例说明。

(3) 教育知识图谱的核心模块是什么?

4.3　案例分析

4.2 节介绍了教育类的学科知识图谱问答系统的相关架构和搭建步骤,但是可看出有一个较为明显的局限性,即有些教学上的问题仅仅通过简单的文本匹配等方法进行一一对应,应用场景也较为单一。此节则将结合更具体的实际应用场景,通过一个实际案例进一步阐述问答系统在教学中的价值。

4.3.1 智能问答教学系统的应用背景

智能问答概念的范围较为广泛,和知识图谱问答类似,其在现有数据的基础上,通过对用户的提问进行语义理解进而对问题进行分类匹配,最后从知识库或知识网络中抽取最准确的答案并返回用户。智能问答系统在课堂教学中可以发挥重要作用。

问答是课堂教学互动过程的体现,也是一个教学质量非常重要的参考流程。通常来讲,传统的教学问答包括课堂问答和课后问答两个环节。课堂问答指教师在课堂中抛出与现有知识内容相关的系列问题,对学生的知识掌握程度进行考查和记录,或者教师针对学生还未能理解的问题进行解答,而课后问答即学生个人于课堂后当面与老师进行问题交流,或者通过 QQ、微信或邮件等便捷的通信方式与老师进行交流,询问自己需要解答的问题。以此看,传统问答环节存在着众多问题,包括以下几方面。

1) 提问的知识点内容相同

某个学生提出的问题往往是其他学生同样感到疑惑的知识点,而多数学生所提出的问题涉及的往往是同一个知识点或同一个问题,只不过不同学生的表述、提问方式有所不同,由此会使老师针对同一个知识点或问题做出多次解答,浪费不必要的教学时间。

2) 课后问答缺乏信息共享与互动

课堂问答尚可进行共享和互动,然而课后问答通常是某个学生独自与老师进行交流,这个过程只解答了学生个人的疑惑,使只有少数学生掌握了此知识点,但其他学生并未因此习得该知识点,这是对教学资源的浪费,本质上缺乏知识解答过程的共享,而这也是上面第 1)个问题的表现之一。另外,由于性格、环境等各种原因,有些学生在课堂中表现得较为沉默寡言、缺乏互动性,在课堂上较少与老师、同学进行交流,导致其对知识点的理解不彻底。

3) 多种信息工具造成的信息孤岛

由于现今通信渠道的多样化(诸如 QQ、微信和邮件等都是学生较为喜欢的社交工具),使他们之间已有的问答过程并没有进行共享,而这也是第 2)个问题的表现之一。再者,这些通信工具本质上是一个社交聊天工具,并不是专业化的教学问答平台,有用的答疑信息容易被冗余的聊天信息所湮没。另外,由于老师和学生使用不同的工具,相关的信息查询和搜集会受到一定阻碍。

4) 课后问答占用较多教学时间

在高校中,教师不仅有繁重的教学任务,还有相应的科研任务,因此教师的教学时间就显得十分宝贵,但由于学生的提问众多,占据了教师的大量教学时间,这不仅增加了教师的教学负担,还会影响正常教学质量。

因此,需要一种方案来对以上传统教学中存在的问题进行处理。其中,较为理想的一类方案为依据场景需求构建在线教学智能问答系统,能够独立完成学生在课堂中常见问题的解答,更进一步地,教师也能够针对某个常见问题将对应的解决方案发布,以供大家参考。不仅如此,问答系统还应当能够将学生询问过的问题进行保存和备份,其中还包括各个学生和教师的相关解答,这些都将成为后期构建知识问答平台的基础,并且可实现实时共享的功能。

4.3.2　系统架构、特点和优势

智能问答教学系统涉及多门学科,包括计算机科学、语言学和统计学等。其中涉及的关键技术包括:中文分词、文本语义分析、短文本分类、文本摘要、文本相似度计算及答案关键词排序等。如前文所述,现有问答系统种类众多,而此系统则采用线下的知识问答库和在线网络搜索相结合的混合知识问答的方案。大致地,在系统构建之前预先对课程知识点和常见问题进行采集和存储,以此构建出一个常见知识库。每个常见问题都应有相应的解答,而为了避免过多的答案冗余,需将相似问题聚为一类,并给出该类问题的答案,而后通过平台接口提供底层问答服务,为完整的教学问答平台提供底层支撑。基本的系统架构如图 4-15 所示。

该问答系统主要分为三大模块:问题处理模块、本地答案检索模块和答案检索模块。问题处理模块的主要功能是对问题进行分类处理,其中涉及关键词提取、关键词扩展、语义解析等关键技术;本地答案检索模块主要功能则是将本地知识库的答案与问题进行相似度分析,进而匹配抽取,其中不仅涉及检索式问答技术,还涉及知识图谱问答技术,包括使用基于 Word2vec、fastText、GloVe 及 Bert 等词向量计算工具或加权模型得出每个问句的向量表示,

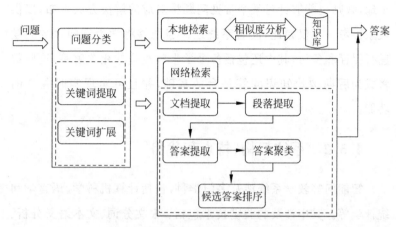

图 4-15　智能问答教学系统基本架构

而后计算向量之间的相似度得分,以此表示问题的匹配度,以及使用信息抽取或语义解析法面向结构化特征的知识图谱数据进行查询匹配,进而得到相应答案;网络检索模块起着类似爬虫的作用,包括从多个百科知识库及多个在线网络搜索引擎中进行检索,从而得到候选答案,而后将候选答案进行多层过滤,精准提取出有效答案,最终反馈给用户。

　　具体地,该系统首先采用结巴分词工具对问题进行中文分词,在分词过程中将停止词、无用词等进行过滤,从而提取关键词,例如针对问题"自然语言处理主要包括几类核心问题?",提取的关键词包括"自然语言处理""核心""问题"。在进行相似度计算的时候,该系统利用经典的 Word2vec 训练得出其词向量,得到用户输入问题和本地问答库中问题的向量,并计算两者的余弦相似度,从而求得问题的相似度。该过程还将进行关键词扩展,以便计入其同义词。

按照原系统开发者的测试，众人认为，如果对知识库内的每个问句都进行相似度计算，则效率十分低下。因此，此系统选择将课程涉及的众多问题进行知识点分类，从而将问题的相似度计算匹配转化为短文本分类问题。以《数据结构与算法》教材为例，将问题按照教材中的每个章节下的各细分知识点进行分类，同时从网络中爬取数万条问答数据，从而构成基本的问答库，采用 Text-CNN 算法训练出短文本分类模型，而后将其部署于该系统中，对用户输入的问题进行推理分类。

当本地问答知识库中的答案无法满足用户时，系统选择从网络中进行在线检索，选取候选答案。针对定义类问题，例如"二叉树的特点和优势"，智能问答系统利用短文本分类模型对问题进行粗分类，易知此类问题为定义类，而后将"二叉树"作为关键词在百度、维基百科等大型知识库中进行检索，获取相关的词条信息。当粗分类为非定义类问题时，系统将调用在线搜索引擎进行内容检索，而后在检索结果中进行内容过滤，以此获取有效的答案片段，该过程可采用 TFIDF、主题词模型等对候选答案进行评分，将最高得分片段反馈给用户。

基于智能问答的教学系统体现出以下特点和优势。

1. 可扩展性强

智能问答教学系统可直接作为一个接口提供底层问答服务，在此基础上可直接移植至不同平台中进行应用，包括但不限于Web 网站平台、微信小程序、微信公众号平台等，甚至可直接打造一个私人聊天机器人，该机器人可直接作为自己的私人学伴，促进自己的学习积极性。以此种种灵活的扩展方式，不仅能够大大降低教学问答的信息化建设成本,其易于扩展的特性还可覆盖学生和教师的日常生活,使师生无论在日常生活还是在学习工作中都能体验到问答系统带来的便利性。

2. 信息化程度高

由于智能问答教学系统在构建时考虑到问题的多样性和不确定性,因此结合了本地知识库和在线知识库搜索引擎,这种方式无疑大大增加了问题的可回复性。所有问答环节都只需通过某个平台以自然语言式的文字进行交互,如此即可将整个过程彻底信息化。

3. 教学互动性强

通过使用智能问答教学系统,学生可通过一问一答的方式进行课程知识点的问答,也可通过该系统发布自己的问题,并邀请教师或者同学作答,以此让大家都获得针对该问题的答案,也保证了答案有着广泛的认可性和一致的权威性。该过程中不仅有学生和教师之间的互动,还包括学生和学生之间的互动,因此该平台大大增加了整体的互动性。

4. 应用广泛

该系统可辅助教师进行多种教学工作,包括基础教学信息发布与查询(如课程信息查询、任课老师信息查询、助教信息查询、通知发布、课件发布、作业发布等)、课程知识教学和全天候答疑、问答信息统计分析、学习资源自动爬取与分析、学习资源推荐等功能。

4.3.3　问答系统在教学应用中的进一步扩展

通过以上分析可知,此智能问答教学系统不仅是一个提供基本问答的平台,而且该系统的高可扩展性、高可用性还能够使其与现有课程教学相结合,提供更具前瞻性的教学改进方案。因此,让我们来开拓思维,看一看还有哪些可以扩展应用的场景。

1. 与学校图书馆系统相结合

各所高校都拥有自行设立的图书管理系统,但通常情况下该系统仅允许老师和学生在高校内部或通过内网使用,以及在高校外通过指定账号使用,但是对于图书管理系统不熟悉的用户来讲,一开始是难以直接使用的。此时,可构建出一个与学校图书馆相关的问答系统来提供服务,让学生能够直接通过问答平台咨询得到想要的图书信息,或者以对话的形式进行相关书籍或文献的借阅。再者,该图书管理问答系统可基于学生的历史记录进行优质书籍资源的推荐,让学生的体验得到进一步提升,同时调动学生借阅图书的积极性。

2. 教学问答奖励机制

针对学生的问题,虽然教师给予的答案较具有信服力,但是对于成绩优异的学生来讲同样可能做出具有高可信度的优质解答,因此,智能问答系统可提供平台,以便让学生同样能够对问题进行专业性的解答。通过日积月累的数据记录,系统可综合学生的解答次数、解答满意度及教师对解答的评价得分,给予学生一定的奖励,这些奖励可以是平台上所拥有的虚拟徽章,亦可以是实际的荣誉奖励。这种方式能充分调动学生的参与积极性,从而促进学生对知识的吸收和理解。

4.3.4　基础教育知识图谱赋能智慧教育

基础教育知识图谱为计算机在教育领域进行智慧赋能,并为提升整体认知能力提供有力保障,使计算机成为拥有基础教育知识的智能教师、教学助手或学生的学习伙伴。除了以上提及的知识问答和相关案例分析,基础教育知识图谱还有着更为广阔的应用场景,其中就包括知识链接、知识搜索和知识快照等,以下将进行概述。

1. 知识链接

知识链接是将某个词汇链接到具体的知识点中,具体地,即当学科教材等书籍中的某个专有名词出现时,其将直接链接到知识库中已有的知识实体中,例如当在查看某本书时,其中出现了术语"遗传",由于检测到知识库中也存在"遗传"二字,因此将会链接至该实体,而后呈现出以该实体为中心的知识图谱子图,如图 4-16 所示。进一步地,可在书籍中的"遗传"二字中设置一个可单击的网络链接,当读者希望了解更多的相关知识时便可直接单击此链接,弹出相关的知识网络图供读者进行阅览。由此可见,知识链接的作用在于,当读者阅读这些添加了知识链接的图书时,可方便地跳转至对应知识点的知识卡片中,充分利用了知识图谱具有的便捷性和可扩展性,增强了基础教育知识图谱的传播性。

描述	遗传
分类	基因控制生物的性状
分类	生物进化的原因
分类	遗传
分类	孟德尔的豌豆杂交实验（1）
定义	亲子间的相似性
定义	生物体的子代与亲代之间，在很多方面表现出相同的特征

图 4-16　其他书与基础教育知识图谱间建立知识链接的关系

2. 知识搜索

知识搜索,即通过搜索引擎搜索某个知识点的所有相关内容。不同于普遍的通用搜索引擎,知识搜索应用是一个专注于垂直领域的搜索,其提供了类似于通用搜索引擎的用户界面,供用户查询想要详细了解的知识内容。如图 4-17 所示,当用户想了解关于"相对论"的内容时,则可直接进行搜索,以便得到相关内容,其左侧部分包含了"相对论"关键词的相关教材书籍,而右侧部分则是以"相对论"为中心的知识网络图。

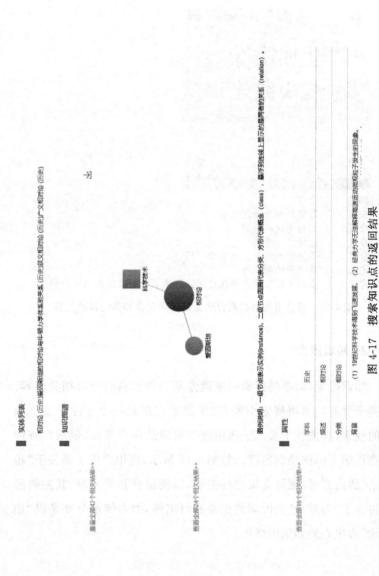

图 4-17　搜索知识点点的返回结果

相比在通用搜索引擎中搜索基础教育的相关内容,基于基础教育知识图谱的知识搜索则有两个优点:一是内容高度集中在基础教育领域的教材、教辅、课外读物中,不会出现不受控的内容,有利于青少年的健康成长;二是知识图谱能够呈现知识点的关系图谱,帮助学习者更好地进行知识关联与知识联想。

3. 知识快照

知识快照是一种较为新颖的应用方式,其以基础教育知识图谱的子图方式呈现,如图 4-18 所示。知识快照的主要作用在于帮助进行单学科及跨学科的知识梳理。例如,输入一个历史知识点"江姐",就可以在图谱中以实体"江姐"为起点生成一张图,呈现出与"江姐"有关的其他实体和关系。如果输入"李白",效果也是如此。更重要的在于,还可生成跨学科的知识快照,帮助教师与学生进行知识的融会贯通。正如图 4-18 所示,易知"李白"和"江姐"能够勉强搭上关系,不仅如此,还有"苏轼"和"诺贝尔奖"之间也有着不为人知的某种关联,正是这些隐藏的关联信息使它们之间能够进行"联系"。中学教师讲课都是按照单学科的方式进行组织和授

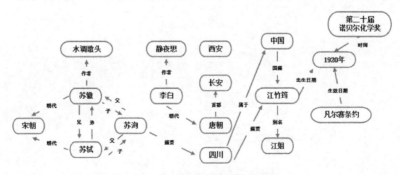

图 4-18　跨学科的知识快照

课,而这种知识快照的应用使跨学科的组织方式得到挖掘,这对于教师和学生都有很大的帮助。

4.3.5 小结

本节以真实课堂为应用背景,阐述了在教学和答疑过程中缺乏自动化、智能化的情况下,通过引入具备人工智能方法的问答对话系统,来提高教师在课堂中的工作效率,以及学生在课后的学习效率。最后,探讨了问答系统在教学场景中的灵活性及可扩展性。

4.3.6 思考与练习

(1)结合此案例,谈谈知识图谱问答与非知识图谱问答的异同。

(2)结合自有认知,谈谈此案例是否有优化空间?

(3)结合现实生活,你认为问答系统还可以应用在哪些场景?

第 5 章

认知诊断

本章将首先介绍认知诊断的基本概念、原理和模型，然后结合自适应框架，对自适应学习系统模型与实现结合实际案例进行详细阐述。最后，基于学习路径推荐算法，对个性化学习路径挖掘模型进行描述。我们还对个性化学习路径的典型案例进行分析，并探讨个性化学习路径推荐的未来与发展。

5.1 认知诊断简介

认知诊断（Cognitive Diagnosis）是指通过学生在测验上的试题作答记录对其知识状态（如知识掌握水平）进行评价，并在此基础上提出改善学生认知状态的方案与建议。

5.1.1 认知诊断概述

1. 教育测量理论发展

学生解决问题的行为表现都与认知前因有关，甚至有时会是知识不足或策略选择的不成熟心理的直接结果,因此,基于测试推理学生心理过程的研究有利于教师改变对学生的误解,并替换错误的策略。根据 Messick 的观点,从学生回答或解决试题的心理过程的角度来理解考试成绩是结构效度理论的一个核心特征。从这些测试中寻找的信息本质上是关于学生在思维和学习中的认知状态。也就是说,结构效度较高的测试可以反映与学习相关的某种形式的思维和高阶认知过程,从而确定教育者如何更好地改进与提供教学服务,以及如何最大限度地增加学生的学习机会。

教育测验理论可以预测测验者的能力,它认为每个人对于任何给定的属性都具有某种能力,这种属性可以被测量。至今,测验理论的产生及发展对解决许多教育及其他学科中的实际问题起到重要作用,主要有经典测量理论(Classical Test Theory,CTT)、概化理论(Generalizability Theory,GT)、项目反应理论(Item Response Theory,IRT)和认知诊断(Cognitive Diagnosis,CD),如图 5-1 所示。

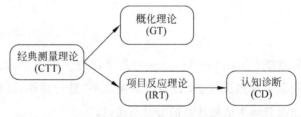

图 5-1　测验理论的产生及发展

17 世纪,基于测量误差服从正态分布思想,经典测试理论开始萌芽。1904 年查尔斯·斯皮尔曼解决了如何校正由于测量误差引起的衰减的相关系数,以及如何获得进行校正所需的可靠性指标。一部分人认为他的发现是经典测试理论的开端。经典测试理论是一种具有数十种项目分析指标及评价标准体系的测试理论,它于20 世纪中期关于测量误差服从正态分布思想而被提出并进行实践研究改进而日趋丰富、完善,最终形成。经典测试理论是目前应用最为广泛的一种测量理论,它建立了一系列项目分析的指标,包括平均分(Mean Score)、难度(Difficulty)、区分度(Discrimination)、信度(Reliability)和效度(Validity)等。

1972 年,基于 CTT 标准化技术和项目分析技术等方法,Cronbach 等提出了概化理论。它应用实验设计及其分析、方差分析模型等统计工具在一定范围内对误差进行控制,提高了测验的信度。它与 CTT 同属于随机抽样理论。概化理论可以更加有效且有预控性地去改善和提高测量精度与准确性。

在心理计量学中,项目反应理论(IRT)也称为题目反应理论或潜在特质理论,它用来分析考试成绩或者问卷调查数据的一系列心理统计学模型。项目反应理论基于 3 个假设,分别是:潜在特质空间的单维性假设、局部独立性假设和项目特征曲线假设。项目反应理论建立了项目性能,被试潜在特质水平与项目应答正确概率关系。项目反应理论认为被测的潜在特质即被测潜在的能力的掌握水平是连续的,被测在测验项目上的反应与被测的潜在特质存在着特殊的关系。通过项目反应理论建立的项目参数具有恒久性的特点,因此,不同测量量表的分数可以统一。不仅对被测的分析,而且对测验项目的分析,项目反应理论均克服了经典测试理论的部分局限,比经典测试理论更加细致与具体。项目反应理论是对经典测量理论的一种改进,因为它是建立在非线性的概率模型之上的。

基于项目反应理论(IRT)或经典测验理论(CTT),传统的教育评估通常以学生在单个熟练度连续体中的位置来确定其分数,因此,分数也体现了学生个体在特定领域上以某种标准进行比较或排名,从而用作汇总评估程序的一部分。这样的分数在传统的教育评估中被广泛应用,例如:区别及格与不及格的学生,选择课程候选人,检验学生入读大学资格,确定奖学金获得者等。通过确定学生单个熟练度在连续体中的位置,把教育评估与教育决策者目标相关联。

1993 年,Mislevy 认为,测验理论大致可分为标准测验理论(Standard Test Theory)阶段和新一代测验理论(Test Theory for a New Generation of Tests)阶段。经典测试理论、概化理论和项目反应理论都属于标准测验理论。标准测验理论在本质上是把被测的心理特质视为一个心理学意义并不明晰的"统计结构",其目的在于从宏观上给被测一个整体的评估,因此,标准测验理论在强调被测宏观层次能力水平测量及评估的同时,忽略了被测微观的内部心理加工过程的测量及评估,从而缺乏对被试内部心理加工机制的研究,这种研究视野称为"能力水平研究范式"。

随着心理测量学和认知心理学的进一步发展和现代教育技术水平的进步,教育者与学习者都希望得到更具体的、细微水平的测量与诊断评估。1993 年,Frederiksen、Mislevy 和 Bejar 在所著的 *Test Theory for a New Generation of Tests* 一书中正式提出了新一代测验理论的概念,标志着新一代测验理论的诞生。新一代测验理论强调测验应同时在宏观和微观、能力水平和认知水平的评估并举两种水平的研究视野下进行。因此,具有心理学理论支撑的新一代测量理论的结果,个体宏观能力水平和微观内部加工过程评估同时兼顾。新一代测验理论除了对能力的定位以外,深入研究并拓展认知水平,即认知能力结构和状态的评估。

2．认知诊断评价

认知诊断是以基于模型的测量和形成性评估相结合为特征的心理和教育测量,认知诊断的测试结果能对特定领域作可解释性的预测。标准测验理论对表现模式符合心理测量模型的测试结果能进行合理的解释分析,但它缺乏对个体差异定性方面的测量。被试者在处理能力的模式、解决问题的策略、相关背景知识、动机和身体方式(如障碍和残疾)方面可能有所不同。新一代测验理论更注重测量这些定性差异,认知诊断测量评估可用于指导分数的可解释性分析或为测试分数的外部相关因素定义调节变量。认知诊断是完全基于模型的,提供了关于被测者的优缺点反馈,因此,被测收到的不是总结性的分数,而是一份个人简介,详细说明他们掌握了哪些概念和技能,哪些没有掌握。

认知诊断评估(CDA)旨在测量学生的特定知识结构和处理技能,以便提供关于他们认知优势和劣势的信息。Xiangdong Yang和 Susan E. Embretson 认为在心理或教育背景下的认知诊断测试主要集中于至少测试认知特征的以下 3 方面。

(1) 给定特定认知领域中必不可少的技能档案或知识列表,这些技能和知识集代表了该领域最重要的技能和概念,并且是发展其他高阶能力的基本组成部分。

(2) 结构化程序和/或知识网络。一个领域的知识结构不仅由该领域所拥有的基本技能或知识片段的数量来表示,还由人们对这些技能和知识进行组织的结构化来表示。

(3) 认知过程,成分或能力。认知研究的信息处理范式提供了发掘认知内部过程的方法,因此可以为特定类型的认知任务开发特定的认知模型。教育者可以通过观察被测者执行此类任务时的潜在认知过程来解释所观察到的表现。

认知心理学家与认知心理测量学家把认知心理学对人类认知加工过程的内在机制的研究成果与研究范式相结合,创造性地开发了具有认知诊断功能的计理评估模型——认知诊断模型(Cognitive Diagnosis Models,CDMs)。CDMs 是一个种测量模型,它包含某个领域相关的离散的潜在属性变量,这些属性变量是指对二进制技能或知识的掌握,它代表测试项目所涵盖领域的各个基本特征。当属性向量的二进制分量指的是条件的存在或不存在时,该方法可能同样适用,而条件可能与医学、心理或精神病学构造有关。CDMs 可以通过观察被测者某个属性变量的回答估算学生的能力概况。当测试的目的是估计学生的个人资料或属性掌握模式时,可以使用认知诊断模型(CDM),而不是提供一般的能力估计。与 CTT 和 IRT 不同,CDM 是潜在类模型的特例。具体而言,CDM 根据属性精通模式对正确回答项目的概率进行建模。

5.1.2　认知诊断评价理论的基础概念

1. 属性与属性层级

在教育测量中,认知诊断是对个体认知加工过程中所涉及的知识结构体系的特定能力单元的认知诊断评价。被测者完成某个特定领域任务的知识结构或加工技能在认知诊断评估中称为属性。Tatsuoka 认为属性指生产规则、程序操作、项目类型等认知子任务。在认知诊断模型的建模中,用"认知属性"来描述测量任务中被测的认知过程或认知技能并作为诊断评估单元,它可以是认知过程中所涉及的知识或技能,是对被测心理内部加工过程的诊断基础。如果确定了用于构建认知诊断测试的内容域,则逻辑任务分析可以指定认知属性。

Leighton(2004)认为认识属性在认知过程中,不是独立存在的个体,相反,认知属性从属于某个相关联的网络,并且认知属性之间在心理、逻辑或层级上存在着一定的层级关系。Leighton 将认知理论和心理测验实践联系起来,以促进教育和心理测验的发展和分析,提出了认知项目反应理论模型,称为属性层次方法(Attribute Hierarchy Method,AHM)。在属性层次方法中,首先使用认知心理学中的方法(例如项目评论和协议分析)来识别和研究认知属性,认知属性简称为属性,每个对象的属性配置文件由代表潜在有限属性集的二进制潜在变量向量表示,再用属性层级关系(Attribute Hierarchy)图对认知模型进行表征建模,属性层次关系结构表征某个属性的掌握是对另一属性的掌握的先决条件。属性层次方法假设认知诊断测试性能取决于属性的分级能力,被测只有具备这些属性才能正确回答测试项目。

Leightont(2004)等把属性层级关系划分成线性型、收敛型、分支型和无结构型 4 种基本类型,如图 5-2 所示。

(1) 在线性型层级关系模型中,属性 A1 是属性 A2、A3 和 A4 的先决条件,属性 A2 是属性 A3 和 A4 的先决条件,属性 A3 是属性 A4 的先决条件。从该线性型层次可得被测者只有掌握属性 A1 所代表的认知或技能,才有可能正确完成属性 A2、A3 和 A4 所测内容。

(2) 在收敛型层级关系模型中,属性 A3 和 A4 同时是属性 A5

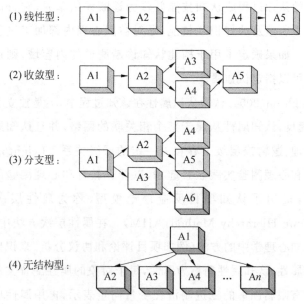

(1) 线性型：

(2) 收敛型：

(3) 分支型：

(4) 无结构型：

图 5-2 4 种属性层级关系基本类型

的先决条件，被测者不仅必须掌握属性 A3，还必须掌握 A4 才有可能正确完成属性 A5 所测内容。

（3）分支型层级关系模型描述解决某一领域问题心理内部认知属性加工层级与顺序过程。

（4）在无结构型层级关系模型中，属性 A1 是属性 A2，A3，…，An 的先决条件，属性 A2，A3，…，An 之前是并列关系且无先后顺序之分。

基于以上 4 种基本属性层级关系，可以复合构成表达更复杂并且相互关联的属性层级关系，从而可以描述各种相关联的认知过程或技能。AHM 的发展是为了解决与认知模型发展和统计模式识别相关的两个具体问题。

2. *Q* 矩阵理论

认知诊断可以看成模式识别和统计决策理论的问题。认知诊断的第一部分的工作是从不可观察的知识状态或认知过程中提取特征变量。正因为认知过程是不可观察的,并且作为分类类别的知识状态不能直接从观察中获得,使模式识别变得额外困难。Embrestonr 提出用于构建认知诊断测试的内容域,可以用 n 项目 K 个指定属性来表征,并用 K 个元素向量表示认知属性。Tatsuoka 和她的同事提出通过可观察的项目反应模式——Q 矩阵理论(Q-Matrix Theory)把认知过程中提取特征变量——认知属性,用关联矩阵(Q 矩阵)对正确解决问题所需的基本认知属性用数学表示。通过这样做,可以利用布尔代数和图论的基本定理来解释认知属性之间的关系,以及它们与知识结构相关联的属性(概率的和逻辑的)。Tatsuoka 将回答测试项目所需的基本认知任务组织成一个 Q 矩阵,其中的行代表属性,属性可以是子任务、认知过程和技能等。列代表项目,每列中的条目表示每个项目的解决方案中涉及哪些属性。这里需要注意的是如果两位专家使用不同的方法来解决给定的一组问题,则他们可能会获得完全不同的 Q 矩阵。下面以基于图 5-3 所示的层级关系为例,对 Q 矩阵理论相关概念进行介绍。

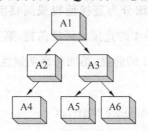

图 5-3　6 个属性的层级关系模型

1）邻接矩阵（Adjacency Matrix）

属性层级关系除了可用图表示之外，也可用邻接矩阵表示，通常记为 A 矩阵。邻接矩阵由 K 行 K 列（K 指属性的个数）的 0 和 1 矩阵组成，如果认知属性间存在直接关系，则在邻接矩阵相应的元素中用"1"表示，否则用"0"表示。图 5-3 所示的属性层级关系的邻接矩阵表示如图 5-4(a)所示，第一行表示属性 1 是属性 2 和属性 3 的直接前提，第二行表示属性 2 是属性 4 的直接前提，第三行表示属性 3 是属性 5 和属性 6 的直接前提。

$$\begin{bmatrix} 0 & 1 & 1 & 0 & 0 & 0 \\ 0 & 0 & 0 & 1 & 0 & 0 \\ 0 & 0 & 0 & 0 & 1 & 1 \\ 0 & 0 & 0 & 0 & 0 & 0 \\ 0 & 0 & 0 & 0 & 0 & 0 \\ 0 & 0 & 0 & 0 & 0 & 0 \end{bmatrix} \qquad \begin{bmatrix} 1 & 1 & 1 & 1 & 1 & 1 \\ 0 & 1 & 0 & 1 & 0 & 0 \\ 0 & 0 & 1 & 0 & 1 & 1 \\ 0 & 0 & 0 & 1 & 0 & 0 \\ 0 & 0 & 0 & 0 & 1 & 0 \\ 0 & 0 & 0 & 0 & 0 & 1 \end{bmatrix}$$

(a) 邻接矩阵 　　　　　　　 (b) 可达矩阵

图 5-4　用邻接矩阵与可达矩阵表示属性关系

2）可达矩阵（Reachability Matrix）

可达矩阵通常记为 R 矩阵，它可以同时表示属性之间直接和间接的层级关系，图 5-3 所示的属性层级关系蕴含的属性之间的层级关系如图 5-4(b)可达矩阵所示，可达矩阵第一行表明属性 1 是所有属性的前提，可细分为直接前提或间接前提。第二行表明属性 2 是属性 2 和属性 4 的直接或间接前提，第三行表明属性 3 是属性 3、属性 5 和属性 6 的前提，第四行表明属性 4 是自身的前提，其他同理。

3）关联矩阵（Incidence Matrix）

关联矩阵即 Q 矩阵，描述了测试项目与认知属性之间的关系，

它一般由 M 行 K 列的 0 和 1 矩阵组成,其中 M 指测验项目个数,K 指所有测试项目所测试属性的个数。假设给定测试域中的认知过程或技能被建模为 K 个潜在属性,项目 m 建模为向量 q_1,q_2,$\cdots$,q_k 的组合。K 维二进制向量 $q_m=(q_{m1},q_{m2},\cdots,q_{mk})$ 表示项目 m 是否测试了属性 k,$m=1,2,\cdots,M$,其中 $q_{mk}=1$,代表项目 m 是否测试属性 k,若 $q_{mk}=0$,则代表项目 m 未测试属性 k。用包含 5 个项目 6 个属性的测试为例,其 Q 矩阵如图 5-5 所示。图 5-5 表示项目 1 测试了属性 1 和属性 2,其他属性没有测试;项目 2 测试了属性 2 和属性 3,其他属性没有测试,其他项目解释亦然。需要注意的是,某个测试项目可以测试所有属性,但不存在不测试任何属性的项目。

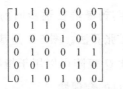

图 5-5　Q 矩阵示例

4) 简化 Q 矩阵(Reduced Q-Matrix)

简化 Q 矩阵(Reduced Q-Matrix)也称为缩减矩阵,记为 Q_r。Q 矩阵的第一行表示某个测试项目所测试关联的属性,假设某个认知诊断评估所涉及的属性有 k 个,每个属性可取值 1 或 0,理论上这 k 个属性可以组合成 2^k-1(因为不可能存在不测试任何一个属性的项目)种不同的测试项目。如图 5-3 所示,6 个测试属性则可能有 $2^6-1=63$ 种不同的测试项目,即 Q 矩阵可能是 63 行 6 列,Q 矩阵的行数将随着 k 值的增大,呈指数级增长,然而,认知诊断评估中属性之间通常存在某种属性层级结构,例如,属性 1 代表整数加法,属性 2 代表整数的乘法,这意味着属性 1 必须是属性 2 的前提,因此不可能存在某个测试项目只测试了属性 2,但不测试属性 1。基于某种属性层级结构,构造测试项目可能的属性组合往往比(2^k-1)小。如图 5-3 所示,测试项目如果测试属性 3,则必然测试属性 1 和属性 2,不存在项目只测试了属性 6,但不测试属性 1 或属性 4,以此类推。

Q_r 矩阵是通过减少矩阵,即通过减少 RSM 和 AHM 中的 Q-matrix 生成的。假设 Q_r 矩阵被认为是代表所有属性组合的那些项。如果属性数为 k,则 Q 矩阵中的列数为(2^k-1)。根据 R 矩阵表示的属性层级的约束,把 Q 矩阵中不符合属性层级结构的项目删除,将 Q 矩阵简化为 Q_r 矩阵,这种生成 Q_r 矩阵的方法称为 Tatsuoka 法。2010 年,杨淑群在逐步向前回归的思想上,提出关于 Q_r 矩阵的渐增式扩张算法。图 5-6 是基于图 5-4 与图 5-3 的简化 Q_r 矩阵示例。简化 Q 矩阵可以用于指导测试项目设计或者用于检测已编制测试项目的合理性。

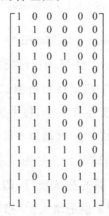

图 5-6　简化 Q_r 矩阵示例

5）理想属性掌握模式（Ideal Attribute Mastery Pattern）

理想属性掌握模式指的是在某个认知诊断评估测试中,被试者在理论上可能掌握的测试属性组合。假设认知诊断评估测试包含了 k 个属性,理论上,考生可能掌握的属性组合为 2^k 种,这里包含了被测没有掌握的任何一个属性的情况。由于测试项目的属性之间受属性层级关系影响,因此可能掌握的属性组合表的列中的某些组合是不可能存在的。理想属性掌握模式的计算方式是在简化矩阵 Q_r 的计算结果中添加一行全 0 组合,它指的是没能掌握任何一个属性的情况,对于如图 5-3 所示的属性层级关系,理想属性掌握模式如图 5-7 所示。认知诊断测试中观察到的被试表现是被测内在的属性掌握模式的反应,是对被测者心理学的洞察。把被试者观察到的属性掌握模式适当地分配到测试领域的知识状态时,就可以做出关于认知技能的推论。被测的属性掌握组合也称为被测的知识状态,它提供了认知和评估之间的联系。

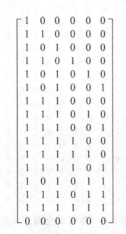

图 5-7　理想属性掌握模式示例

6）理想反应模式（Ideal Response Pattern）

理想反应模式指的是被测在认知诊断测试中不存在猜测或失误的情况下，在测试项目上作答时的反应模式。也就是说，当被测掌握了某个测试项目所测试的所有属性时，被测就一定能够答对测试项目，反之，如果被测没能掌握测试项目中的任何一个或一个以上属性，被测就不可能答对该测试项目。理想反应模式矩阵的行对应于满足属性层级结构约束的所有可能的属性掌握模式的集合，各列表示某个可能的属性掌握组合的被测对所有 Q_r 中测试项目的理想反应。丁树良（2017）提出：在测试项目所涉及的属性之间不可以补偿的前提下，用非补偿的定义和朴素集合论计算理想反应模式。基于如图 5-3 所示的属性层级关系，以图 5-6 为测试项目，以图 5-7 为假设的被测属性掌握模式，理想反应模式如图 5-8 所示。

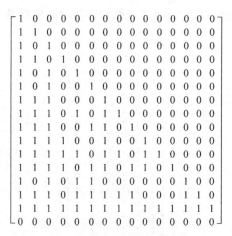

图 5-8　理想反应模式示例

5.1.3　认知诊断代表性模型

认知诊断模型是潜在变量模型,用于推断潜在的技能、知识或个性,这些是对教育、心理和社会科学测试和测量的响应基础。认知诊断模型评估从被测的测试结果中得到所测领域相关属性的诊断反馈。具体而言,CDM 分析并确定被测是否对一组细粒度属性(潜在类别)精通。与总分数相比,教师、临床医生和其他测试用户可以使用每个被测的特定信息来更有效地调整和改进他们的干预措施。国内外的学者根据不同的研究需求开发出了许多认知诊断模型。2017 年,高旭亮等把认知诊断模型划分为以下几种类型,如图 5-9 所示。本节将对一些具有代表性的典型认知诊断模型进行介绍。

1．规则空间方法

规则空间方法(Rule Space Method)是早期的先驱 CDM 模型。1971 年,Tatsuoka 提出并研究了规则空间方法。她首次使用了“Q 矩阵”这个术语,引入了 Q 矩阵理论和规则空间模型来诊断被测者的知识水平。如 5.1.2 节所述,Q 矩阵用于将项目与测试开发过程中要测量的属性进行匹配,它表达了测试项目的分布和属性。

规则空间是一个二维笛卡儿坐标系,规则空间根据被测者的状态信息与观察到的响应模型,计算被测的潜在特质水平参数(θ)和偏离警戒指标变量(ζ)并映射构成二维空间。

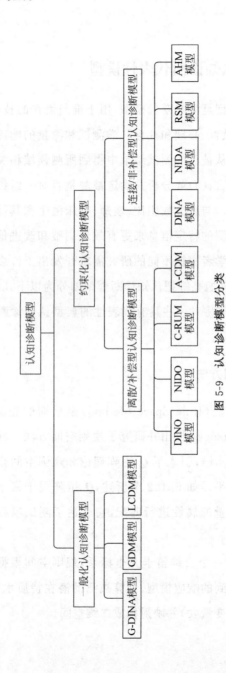

图 5-9 认知诊断模型分类

第一维是被测潜在特质水平参数(θ),它对应于技能或能力变量,与被试能力水平的差异有关。被测潜在特质水平参数(θ)是由项目反映理论模型定义的变量,可以通过人才评估方法进行评估。项目反应理论常用的数学模型有单参数逻辑模型、双参数逻辑模型和三参数逻辑模型,测试者可以选择其中任意一个合适的模型来估计被测潜在特质水平参数(θ)的值,例如由双参数逻辑模型定义的潜在特质水平参数为 θ_j,被测正确作答项目概率如式(5-1)所示。

$$P_{ij}(x_i = 1 \mid \theta_j) = \frac{1}{1 + \mathrm{e}^{-D_{a_i}(\theta_j - b_i)}} \tag{5-1}$$

第二维 ζ 对应于偏离警戒指标变量,该变量用于测量项目响应模式的异常性。这个维度表示潜在特质水平为 θ 的被测,实际测试项目作答模式偏离理想项目反应模式的程度。ζ 指数作为个人调节指数之一,已经被开发用于检测由异常行为(如欺骗或猜测)引起的异常反应模式。

假设被测者 i 实际的项目反应模式向量为 $\boldsymbol{X} = (x_1, x_2, \cdots, x_n)$,其中 n 为测试项目的个数,则被测 i 对应的测试项目作答正确概率为 $P(\theta_i) = [P_1(\theta_i), P_2(\theta_i), \cdots, P_n(\theta_i)]$,被测的作答反应函数向量如式(5-2)所示。

$$T(\theta_i) = \frac{\sum_{j=1}^{n} P_j(\theta_i)}{n} \tag{5-2}$$

由定义:

$$f(X) = -[X, P(\theta_i) - T(\theta_i)] + [P(\theta_i), P(\theta_i) - T(\theta_i)] \tag{5-3}$$

得

$$\zeta = \zeta(\theta_i, X) = \frac{f(X)}{\sqrt{\mathrm{Var}[f(X)]}} \tag{5-4}$$

以上是建立规则空间的方法,接着将观察的被测作答反应模式进行归类,并判断其对应的属性掌握模式。

假设观察被测的反应模式服从多变量正态分布,理想项目反应模式记为 R,对应的能力水平 IRT 估计为 θ_R,警戒指标变量为 ζ_R 并以理想反应模式 R_l 为中心,则对于双参数逻辑模型,测验信息函数如式(5-5)所示。

$$I(\theta) = \sum_{j=1}^{n} a_j^2 P_j(\theta_{R_i}) Q_j(\theta_{R_i}) [P_j(\theta_{R_i}) - T(\theta_{R_i})]^2 \quad (5\text{-}5)$$

相对应地观察被测的项目反应模式记为 X,对应的能力水平 IRT 估计为 θ_X,警戒指标变量为 ζ_X,得马氏距离平方如式(5-6)所示。

$$D_{xl}^2 = \frac{(\theta_X - \theta_{R_l})^2}{I(\theta_{R_l})} + \frac{(\zeta_X - \zeta_{R_l})^2}{\mathrm{Var}(\zeta_{R_l})} \quad (5\text{-}6)$$

根据被测观察反应模式与理想反应模式之间的马氏距离,取最小的理想反应模式对应的属性掌握模式作为被测的最佳属性掌握模式。马氏距离的平方遵循两个自由度的卡方分布。由于距离度量本身不提供错误分类概率,因此最小误差的贝叶斯决策规则也被应用。当将 RSM 应用于定义明确的域时,RSM 已被证明特别有效,然而在从 Q 预测的反应模式中寻找反应模式行为的资源方面存在局限性。

2. 属性层级方法

属性层级方法(Attribute Hierarchy Method)是 Leighton 等于 2004 年提出的一种认知项目反应理论模型,这种方法是 Tatsuoka 的规则空间方法的一种变体。属性层级方法的设计目的在于将认知理论和心理测验实践联系起来,以促进教育和心理测验的发展和分析。

认知研究表明,认知技能不是孤立运行的,而是属于一个相互关联的过程网络(例如,库恩,2001;沃斯尼亚杜布鲁尔,1992),因此,AHM 引入属性依赖的假设。基于这样的假设,即测试性能取决于一组称为属性并且按相互之间层级关系排序的能力。换句话说,属性层次结构的识别对于 AHM 是最重要的输入变量,因为它用于预测学生表现的类别并推断考生的认知能力、Leighton、Gierl 和 Hunka(1999)对属性进行了描述:属性是对在特定领域中执行任务所需的过程或声明性知识的描述。属性不是策略,但是属性为策略提供了构建块,特定层级关系的属性集可以成为解决某个具体问题的策略。属性是动态实体,具体地说,某个属性组合在时间点 A 是解决某个具体问题的属性组合成分,随着被测能力的提高与发展,这个属性组合在时间点 B 可能不再充当解决问题策略的有用描述。可以使用不同的方法(例如专家意见、任务分析、学生的书面回答等)来确定测试的属性。

在 AHM 的应用中,在测试之前,必须先确定测试域中正确回答测试项目所需的属性及属性层级关系。测试项目的开发必须以属性的层级结构为指导并需验证其合理性。通过使用属性层级结构来开发测试项目,项目开发人员可以最大程度地控制每个项目所测量的特定属性。当从层级结构开发测试项目时,可以为构造的项目标识唯一的邻接矩阵。相反,如果在开发测试项目时,没有以特定的属性层级结构为指导,则要想从项目中抽象层次结构(简化的 Q 矩阵),甚至为这些项目确定唯一的邻接矩阵是非常困难的。AHM 在生成理想响应模式的过程中利用了 Tatsuoka 矩阵(邻接矩阵、可达性矩阵、关联矩阵和简化的 Q 矩阵)。最后从

Q-Matrix 生成被测者反应模式的预测及对被测观察到的反应模式进行分类。AHM 中观察到的响应模式的分类方法有以下两种。

1) 初步分类法(Preliminary Classification Method)

在这种方法中,将观察到的被测反应模式与理想响应模式进行比较,在其中识别出形式为 0→1 和 1→0 的误差。对应理想反应模式,计算得出被测的属性掌握模式。具体地说,令 V_j 为 n 个项目中第 j 个理想响应模式,而 X 为观察到的被测属性掌握模式。那么,$d_j = V_j - X$ 产生由 $\{-1, 0, +1\}$ 元素组成的向量,它代表着相对应项目属性上观察到的属性掌握模式与理想反应模式之间的误差向量。其中 $d_j = 0$ 表示无错误;$d_j = -1$ 表示被测理想反应模式本应该答错的测试项目,却被观察到是答对的,即 0→1 误差,其概率等于 $P_{jk}(\theta)$,k 指 k 个 0→1 误差,相反 $d_j = 1$ 表示理想反应模式中为 1 的项目,被测却答错的,即 1→0 误差,其概率等于 $1 - P_{jm}(\theta)$,m 指 m 个 1→0 误差。那么 m 个 1→0 误差和 k 个 0→1 误差的联合概率如式(5-7)所示。

$$P_{j\text{Expected}}(\theta) = \prod_{k=1}^{K} P_{jk}(\theta) \prod_{m=1}^{M} \left[1 - P_{jm}(\theta)\right] \qquad (5\text{-}7)$$

式(5-7)表明,给定潜在特质水平为 θ 的被测 0→1 的误差概率与 1→0 误差概率之积,计算得出潜在特质水平为 θ 的被测观察到属性掌握模式接近理想反应模式的预测接近程度,当相应的 $P_{j\text{Expected}}(\theta)$ 越大被测划分类为具有第 j 组属性的可能性就越大。

2) 初步分类的验证法(Verification of Preliminary Classification)

初步分类验证法通过识别逻辑上属于观察到的被测反应模式子集所有理想反应模式来获得。例如,如果被测观察到的响应模式为(11011),则逻辑上理想反应模式(10011)、(01010)、(11001)等都属于该观察到的响应模式,其子集是可以被识别的,于是被测就被标签为已掌握该属性模式。如果被测的理想反应模式在逻辑上不属于观察到的反应模式,例如理想反应模式(11101)是不属于观察模式(11011)的子集,就必须计算每个这类理想反应模式 1→0 的误差概率之积,并以此作为对被测进行预测分类的依据,其中 $P_{j\text{Expected}}(\theta)$ 的计算方法与初步分类方法一样。初步分类的验证法只计算 1→0 误差概率,因此比初步分类对观察到的反应模式的分类更保守。

研究表明,AHM 存在着局限性。不管是初步分类法还是初步分类验证法都是对大量应试者观察到的反应模式进行分类,分类是基于被测所观察到的反应模式的,因此,一旦对观察到的异常响应模式进行分类时,可能会产生非常低的似然估计。

3. DINA 模型

DINA 模型(Deterministic Inputs,Noisy And gate model)是一个易于处理和解释的认知诊断模型。DINA 模型设 X_{ij} 为被测 i 对测试项目 j 的反应,并设 $\alpha_i = \{\alpha_{ik}\}$ 为被测的二元答题技能向量,其中如果第 k 个元素是 1,则表示答对,是 0,则表示答错。元素 k 所代表的内容可以是技能、知识或认知过程。

跟大多数 CDM 一样,DINA 模型的实现需要构造一个 Q 矩阵,它是一个由 0 和 1 组成的 $J \times K$ 矩阵。Q 矩阵可被看作一个认知设计矩阵,它明确地标识了每个测试项目的认知规范。

假设某个认知诊断测试的属性有减去基本分数、减少和简化、将整数与分数分离、从整数中借用并将整数转换为分数,那么某个测试项目 $6\left(\dfrac{3}{7} - 1\dfrac{4}{7}\right)$ 的 Q 矩阵向量则为(10110)。

在 DINA 模型中,被测 i 在项目 j 上的理想作答表示为 η_{ij},当被测掌握项目 i 考查所有属性,则 $\eta_{ij} = 1$,否则为 0,用式(5-8)

表示。

$$\eta_{ij} = \prod_{k=1}^{K} \alpha_{ik}^{q_{jk}} \qquad (5\text{-}8)$$

设被测在作答过程中的失误概率为 $s_j = P(X_{ij}=0 \mid \eta_{ij}=1)$ 和猜测概率为 $g_j = P(X_{ij}=1 \mid \eta_{ij}=0)$。则被测 i 回答项目 j 的技能向量 $\boldsymbol{\alpha}_i$ 正确的概率如式(5-9)所示。

$$P_j(\boldsymbol{\alpha}_i) = P(X_{ij}=1 \mid \boldsymbol{\alpha}_i) = g_j^{1-\eta_{ij}}(1-s_j)^{\eta_{ij}} \qquad (5\text{-}9)$$

从式(5-9)可以看出答对一个项目,被测不止需要具备该测试项目必需的所有技能且不能存在误差,还要对至少缺少一项答对测试项目所需技能的项目能正确猜对。这里注意,如果不存在猜测和回答误差,则对一个项目正确反应的模型概率是 0 或 1。也就是说,被测响应模式完全由 $\boldsymbol{\alpha}_i$ 和该项目的 $\boldsymbol{Q}$ 矩阵的共同作用决定,然而,正如 de la Torre 所指出的,试测答对项目并不局限于通过随机反应得到的正确反应,包括使用 $\boldsymbol{Q}$ 矩阵中没有阐述的替代策略。例如,如果一个项目可以用多种不同的技能来解决,则这些技能可能不是 $\boldsymbol{Q}$ 矩阵中规定的项目的回答规范,被测有可能是猜测,但实际上是在用不同的策略系统地解决问题。

DINA 模型是一个简洁且可解释的模型,不用考虑属性的数量是多少,每个项目只需两个参数(g_j 和 s_j)就可以提供良好的模型拟合。相对于项目反映模型(Item Response Models,IRM),DINA 模型具有处理多维二元的潜在技能,而传统的 IRM 具有处理一维连续的潜在特征。因为 DINA 模型中技能模式的数量是有限的,所以每个模式都可以被视为一个潜在的组或类,因此,DINA 模型和传统的 CDMs 归类于多个分类模型或受限潜在类模型。

4. 认知诊断模型的应用发展

近十多年来深度学习在许多领域带来了突破性的发展,例如用于图像识别、语音和自然语言处理、多模态认知能力识别和教育数据挖掘等,认知诊断模型在智慧教育中的应用成为研究的热点之一。许多学者对认知诊断模型进行了深入研究与扩展,例如自动编码器算法被用于开发深度学习认知诊断模型(DLCD),它不仅可以在完整的 Q 矩阵和不完整的 Q 矩阵上很好地工作,而且还显示出最有利的泛化能力;基于循环神经网络的知识追踪,可以通过贝叶斯网络、深度学习等模型进行拟合,从而得到学生在未来时刻的作答预测;有学者考虑了知识的应用上下文关系,提出基于数据驱动框架追踪学生更深层次的认知状态等。

目前,认知诊断模型的研究还处于发展阶段,需要进行更进一步的研究,例如:在实践中 CDM 参数估计软件缺乏可识别性的评估功能;认知诊断与机器学习相融合,用于计算机自适应学习,缺乏可解释性,不便于理解,不利于教育者提供有依据的干预策略等。人工智能与教育大数据飞速发展,给传统的认知诊断评估带来了新的挑战,推动着认知诊断模型的更新与内容的扩展,并且不断学习新的理论模型、研究方法,从而使智慧教育领域的研究不断发展。

5.1.4　认知诊断建模拟合评价

为了使来自 CDM 的推论有效,至关重要的是要确定模型对数据的适应性。认知诊断模型是主要用于评估应试者对技能或属性的精通和不精通的心理计量学模型。在认知诊断评估中,CDM 通

常与 Q 矩阵一起使用,以提供有关应试者的诊断信息。这些信息可以为学生的学习提供帮助,并有助于设计更好的教学。通常,认知诊断建模仅用于指代心理计量过程部分,但是,从整体角度来看,应将 Q 矩阵作为认知诊断建模过程的一部分。当需要考虑推论的有效性时,Q 矩阵作为建模过程中不可或缺的一部分,其作用将变得更加关键。之所以如此,是因为 CDM 和 Q-matrix 都可能在诊断建模环境下导致模型数据失配。

最近,已经开发了不同类型的 CDM,它们可以潜在地应用于广泛的环境。其中一些 CDM 是高度受限的模型,如 DINA 模型和 DINO(Deterministic Inputs,Noisy or gate,DINO)模型。有些是加法性质的,如加法 CDM(Additive CDM,A-CDM)。此外还有线性逻辑模型(the Linear Logistic Model,LLM)、对数线性 CDM 和广义 DINA(Generalized DINA,G-DINA)。

为了使来自不同 CDM 的推论有效,重要的是要确定模型对数据的拟合度(绝对拟合评估)。随着各种 CDM 的可用性,为特定应用选择最合适的模型(相对拟合评估)也很重要。CDM 在发展的同时,已经开发或使用了各种拟合统计或方法。其中一些统计数据包括:基于项目对的观察和预测相关性和对数优势比之间的残差及单个项目的观察和预测正确比例之间的残差;项目区分指数;基于观察和预测项目对反应的 χ_2 和 G 统计,以及观察到的和预测的项目条件成功概率之间的平均绝对差异和相关的近似均方根误差。常规拟合统计量有 Akaike 信息准则、贝叶斯信息准则、偏差信息准则,以及在经验上采用贝叶斯因子进行相对适合度评估等。

Kunina-Habenicht 等研究发现,在对数线性 CDM 中,当约 30% 的条目被随机置换或属性数量被过度指定或指定不足时,AIC

和 BIC 有助于选择被正确指定的 Q 矩阵与 Q 矩阵误差。此外,他们还发现,当忽略所有交互作用时,AIC 可以帮助针对参数误差的模型选择正确的模型,但是,平均绝对差和近似均方根误差在测试级别上对绝对拟合评估的有用性受到限制。此外,这些统计数据或方法中的大多数主要用于相对拟合评估。由于通常无法获得这些程序的 z 得分或 p 值,因此难以进行固定显著性水平的绝对拟合评估。

当认知诊断建模中出现模型-数据不匹配时,不匹配的来源可能来自属性的性质、属性结构、Qmatrix 或 CDM。其中,Q 矩阵误差和 CDM 设定误差是建模过程的组成部分,与其他不匹配的来源(例如属性性质的错误指定)相比,这两种误差都很容易调查,并且都会严重影响参数估计质量和分类精度,甚至会相互作用而导致估计过程的恶化。

1. Q 矩阵误差

开发认知诊断评估的一个关键步骤是通过指定 Q 矩阵来整合实质性知识。设 q_{jk} 表示 $J \times K$ 的 Q 矩阵的 J 行和 K 列的元素,其中 J 和 K 分别表示项目数和属性数。如果要求掌握属性 k 才能正确回答 j 项,则条目 q_{jk} 被指定为 1,否则为 0。在大多数 CDM 应用中,通过实质性知识建立质量矩阵的过程往往是主观的,并在研究人员中引起了严重的有效性问题。当出现 Q 矩阵误差时,可能意味着为某个项目指定的属性指定不足(一些 1 被错误地指定为 0)、指定过度(一些 0 被错误地指定为 1),或者同时指定不足和指定过度(一些 1 被错误地指定为 0,一些 0 被错误地指定为 1)。在认知诊断建模中,Q 矩阵起着约束待估计项目参数数量的重要作用。这种限制可能与不同类型的 CDM 相互作用。例如,尽管 DINA 模型的每个项目总是有两个参数,但 A-CDM 的每个项目都有 $(K_j^* + 1)$ 个参数,其中 K_j^* 是项目 j 所需的属性数量,因此,不同类型的 Q 矩阵误差与不同类型的 CDM 交织在一起,是混淆不匹配的来源之一。

2. CDM 参数误差

CDM 参数误差是指建模过程中心理测量成分的参数设置不正确。在选择 CDM 参数化时,研究人员将它们对回答测试项目所涉及的假设认知过程概念化、形式化。给定特定的 Q 矩阵和属性结构,可以发现本质上可能会有许多不同的参数设置(例如 DINA、DINO、A-CDM),因此,不能忽略 CDM 参数误差的可能性及这样做的后果。理论上,饱和的 CDM 始终比任何精简的 CDM 更适合数据,因为它们的参数设置更为复杂,但是,饱和模型并不一定是首选。原因之一是饱和的 CDM 需要较大的样本量才能精确估算。另一个原因是,假定 CDM 的适应性基本上不逊色,它们简化后易于解释。通过使用可以补偿模型参数复杂性的拟合统计量(例如 AIC、BIC),可以在 CDM 参数误差的范围内解决涉及饱和 CDM 和还原 CDM 的模型选择。

相对拟合评估是指在一组候选模型中选择最佳拟合模型的过程。在相对拟合评估下,对于匹配统计信息来讲,识别参数误差是一种用于选择一个模型作为最佳拟合模型的办法(前提是它在候选模型中),然而,在现实中,很难判断真正的模型是否是候选的模型之一,因为存在着参数误差的问题。绝对拟合评估是指确定现有模型是否充分拟合数据的过程。在绝对拟合评估下对参数误差敏感的拟合统计应该以高概率拒绝参数误差的模型,然而,在实践中,很可能不止一个模型能够充分拟合数据。

仿真研究表明,对于相对拟合评估,BIC(在某种程度上是AIC)可用于检测 CDM 参数误差,Q 矩阵误差或两者同时存在。饱和模型可以在检测 CDM 参数误差或 Q 矩阵误差中发挥重要作用。对于 CDM 参数误差,它可以用于区分可能是真实的还是参数误差的 CDM。对于 Q 矩阵误差,它可以用作在 Q 矩阵之间进行比较的真实模型。对于绝对拟合评估,项目对的观察和预测相关性与 Fisher 变换之间的残差及成对项目响应的观察和预测对数胜算比率之间的残差具有相似的性能,并且在大多数情况下对不同的错误指定敏感,尽管两种统计数据都倾向于保守。对于这两个统计量,饱和模型在大多数情况下可以作为真实模型,然而,除非涉及高度受限的约束诊断矩阵,否则两者对过度指定的 Q 矩阵都不敏感。

5.1.5 小结

本节主要介绍了认知诊断的发展及基本概念,以及 3 个经典的认知诊断模型,同时对认知诊断模型在智慧教育中的应用做出了相关的介绍与展望。通过本节的介绍,读者对认知诊断及认知诊断模型的应用有了初步的了解。

5.1.6 思考与练习

(1) 什么是认知诊断?

(2) 认知诊断模型分为几种类型? 分别有什么?

(3) DINA 模型的优点与缺点分别是什么?

5.2　自适应学习

移动互联网、智能教育的发展,极大地延伸了传统的学习空间和教育实践,技术作为人的存在方式,正在促使教学模式和学习方式发生深刻变革。在人工智能(AI)、大数据、移动互联网和云计算等新兴技术的支持下,数据驱动下的自适应学习日益成为教育界关注的焦点,并逐渐发展成为以大数据为基础的教育技术新范式。我国《教育信息化"十三五"规划》《教育信息化2.0行动计划》和《新一代人工智能发展规划》等文件均明确了个性化学习的重要性,指出"关注学习者不同特点和个性差异""为每个学习者提供适合的教育""探索在信息化条件下实现差异化教学、个性化学习、精细化管理、智能化服务的典型途径"等内容。由此可见,关注个性化学习、尊重个体差异、促进学习者的个性化发展,是我国未来教育发展的重要内容。目前有关自适应学习(Adaptive Learning)的研究,本质均指向个性化,认为将其作为一种实现个性化学习的具体方法,可以为学习者提供个性化服务。在数字化学习环境中,自适应学习通过特定的科学手段挖掘学习者的个性特征差异,全程记录和分析学习行为数据,对学习活动、学习过程和学习结果进行价值判断,以此开展个性化的干预和指导,从而促进知识意义的主动构建和有效学习。

5.2.1　自适应学习概述与框架

近年来,随着如 Knewton、InterBook、ELM-ART、AcroBatiq、Smart Sparrow、英语流利说和猿题库等系统的大规模普及与应用,自适应学习的发展尤为迅速。对国内外相关研究发现,当前自适应学习的研究主要集中在系统模型构建、框架设计和平台开发、技术应用研究、系统模块组件开发和构建及对研究现状综述分析等领域,知识图谱及其表征学习、知识追踪、路径推荐等为其研究热点,神经网络、深度学习、贝叶斯网络技术也被广泛应用,然而,根据文献梳理,当前与系统模块相关的组件的关键技术多采用自然语言处理、机器学习、深度学习等方法实现,可解释性效果不佳,在某种程度上容易形成“黑箱”问题,因此,针对教育技术领域中面临的关键问题和现有方法的缺陷,本节在对自适应学习框架进行解读的基础上,开展相关组件关键技术的研究和存在问题的梳理分析,并对近年来解释性较好的技术研究做出介绍。这些研究和应用经验的借鉴和综合运用,将成为推动学习者个性化发展行之有效的策略。

当前自适应学习框架主要由领域知识模型、学习者特征模型和教学模型三部分组成,其又称为经典的“三角模型”。其中,领域知识模型包含学习领域的逻辑体系、基本概念和原理、规则定义及探究方式等。学习者特征模型动态描述学习者的认知状况、学科知识、学习历史、学习风格和偏好及情感状态等方面的个性特征。教学模型决定适合学习者的学习活动和教学策略。此三角模型正是教学过程的“三要素”(教师、学生和教学内容)在计算机辅助教学(Computer Aided Instruction,CAI)中智能化、程序化的实现,相关工作原理（如图 5-10 所示）为：教学模型根据领域知识及其推理，对学习者特征模型反映出的知识水平、认知能力、学习风格和偏好等加以诊断和分析，做出适应性决策，动态安排高切合度的学习内容、学习资源及其呈现方式，有针对性地向学习者提供个性化推荐服务。同时，对学习过程进行实时监测和管理，动态获取学习者的表现数据，由此不断训练、更新学习者的特征模型。

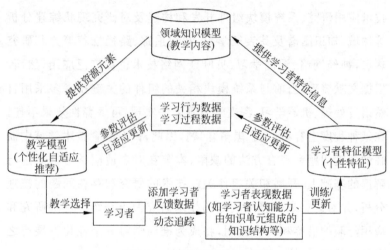

图 5-10　自适应学习基本框架

1. 领域知识模型

根据关联主义学习理论，知识是一个由相互联系的事实、概念、命题和规则等要素构成的网络，而学习是为了增加对这个网络的认知和理解，从而促进有基础、有意义的创造，更好地开展个体构建。领域知识模型对应用领域的组成元素及其结构进行描述，表示内部各组成元素及其之间的相互关系，一般由语义万维网、领域本体、层次结构和知识图谱等技术构建，其核心作用在于支持知识的获取、组织和推理等。在大数据视角下,CHAPLOT 和 KOEDINGER 提出使用教育知识图谱来引导一个过程中多个单元间的先决条件关系,其他学者也通过引入神经网络、机器学习、深度学习等技术对教育知识图谱构建过程中的关键环节(如实体识别、关系提取、知识表示等)做了深入研究。在知识表征学习领域,当前绝大多数工作聚焦于通用知识图谱方面,BORDES 等将"关系"解释为低维向量空间上头部和尾部实体间的转换操作,Ji 等提出了一种使用两个向量来表示实体和关系的 TransD 细粒度模型,Xu 等提出了一种用于学习实体结构和文本信息联合表示的深层体系结构,Kazemi 等提出了一种基于张量分解方法的双线性模型来解决头尾实体关联性问题等,然而,以上技术大多仅停留在表层学习概念间的链接关系,缺乏对实体重要性及不同类型实体间的关系研究,同时对海量多元异构媒体资源的跨图谱表征学习也存在稳健性不足的问题,与实际的应用需求仍有较大差距。

2. 学习者特征模型

学习者特征模型是自适应学习的核心和基础,反映个体自身及其行为所受强化关系上的个体差异,预示不同的学习行为表现。每个学习者的个性特征各不相同且动态变化,因此需借助 AI 技术对学习者的行为序列进行动态检测和建模,预测其对知识的掌握程度及学习趋势,相关方法主要有知识追踪、覆盖模型和贝叶斯网络等。如 Corbett 和 Anderson 提出了一种贝叶斯知识追踪(Bayesian Knowledge Tracing,BKT)模型,该模型从结构上来讲是一个隐马尔可夫模型(Hidden Markov Model,HMM),其将学习者的知识状态表示为一个二元组{掌握该知识点,未掌握该知识点⟩，并根据当前知识状态来预测隐变量的概率分布。Piech 等提出一个深度知识追踪（Deep Knowledge Tracing，DKT）模型，通过循环神经网络（Recurrent Neural Network，RNN）对学习者的知识状态进行建模后，利用长短期记忆网络（Long Short-Term Memory，LSTM）模型追踪学习者随时间变化的知识熟练程度，相关效果被证明优于 BKT 等传统模型。Yeung 等在原始 DKT 模型的损失函数中引入与重建了与波动相对应的正则项和正则约束，增强了跨时间补偿预测性能的一致性。根据以上研究和实验发现，基于深度学习的知识追踪模型已被证明在无须人工特征的情况下优于传统的知识追踪模型，但也存在未考虑到学习者知识状态将随知识难度和遗忘规律影响等问题，并且相关参数和表示一直被指出不可解释。

3. 教学模型

教学模型根据知识间蕴含的前驱和后继关系，综合考虑学习者当前的知识状态、认知能力、学习风格及偏好等特征，有针对性地推送个性化的学习路径和学习资源，其构建方法主要有基于内容的推荐、基于协同过滤的推荐及混合推荐等。在早期的学习推荐系统中，基于内容的推荐技术被广泛使用，但这些方法存在采用人工标记耗时且仅适用于小规模数据等方面的问题。后来，有关学者应用协同过滤技术或混合过滤的方式提供相关的自适应信息，如应用本体技术、语义、上下文关系等改善了这一情况，但也发现混合过滤并不能轻易通过改变结构而改善结果。陈敏等以"学习元"平台为例提出泛在学习的内容个性化推荐模型，Tang 等通过应用 RNN，实现下一步学习推荐可高达 60％的预测准确度。以上提到的绝大多数推荐方法,只是在现有学习数据支持下就学习者的知识背景和学习条件而开展的推荐,其可解释性效果不佳。

5.2.2 数据驱动下自适应学习系统的支撑模型与实现机制

在大数据时代,越来越多的学习行为能够被追踪和记录,教育从"用经验说话"向"用数据驱动决策、管理与创新"的方向发展。数据驱动下的自适应学习通过大数据分析学习过程和学习行为,能够精准识别学习者的个性特征、动态监控学习过程、实时预测学习趋势和有效评价学习结果,给予学习者个性化的干预和自适应的指导,因此,如何对海量教育数据的概念特征进行自动提取并建立关系,如何追踪学习者在学习过程中不断变化的个性特征,如何精准确定学习者每一步要学习的知识单元等,均是当前教育实践中亟须解决的科学难题。鉴于此,针对经典的"三角模型"建立一个可解释的自适应学习技术框架,需着重对教育知识图谱的构建与表征学习、知识追踪和个性化学习路径推荐等核心技术难点进行研究,如图 5-11 所示,以解决教育数据中的概念边界检测、教育知识图谱表征学习的实体间语义信息传播、深度知识追踪的数据稀疏化和不可解释、个性化学习路径推荐融合课程序列等问题。

1. 教育知识图谱的精准构建与表征学习方法

知识图谱(Knowledge Graph,KG)作为诊断学习者对知识和技能的真实掌握状况的底层依托,知识元抽取在本质上来看属于序列标记问题,因此,可将教育数据的概念提取并看作一个词语序列标记问题。考虑到教育数据的顺序性及其内部词语的依赖性,

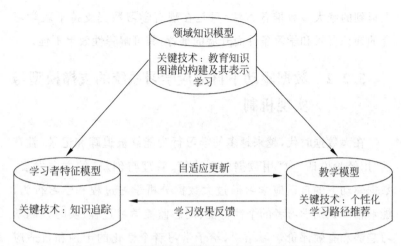

图 5-11　自适应学习框架的相关组件及对应关键技术

Huang 等在融合双向长短期记忆网络（Bidirectional LSTM，BiLSTM）和条件随机场算法（Conditional Random Fields，CRF）的基础上提出了 BiLSTM-CRF（Bidirectional LSTM-CRF）模型，该模型的精准度高且对词向量的依赖性较低，李振等对基于深度学习的知识元抽取并做出深入分析后指出，BiLSTM-CRF 模型是当前序列标注问题解决领域中较为成熟的应用，该模型结合了 BiLSTM 和 CRF 的特点，具有序列建模能力强、特征抽取自动化的优点。Ma 等将卷积神经网络（Convolutional Neural Networks，CNN）融入 BiLSTM-CRF 模型中并提出一种"端到端"的 BiLSTM-CNN-CRF 模型，该模型通过采用 CNN 进行文本字向量特征学习，识别效果得到显著提升。此外，Li 等专注命名实体边界检测，提出了 AT-BDRY（Adversarial Transfer for Named Entity Boundary Detection）模型，通过无监督的传输学习方法来减少源域和目标域之间数据分布中的差异，无须任何手工特征或任何先前语言知识便能从文本中检测出实体边界。为了融合实体的文本和结构信息，Kipf 等提出一种图卷积网络（Graph Convolutional Networks，GCN）的半监督学习模型，该模型通过谱图卷积的局部一阶近似确定卷积网络结构的选择，学习隐藏层表示，编码局部图形结构和节点特征，并可直接用于图结构数据处理。此外，Schlichtkrull 等引入关系图卷积神经网络（Relational Graph Convolutional Networks，R-GCN）构建知识图谱，对链接预测和实体分类的 2 个实验均验证了 R-GCN 作为实体分类的独立模型的有效性。领域知识建模是构建自适应学习系统的关键，然而，当前的研究主要依赖可编码、可量化的显性知识进行建模，忽略了隐性知识的应用，因此，如何利用教育知识图谱对学习者在学习过程中的隐性知识进行表示和建模，如何有效实现隐性知识和显性知识间的转化，将成为未来教育知识图谱研究和发展的重点和难点。

2. 基于深度学习的知识追踪

知识追踪基于学习者的行为序列进行建模，其能够预测学习者对知识的掌握程度，是自适应学习系统构建的核心和基础。近年来，基于 RNN 的知识追踪方法因具备捕获人类学习的复杂表示能力，其效果优于其他所有传统方法而被广泛应用，但同时也不可避免地存在输入序列重构、预测结果波动和处理稀疏数据时无法泛化等问题。这些问题虽可以采用在损失函数中引入正则项并对输出结果进行正则约束等方法进行优化，但在效果提升方面却不显著且缺乏足够的可解释性。为此，Nakagawa 等提出了一种基于图神经网络（Graph Neural Networks，GNN）的知识追踪方法，该方法将知识结构转化为图形，从而间接将知识追踪任务重构成

GNN 中时间序列节点级分类问题。从数据结构的角度来看,知识结构可以以图形 $G=(V, E, A)$ 的形式进行组织,将有关数据图形结构性质的先验知识整合到模型中,提高知识追踪的性能和可解释性。相关实验表明,该方法可以潜在改善对学习者成绩的预测效果,在无须增加其他信息的情况下更具解释性。近年来,通过深度学习处理图结构数据的 GNN 方法研究备受关注,各种泛化框架和重要操作陆续问世,并在相关研究领域取得了成功结果。

另一方面,知识追踪也可以看作对学习者参与学习活动时知识概念(Knowledge Concepts,KCs)的掌握程度进行建模的一项任务。Pandey 等认为:在知识概念的学习中,学习者在各项学习活动中所掌握的技能彼此关联,并且取决于与该学习活动相关联的过去学习表现;为有效解决数据稀疏时无法泛化等问题,他们提出了一种基于自我注意(Self-Attention)的知识追踪模型,该模型能够在不使用任何 RNN 的情况下模拟学习者的互动历史,并通过学习者在历史互动中的学习行为表现进行推理和预测,相关实验表明该模型比基于 RNN 的方法快一个数量级。此外,González-Brenes 等研究表明,通过知识追踪和其他建模方法的组合应用,可有效提升模型的预测精度,如 CAI 等采用知识追踪和回归分析模型相结合的方法研究学习者的整体学习趋势,预测未来学习趋势和表现,Khajah 等结合知识追踪和项目反应理论(Item Response Theory,IRT)模型来预测学习者的知识掌握,获得了显著成效。

总体来讲,训练知识追踪的目标是利用学习者的历史学习数据去预测其未来学习表现,DKT 模型在优化学习效率、发现不同知识点间的内在联系、动态反映学习者的连续知识水平变化等方面表现出强大优势,但同时也存在着模型无法重构、学习者对知识点掌握程度不连续等问题,未来需进一步对各种相关的 DKT+模型进行探索和研究。

3. 个性化学习路径推荐

目前有关自适应学习的研究,本质上均指向个性化,认为可将其作为一种实现个性化学习的具体方法,为学习者提供个性化服务。当前,海量的学习资源、碎片化的学习时间、复杂的学习情境及师生分离的学习空间等,加剧了学习者的“信息过载”和“知识迷航”问题。研究发现,在自适应学习系统中,如果缺乏准确的导航性学习路径的支持,学习者就可能会难以准确、快速达成既定的学习活动要求和确定的学习活动目标。结合学习者的智能认知学习状态和智能认知学习目标,为其智能规划和推荐合适的学习路径,是提升自适应学习系统个性化服务质量的关键。学习路径生成的科学本质是根据学习者的学习目标和认知状态来正确对待被组织学习的各种知识元素并进行确定顺序的科学过程。学习路径生成问题可以描述为:在已有学科知识元及其拓扑关系、学习者的学习目标及先验知识结构的前提下,对学习者待学习的各门学科专业知识点的元数据集进行了分类排序,生成一个涵盖学习目标的各门学科专业知识元序列。

与常规的推荐系统类似,个性化自适应学习路径推荐除了需解决常见的数据过大和冷启动问题外,还需考虑系统中其他模块的输出问题。个性化学习路径推荐是一个详细的推荐过程,如果仅使用学习者数据,难度是非常大的。为了提供更加准确的多样和可解释的推荐,Wang 等在基于 KG 与用户-项目图(User-Item Graph)的混合结构中提出了一种知识图注意力网络

(Knowledge Graph Attention Network,KGAT)方法,在 GNN 框架下以"端到端"的方式实现知识图的高阶关系建模。该模型采用递归方式传播来自节点邻居的嵌入并引入 Attention 机制,用于区分邻居嵌入的重要性,相关实验证明了其在理解高级关系重要性方面的可解释性。

学习路径由不同的节点组成,每个节点都代表着一个知识点,每门课程均包含着或多或少的知识点。Nabizadeh 等提出了一条融合课程知识关系的学习路径推荐模型,该模型从课程序列图中选择所要学习的知识点后,组合知识关系和深度优先算法对所选知识点的课程序列进行深度搜索,估算学习时间及得分,再根据学习目标等要素推荐一系列满足学习者有限时间限制的学习路径。相关实验证明,该模型在最大程度上提高学习者分数的同时可满足时间限制,但仍存在学习者和学习对象冷启动问题。

冷启动问题在推荐系统中最为普遍,如果没有学习者的学习行为数据,则后续的神经网络等模型便无法正常运行。为有效地解决此问题,Pliakos 等提出了一种将 IRT 模型和机器学习相结合的混合方法,该方法将 IRT 与基于学习者辅助信息的分类树、回归树相集成,并对学习者能力评估和项目反应进行预测。实验结果表明:IRT 与随机森林相结合可提供误差最低和响应最高的预测准确性,有效减轻学习环境中冷启动问题的影响。Zhou 等提出了一种基于 LSTM 神经网络融合知识关系的全路径学习推荐模型:先基于个性特征相似度对学习者集合进行聚类并训练 LSTM 模型,预测学习路径及其表现,再从路径预测结果中选择个性化的学习路径并进行推荐,从而有效地解决了没有学习行为数据的学习者路径推荐问题。学习路径中每个节点都具有关于学习者个体特征、学习内容和学习资源等的多维数据,与文本数据的特征相似,学习路径数据同样具有序列结构,实验证明该模型对各种数据集都有较好的权衡。知识关系来源于知识追踪,由于知识追踪模型具备可解释性,因此该推荐模型也具备了一定的可解释性。

5.2.3　自适应学习典型案例分析

1. Knewton

随着我国大数据技术日趋成熟,在数据驱动下的应用和创新也越来越多地涌现出活力。在以教育质量和教育方式为重点的教育改革中,智慧教育的探索步伐从未停止,其中,如何实现学生个性化学习与教育需求成为重点研究方向之一。Knewton 作为一家大型美国自动化适应职业学习服务基础设施服务提供商,其所致力开发的自适应学习平台为学习者提供个性化教育内容成为可能。该平台针对学习者学习目标的模糊性和动态性等特点,从空间强化、学习记忆曲线和学生学习档案等主件出发,实现对学习者的认知状态诊断和学习目标动态规划。该平台借用知识间的转移概率对推荐引擎进行优化,使用层级聚类对学生进行分组,所提供的服务主要基于对学习者数据的分析,基本要素主要包括教学过程中数据的采集和处理、基于教学数据的认知推理及个性化学习路径推荐,其主要技术核心包括以下几方面。

(1) 基于分布式框架的大规模数据处理能力,对海量学习者的学习过程、行为、档案等数据的收集及整合处理。

(2) 以学习者的个性特点、学习风格、认知能力水平、知识结构和所掌握的知识对象的难易程度等作为推理的特征,定义了关联匹配原则，以学习者需要的学习服务（如所掌握的知识内容等）为输出特征，通过大规模教育领域知识图谱及逻辑推理引擎的构建，实现认知推理。

（3）通过对学习者的各种个体特点、学习行为等多维信息进行整合，调用各种领域性的知识对象的困难程度和样式进行风格化的描述，与其他学习者的行为特点进行相应匹配计算，对学习目标、学习内容、学习路径进行分析，在获取知识间关系及知识难度系数的基础上，采用机器学习等技术途径，构建更加优质的推荐引擎。

Knewton 自适应学习平台能够实现高效的学习行为分析和优质的学习资源综合推荐，离不开 4 类核心学习数据模型的综合支持，包括知识图谱、学生事件、目标管理及推荐与分析 API，如图 5-12所示。知识图谱是 Knewton 提供个性化的知识学习和应用信息技术服务的技术基础，该平台基于学科领域专家知识建立的知识图谱，并与学习者的过程要素进行有机关联。

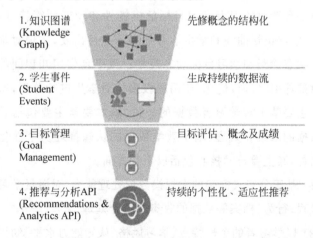

图 5-12　Knewton 自适应学习平台核心数据模型

学生事件是学习者在学习过程的行为记录,是学习者的学习途径分析及学习效果评估的重要数据资源。目标管理是学习平台针对每个学习者的智能化学习史、状态和评价进行量身定制的目标,随着每个学习者的特点变化而自动化地对其进行智能化的规划和调整。推荐与分析 API 是指学习者对于一个学习系统在使用时所遇到的内容进行推荐和分析的结果报表,以 API 的形式为用户提供了服务,在学习者的学习过程中即时提供匹配的合适的内容。

空间强化是指新的概念或技巧在被学习吸收时,以前学过的概念或技巧也被强化。由于新的知识往往是采用循序渐进、以其他学习者所熟悉的形式或基于其他学习者所熟悉的知识内容(如先验性知识等)进行组织和编排,与传统的强化不同,Knewton 采用空间强化以注重其他知识在一定时间上的扩展延伸性分布和甄别筛选抽取,使新旧知识之间融会贯通,保证了学习者在掌握和习得新知识的同时,旧的知识也能在实践中得到极大程度上的温习。与此同时,受到艾宾浩斯遗忘曲线的影响,Knewton 运用了指数的增长与衰退曲线,将其作为一种描述被学习者自我学习与遗忘能力的曲线。相关模型的基本假设是:如果一个学习者已经接触过一些与相关的学习课程的内容,则其对该课程主题的知识或技能的记忆将更加深入一层;若一个学习者从未真正地接触到相关的主题内容,则很可能在自己学习完一段时间后被遗忘。

鉴于学习者能力的发展变化及多种智能之间是相互联系和连接的,Knewton 对其在传统的项目反应理论基础上进行了拓展,认为多种智能学习者自身的知识和能力参数将会随其在一定学习阶段的时间内发生动态变化,并且其与智能相关的表征非仅限于某一固定参数,由此从问题层级上的表现方式对学习者的知识概念参数进行了建模,通过运用聚焦于概念层面的知识图谱来分析学习者的知识概念参数并做出表征和评价。

2. ALEKS

ALEKS 是专门针对 K-12 及其他高等教育中的各种数学学习情况进行的自适应性评价。1994 年,加州大学欧文分校研究室基于人脑神经测试和数学算法等多个领域的一些相关知识研发并推出了 ALEKS(Assessment and Learning in Knowledge Spaces,知识空间评价与学习),该平台已经可以广泛地用来对每位学习者在课堂上所学的数学知识进行智能化评测。2013 年,ALEKS 被麦格尔-希尔(Mcgraw-Hill)集团收购。该平台采用的是一款基于互联网络的人工智能课程评价和学习系统,在线智能化的课程体系是其最广泛而又核心的业务。围绕着智能化课程这一核心产品,ALEKS 逐步开发了 Quicktables、ALEKS360 和 Response to Intervention 等多种教学辅助产品,形成了多用户端的产品矩阵。ALEKS 作为一个线上学习体系,覆盖了从 K-12 到高等教育的绝大多数数学项目,现在它还可以为在家进行自主学习(Home-Schooled)的学生提供在线学习和辅导。

ALEKS 基于知识空间理论(Knowledge Space Theory),通过评测学习者对数学知识的掌握程度和适应性提问,在系列测试问题中获取学习者的认知水平、知识结构信息后,快速准确定位学习者已掌握的知识和未掌握的知识,并选择最适合该学习者学习的知识点来推进学习。当学习者首次使用 ALEKS 时,将进入该系统教程学习界面,该教程将对 ALEKS 的每个操作流程进行详细介绍。接着,学习者将进入测试评估界面,需要在 45 分钟左右的时间内完成 20～30 道数学题的测试,通过测试评估,系统将获取每个学习者的认知水平和知识结构等,并通过学习者的大体情况精准定位其相关知识的掌握阶段,从而为学习者推荐个性化的学习路径。测评工作完成后,学习者将能够观察和看到系统自动制作生成的 ALEKS 知识饼图(Aleks Pie),该图以不同的颜色进行标注,让学习者迅速地了解当前自身的实际学习状况与各方面对知识的掌握程度。

在学习者的测试过程中,为了避免学习者直接跳过测试内容,造成测试结果的不具参考性,教学者也需确保学习者对所学知识内容有个清晰了解。在测试过程中,系统将根据学习者在上一道题中所回答的正确情况,智能地判断下一个问题的难易和复杂程度,同时系统也将根据学习者上一次的测验成绩,智能决定下一次测验的难易程度。在学习者的测验过程中,ALEKS 将不断重新评估学习者的学习情况,巩固强化所掌握的内容。每次的测验结果都将以 ALEKS 知识饼图的形式呈现给学生,以便学生对自身知识的掌握程度、认知水平和历史成绩有个清晰认识,测验结果也可随时向教师和家长发送。

在这个课程的实际应用场景中,为了有效避免大部分学生在测试的环节中遇到许多项目的选择题而胡乱进行选择的情况,ALEKS 模拟了传统的线下测试形式,采用主观题要求学生在一个作答框内输入正确的选择题答案。在课堂的初始,当学习者登录 ALEKS 后,将首先进入使用说明视频界面,该视频教程将对 ALEKS 每个操作流程进行详细介绍。随后,学习者将顺利地通过第一次自适应评估和测试,然后继续进行一次为期 45 分钟左右的新技术和课程知识的掌握。在学习了所有的新知后,学习者将需要在系统上按时地完成 20～30 道数学题的实验，以便于检验当前知识点掌握的程度。相关测评的题目均应是根据学习者初次测评的结果、所学课程的内容及对上一个问题的反馈情况进行智能化地生成并调整。ALEKS 能够准确地定位到每个学习者正处于的认知状态，所以为每个学习者所推送的检测内容都是各不相同的。

也就是说，ALEKS 一开始对每个学习者进行教学设置都应该是相同的。当每个学习者都开始针对系统自动产生的问题进行作答时，ALEKS 的机器学习源代码程序便会自动地进行分析各位学习者的作答过程，从而可以准确地判断其中的各种相关知识和概念在理解上所掌握的程度。若学习者对某种类型的背景知识问题出现错误率比较高，系统则将会自动地向学习者推荐相关背景知识材料，引导其进行视频学习或给予一些内容提示。如果学习者轻松完成了问题测试，系统则会让他们进行更多的相关领域的知识测试。当学习者熟练掌握该领域的知识后，系统将对学习者进行深度测试。

ALEKS 线上课程中的测试题目主要来源于教材各章节后的习题、教研团队人工出题和算法自动生成题目。ALEKS 的教研团队将挑选一批具有多年教学经验、高专业学历、多领域知识丰富的技术人员进行测试性习题的人工开发，例如每个细微的知识点往往需要 400 道试题，那么我们的教研团队至少将为此做 650 道试题。同时，ALEKS 还将通过引入深度学习、机器学习等新型人工智能算法，不断地学习有关针对不同的学习阶段、不同领域知识的各种类型题目，为学习者提供海量的题库内容。相关算法自动生成的引入防止了"回音壁"效应，有效地规避了学习者在同一时间内对习题重复练习的情况。

此外，ALEKS 还推出 QuickTables，通过分布式适应训练考核机制(Distributed Practice Mechanism)为每个班级的学生提供了自定义适应课程考核能力评估和其他相关的自编程适应训练内容，让学习者的学习进度一目了然。该辅导课程通过定期的多次测试结果评估和再次模拟测试，对每位优秀学习者的基础知识及基本掌握数据进行了多次虚拟测试监测和多次实时测试反馈，并根据每位优秀学习者的再次测试评估结果为其进行量身设计，以便为其提供一种更为个性化的基础学习辅导内容，有效地提升了每位优秀学习者对基础知识的基本掌握和学习效率，同时也有效地做到了"因材施教"。

5.2.4　小结

本节从数据驱动的视角出发，通过国内外研究综述分析，对自适应学习系统框架和相关组件进行阐述和解读，重点从领域知识模型、学习者特征模型和教学模型三方面对其实现机制进行了探析，在此基础上对个性化学习路径推荐研究进行探讨。教育是一个复杂的系统工程，自适应学习和个性化学习路径推荐的进一步丰富和发展需回归教育本质。从教育的角度出发，将学习路径的个性化推荐研究与教育全过程相结合，在教育教学理论的指导下开展推荐模型的构建和系统的研发，真正为学习者提供更具个性化的学习服务，将成为未来自适应学习研究的重中之重。

5.2.5　思考与练习

(1) 什么是自适应序列？请简要分析自适应学习中可能出现的自适应序列类型。

（2）自适应学习是怎样实现的？请简述自适应学习的内部系统结构。

（3）自适应学习需要什么样的数据？请简述自适应学习的教学数据分析方法。

5.3 个性化学习路径推荐

随着自适应学习的飞速发展，个性化学习路径的推荐越来越重要。与向所有学习者提供相同资料的传统学习不同，自适应学习旨在为每个学习者量身定制个性化的学习项目和路径。自适应学习系统通过学习者当前的知识水平和学习先决条件关系等为其推荐一条个性化的学习路径 A→B→C→D→E→F→……。个性化学习路径有助于学习者有效理解新的学习内容和学习项目。关于个性化学习路径推荐的研究发展现状 5.2 节已进行了论述，在此不再赘述。教育研究表明，认知结构对适应性学习具有很大影响。认知结构描述了知识点的定性和发展，包括学习者的知识水平和学习内容的知识结构（如先决关系等）。知识水平反映的是对不断演化且无法直接观察到的学习者对学习内容的掌握程度，同时知识结构捕捉的是各个学习内容之间的拓扑关系。目前关于个性化学习路径推荐的研究，多是利用人工智能系统中用户模型的构建和推荐算法等方式进行。相关流程为依据学习者在线学习过程中的个性化需求的信息内容进行检索，通过对学习对象信息资源的收集、整理、归纳和分类，向潜在学习者推荐所需的学习路径和学习资源。近年来推荐算法主要根据学习者的在线答题记录和学习者之间的相似度,找到最相似的学习者,而依据最相似学习者的相关数据对目标学习者进行得分预测,然后进行学习路径和学习资源的推荐。在学习路径规划中,通常可以使用基于内容的自适应推荐、协同过滤推荐和混合式推荐等算法来帮助实现个性化自适应推荐,本节内容首先遵循推荐系统中的一般分类方法,对常用的学习路径推荐算法做出介绍。

5.3.1　学习路径推荐算法

1. 基于内容的推荐

基于内容的推荐算法,主要利用商品的内容或者一些固有的属性进行推荐,具体做法为通过收集项目、用户的各种相关资料信息及用户对该项目的运营管理操作行为等数据来设计和构建一个推荐算法的模型,其原理是根据目标用户的历史行为,获取用户的兴趣偏好,并通过对历史行为分析完成目标用户兴趣偏好建模,从而为目标用户推荐与其兴趣偏好相符合的项目,属于 Schafer 划分的项目到项目关联。该算法主要采用机器学习方法从关于项目内容的一个特征描述事件中获取一些关于用户感兴趣的偏好数据资料,即直接通过对项目内容的信息进行推断,无须再依据使用者对该项目进行评价。其中核心步骤分别为:基于项目的用户信息及其他用户的操作行为构建用户特征描述表示、基于项目的信息构建特征描述表示、基于用户及其他项目的特征描述表示。

该算法首先通过显式反馈、隐式反馈或者显隐式相结合等多种方式从网络中获取行为项目用户交互的行为项目数据,然后在网络中通过行为项目的数据特性学习出待推荐目标用户的兴趣偏好，在此基础上进行计算，以此得出待推荐的目标用户和其他行为项目的内容特性相似程度，最终根据特征相似度对所有待预测项目进行综合排序，从而为目标用户推荐其潜在兴趣项目。其中，显式反馈是指使用者明确地表示自己对项目的偏爱和行为，如点赞、收藏、评分、评级等；反之，隐式反馈则表示不能直接表现用户兴趣倾向的行为，如浏览、搜索、观看、单击、购买等。常用的基于具体用户的相关信息分析模型数据构建的分析方法主要包括决策树、神经网络和基于用户向量的数据表示分析方法等，相关信息模型的分析构建则通常需要以一个基于用户的具体历史活动行为模型为数据依托点进行分析数据为支撑，因而可能随用户的兴趣偏好转移而改变。

基于内容的推荐无须大量评分记录的数据，依靠了目标用户的历史行为资料、兴趣偏好的内容及项目特点信息等，因而很好地避免了评分记录资料稀疏的问题。同时对于一个新的项目而言，该模型推荐算法仅仅需要对相关项目的特征进行提取，便可直接向目标用户进行推荐，通过学习模拟推荐项目的相关内容和特征，便能够对其被推荐的原因做出解释，有效地彻底解决了一个新项目冷启动的问题。当前如分类学习等相关推荐技术已然发展成熟，然而，由于特征性的内容需要具有良好的结构性，并且在特征推荐的过程中目标用户的需求必须是能够以特征性的内容为基础和形式进行表达，无法显示获取其他用户的判断数据，因而该推荐算法也常遭遇特征提取困难等问题。

2．协同过滤推荐

协同性的过滤，简单来讲就是一种利用个人和使用者间拥有的一种共同体验,并且具有类似的兴趣和偏好的方式,来发现目标用户对项目的潜在偏好并做出推荐,简单来讲,就是结合相似用户间的兴趣商品所做出的推荐。在教学实践中,协同过滤推荐可以推荐所有形式的内容,如文字、图片、视频、声频、动画等。该算法一般采用最相关邻近的技术,根据每个目标用户的历史兴趣偏爱行为资料进行计算后得到与用户之间的距离后,通过借鉴目标用户的最相关邻近用户对项目进行加权评估,以此来准确地预测每个目标用户对相关项目的偏爱程度,从而依据该喜好程度完成项目推荐。因而,该类推荐计划算法主要通过将未经评分的项目进行评级和预测来设计和实现,所推荐的项目不一定是目标对象特别感兴趣的。

协同过滤推荐主要分为基于启发式协同推荐过滤算法(Memory-based Algorithms)和基于组合模型的协同推荐过滤算法(Model-based Algorithms)两种类型,不同的协同过滤算法间也存在较大差异。启发式推荐算法先通过每个历史用户评价和项目效用评估值之间的差异比例去计算每个使用者之间或每个项目之间的相似度,然后依照每个使用者的项目历史使用评价和项目使用者之间相似度比例计算每个使用者的推荐效率。启发式的数据推荐分析算法更加容易被用户实现,并且其中所推荐的数据结果同样具有很高的可解释性。这种过滤算法又可分为基于用户的协同过滤(User-based Collaborative Filtering)和基于物品的协同过滤(Item-based Collaborative Filtering)两大类。基于模型的推荐算法利用基于模型矩阵计算函数、可分解计算方法的模型技术及其应用模型来自动构建一个关于预测用户消费倾向的推荐模型,预测出一个用户对于某个项目的潜在使用倾向。该种分析算法能够有效地分析并缓解这些类型数据的信息稀疏化缺失问题,常用的分析方法主要有基于数据规律的分析模型、决策树、贝叶斯方法及潜在直接影响数据因素的分析模型等。

综上所述,协同过滤主要的目标之一就是寻找和筛选用户最近的邻居,从而依照最近邻居的偏爱和喜好来做出潜在对该项目的评级和预测。这种计算方法主要可以分为以下 3 个步骤。

1) 用户评分

收集可以代表用户信息的数据,一般采用评分或给予评价的方式进行,主要有显性评分和隐性评分。显性评分指用户直接对项目的数值进行评分,而隐性评分则表现为用户对项目的单击、浏览、购买等行为。

2) 最近邻搜索

搜索与用户兴趣偏好相同的另一组用户,然后计算两组用户的相似度。一般采用 Pearson Correlation Coefficient、Cosine-based Similarity、Adjusted Cosine Similarity 等方法来测算用户间的距离。

3) 产生推荐结果

产生了最近一个邻居的聚类集合后,根据这个聚类集合对于一个目标客户感兴趣的某个未知项目做出了评分和预测,再把这个评分最高的一个项目引入其他目标用户。较常用的推荐结果有 Top-N 推荐和关系推荐。Top-N 推荐主要是针对每个个体目标的用户所产生,对每个目标的用户所推荐不一样的结果,而关系推荐则主要针对最近一次推荐相邻的目标用户进行的一种类似关系推荐规则(Association Rules)的分析挖掘。

协同推荐算法可以通过过滤一些机器难以自动进行的内容分

析的信息,帮助用户找到潜在但自身尚未被发现的兴趣偏好,能够有效地使用其他类似用户的反馈信息,减少了用户的反馈数量,加快了个性化学习的步伐。尽管如此,该算法仍有许多问题需要解决,最为典型的问题是用户对一个项目的评级数据相对比较少,常常遭遇到评级数据稀疏的问题。此外,对于一个新用户或者一个新项目而言,系统刚刚开始时所提供的推荐数据质量比较差及所提供的推荐数据集的质量主要取决于所提供的历史数据集,往往会出现因为没有提供历史评级的数据而导致无法实际进行推荐的情况,存在冷启动、算法健壮性等问题。

3. 混合推荐

鉴于基于内容的推荐、协同过滤推荐等单一的推荐算法均可能存在各自不足,如数据稀疏、冷启动、算法健壮性等问题,因此我们可以考虑通过将不同的算法分别进行组合推荐,避免或有效地弥补各自的推荐技术的薄弱点,从而使更好的推荐在实际运行中产生。混合式推荐体系也被认为是推荐体系的另外一个重要研究热点,协同过滤技术和其他技术相结合,不再单独使用一种推荐算法对商品进行推荐。常见的组合策略主要包括 3 种,分别为后融合、中融合和前融合。

(1) 后融合的本质为决策层面的混合,通过运用各个评分预测结果线性化地组合、设计评价投票的机制或根据评价结果的可信性进行选取组合等手段,在两种或两种以上的推荐算法下对最终产生的评价结果及最终产生情况的数据进行最终的预测和计算生成。

(2) 中融合的本质为模型结构层面上的推荐混合,通过在一种模型推荐混合算法的模型基础上，将另一种模型推荐混合算法进行模型融合，例如在协同过滤算法的基础上加入基于内容推荐的特征元素，该方法可有效缓解数据稀疏问题。

（3）前融合在本质上是特征层面的融合，通过将多种推荐算法进行融合并应用到统一的模型中，然后将从各种特征数据中提取出来的特征值作为统一模型的信息进行输入，由统一模型得到推荐的结果。例如，将所有关于用户属性、客户行为等的数据作为信息的输入，通过训练一个统一的分类器来生成推荐结果，此种类别中最著名的技术就是在一系列基于用户和服务的属性中采取降维技术，本质上是对特征层次的融合。

与此同时，在组合方式上，有研究人员提出了以下 7 种组合思路。

（1）加权型：将多种加权推荐综合算法的分析数据和综合计算结果，进行多次加权分析混合计算后而产生的综合推荐。

（2）变换型：根据提出的问题背景和实际情况进行实时变化推荐，并采用不同的推荐技术，例如系统首先尝试使用基于内容的推荐与协同过滤推荐相结合，系统首先尝试使用协同过滤推荐算法，若无法形成一个具有高可信度的推荐，则将会进行变换式尝试。

（3）合并型：同时运用多种类型的合并推荐分析算法，产生基于多种类型的合并推荐算法结果，反馈给目标用户参考使用。

（4）特征组合：将不同新型推荐分析算法和各种数据源中不同的特征信息分别进行合理组合在一起，由另外一种新型推荐分析算法对其进行组合使用。如将基于内容的信息作为增加的特征向量，然后在增加的数据特征向量集上使用协同过滤推荐技术。

(5) 层叠：简而言之，就是通过综合地使用后一种推荐技术算法去优化前一种推荐的方法，如先通过这种技术算法综合运用来直接生成一个较为简单粗放的推荐结果，在此基础上再通过综合使用第二种推荐算法技术对其结果作进一步推荐。

(6) 特征扩充：将前一种技术推荐的应用技术的基本特征输出和各种特征拓展信息分别输入，以此作为后一种技术推荐应用技术的各种基本特征信息输入，第二种技术推荐应用技术的各种基本特征输入，以此拓展信息输入，包括了第一种技术推荐应用技术所需的可能直接产生的各种技术的基本特征拓展信息。

(7) 元层次型：使用前一种推荐技术后所形成的模型，作为后一种推荐技术的输入，与其他特征扩充不同的地方是，元层次型中整个模型均以特征为输入，而其他的特征扩充只能使用该模型后所形成的某些特征作为后一种推荐技术的输出。

4. 基于关联规则的推荐

基于关联规则的推荐以关联规则的理论为依据，关联规则的分析能够找到不同商品之间在市场上进行销售时的相互关联性。以购物篮为例，根据用户的历史购物记录，为用户推荐潜在采购商品，因此，该类商品的推荐算法的主要特点之一是，可根据用户在历史上购买的物品情况进行大规模的数据采集，将已经被采购的商品作为一个规则标签，将潜在需要进行推荐的物品和对象作为一个规则体，在大量的数据收集中来搜索和寻找两种物品之间的一些隐含的相互关系。该算法的关键在于，找出一个不同用户可能需要同时采购的物品资源数据，此数据可能由多次活动产生并且不断出现的物品项目集合和活动时间序列，挖掘不同资源项之间可能存在的价值关联项,然后基于其已有的价值关联准则向其他用户推荐一些更加感兴趣的物品和资源。也就是说,使用数据挖掘过程中的关联规则挖掘技术,找出两个或多个对象之间的关联性,并以此进行推荐。关于关联规则的推荐一般分为以下两个步骤。

(1)通过分析用户与资源项之间的历史数据,然后通过Apriori 算法、FP-Growth 算法等生成所有的频繁项集(Frequent Item Sets)。

(2)在频繁项集中,通过计算支持度(Support)、置信度(Confidence)、提升度等来提取强关联规则。

但是,关联规则的发现和制订最为关键且非常耗时,关联规则一旦生成便无法自动更新,这成为该算法的瓶颈问题。同时,商品名称的同义性问题,也是关联规则的又一难点。

5. 蚁群算法

蚁群算法是一种群智能算法,最初由一位意大利学者 Colorni A. 和 Dorigo M. 等于 1991 年提出,其模拟蚂蚁自行搜索和自动寻找各类食物的计算过程,能够求出一条从蚂蚁原点觅食开始,经过若干个蚂蚁给定的食物需求点后返回原点的最简易计算路径。它是由一群基本没有智能或者只具备轻微智能的个体(Agent)通过利用彼此之间的智能相互配合和互相协作而表现出智能行为,从而给我们求解一个复杂的数学问题带来了一个全新的数学途径和一种可能。蚂蚁在其自己行走的整个过程中不断地释放出信息素,以便准确标注其行走路径,随着行走时间和距离的推移,此时会有若干蚂蚁找到食物,这样至少存在若干条从蚂蚁洞穴到食物的路径。在单位时间内,短路径上的蚂蚁总体数量要比长路径上的蚂蚁数量多,因此短路径上积累的信息素浓度也会因此得到响应程度的增高,这为后面的蚂蚁提供了明确的方向指引,选择该路径的蚂蚁数量也会越来越多。最终,蚂蚁群会在正向反馈因素的影响和作用下归集到最短路径上,与该路径相对应的解即待优化问题的最优解。可以使用随机蚁群分布中的一只蚂蚁的具体行走实时路径空间来随机表示待进行优化问题的一个实际可行性数据来理解,整个随机蚁群所有的蚂蚁行走路径便形成了一个待优化问题的实际理解数据空间。

5.3.2 个性化学习路径挖掘结构模型

与常规的推荐系统类似,个性化自适应学习路径推荐除了需解决常见的数据过大和冷启动问题,还要考虑系统中其他模块的输出问题。教育知识图谱是知识领域模型和学习者特征模型的结合,因此,在个性化自适应学习系统的设计中,需融合教育知识图谱和知识追踪两大模块的知识细粒度,构建一个既能解决推荐系统的常规问题,又能通过具备可解释性的神经网络模型体现个性化差异的学习路径推荐框架,如图 5-13 所示。该框架将学习者在学习过程中所呈现的学习效果作为评估指标,若学习效果未达到有关期待值,则系统会基于最新学习数据重新训练和推荐路径。若学习者在计数器控制下于一定预测次数内仍未达到相关期待值,系统则会从优化路径集里直接选择与学习者个性化特征最切合的学习路径作为最终推荐结果,整个运行机制本身是自适应的。

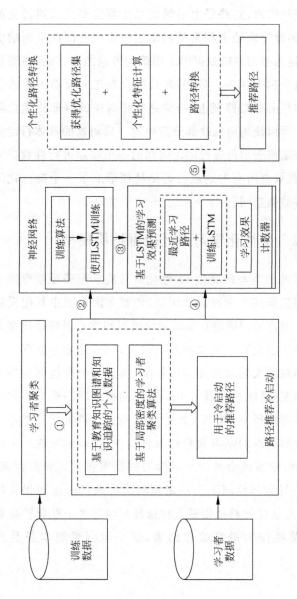

图 5-13　个性化自适应学习路径推荐框架

1. 基于知识图谱的课程推荐

个性化学习路径推荐是一个详细的学习路径推荐,如果仅仅用学生数据进行学习路径推荐,则难度是非常大的,因此在具体实践中,需先对学习者进行课程推荐,针对不同的课程序列生成不同的学习路径,又因每个课程均包含众多知识点,因此可构建一个基于知识图谱的可解释推荐模型。在前期的领域知识模型中已完成了教育知识图谱的构建工作,因此可直接从该知识图谱中获知每门课程的信息。在此基础上结合学习者在特征模型中的知识追踪,动态监控学习者对各知识点及各门课程的认知程度,生成学习者个性特征数据。最后利用网络表示方法对课程信息和学习者信息进行嵌入,从而进行课程推荐。因前期的知识追踪是可解释的,所以此环节的课程推荐也具有可解释性。

2. 融合知识关系的学习路径推荐模型

学习路径由不同的节点组成,每个节点都代表着一个知识点,每个课程均包含着或多或少的知识点。通常情况下,领域的知识是教师和学生进行个性化学习所需要提供的数据资料来源,其能够表征为课程、知识单元和知识点共 3 种内容的颗粒度。内容之间的关系分别为前提、包含和并列,各个知识单元和知识点都应包含难度、风格与所属任务等属性。知识领域是一个具有整体性的知识层面的数据集实体,知识领域的各个数据集以各种知识单元的组合形式来表现和描述,知识单元由各种知识点数据集共同构成。实体关系用来记录一个知识单位与其他的知识点单位之间、其他的知识点与其他的知识点单位之间的一种逻辑关系。首先,学习者可以通过在课程的序列图中选择所需要学习的一个知识点，由这些知识的追踪来获得学习者的性格特征。其次，集合知识关系并通过使用深度优先算法对所有学习途径的数据进行深度搜索，估算出每位学习者的所有学习时间与得分。再次，结合学习者的目标等因素，为学生们推荐出一系列符合学习者有限的时间约束力所需要求的学习路径，使之达到最佳的得分效果，从而找到最适宜于每个学习者的具有独特个性化的学习途径。由于课程推荐具备可解释性，同时在推荐过程中亦对每个知识点进行探讨研究，由此实现的学习路径推荐模型同样具备可解释性。

3. 基于局部密度的学习者快速聚类算法

冷启动问题在推荐模型系统中最为普遍，如果一旦没有了学习者的这些学习行为和数据，则后续的神经网络等模型便无法正常工作，因此，在开展个性化自适应学习路径推荐时，需要先对学习者进行聚类，确保每个类别中学习者的先前数据可用，由此可为不同类别生成不同的学习路径，从而相当于给某个类里不能获得学习行为数据的学习者提供一个推荐学习路径。假设有限局部空间内聚类中心的特征密度高于邻居，并且与密度较高点的距离相对较大。这个假设能够直观地计算出一个被嵌入空间的聚类次数，并且能够自动地发现一个异常的值，无须考虑它们的形态及被嵌入空间的维度。由于前面已构建出教育知识图谱，所以可从中获得学习者特征信息，结合知识追踪便可掌握学习者的个人数据，再基于以上假设，通过对每个学习者数据所处的空间密度进行排序后选择聚类中心，由此便可快速完成聚类。

4. 基于 LSTM 融合知识关系的学习路径推荐模型

学习路径由不同的节点组成,每个节点均是一种具有相关学习者的个体特点和相应的学习信息资源等序列化结构的多维度数据。众所周知,LSTM 神经网络具有处理不同长度序列的能力,其在不完整路径预测结果的可靠性方面有良好的性能,因此可采用基于 LSTM 神经网络融合知识关系的模型进行学习路径推荐,如图 5-14 所示。知识点关系由知识图谱和知识追踪通过向量嵌入融合后导入 h_t,h_t 是神经元的输出,由遗忘门来控制。rls_t 表示知识点之间的关系,LSTM 无须学习即可直接使用给定的 rls_t,当效果不好时亦可以舍去 rls_t。由此,该模型在不同的数据集上均具有很好的准确性和权衡,即使用户可在大规模的数据集上降低训练的时间,又使用户可以通过在小规模的数据集上增强其准确性。由于知识跟踪模型具有很强的可解释性,并且知识之间的关系来自于知识跟踪,因此这个模型也就具备了一定的可解释性。

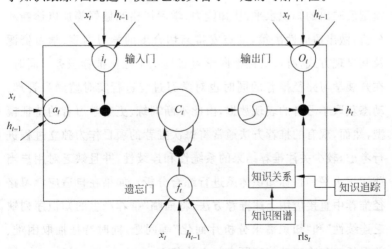

图 5-14　基于 LSTM 融合知识关系的学习路径推荐模型

5.3.3　未来个性化学习路径推荐研究探讨

传统个性化推荐的主要目标是通过对被推荐用户的相关个人信息和与其所推荐项目的有关资料或者信息进行综合分析,以便及时地获取使用者的消费习惯及其他兴趣点和偏好,从而向其他使用者推荐自己认为感兴趣的个性化推荐项目,主要个性化推荐技术手段包括基于个性化信息内容的自适应过滤式推荐、协同式信息过滤混合推荐、使用关联规则的过滤推荐及混合式过滤推荐。这些应用技术对于现代电子商务与社交网络等各个领域来讲具有很强的技术实用性,但在个性化学习路径推荐方面,相关研究与应用相对较少。学习路径生成与推荐的本质是根据学习者的学习目标和认知状态对所需要学习的知识元信息进行排列的过程,较好的系统性和连续性是个性化知识学习路径序列的基础和要求。相关工作原理为:适应性引擎根据领域知识及其推理,对学习者特征模型反映出的知识水平、认知能力、学习风格和偏好等加以诊断和分析,做出适应性决策,动态安排高切合度的学习内容、学习资源及其呈现方式,有针对性地向学习者提供个性化推荐服务。同时,在开展学习路径推荐的同时也对学习过程进行实时监测和管理,动态获取学习者的表现数据,由此不断训练、更新学习者的特征模型,然而,现有的推荐方法通常将每次推荐的项目作为独立过程进行考虑,较少关注推荐结果的系统性和连续性,并且缺乏对用户当前知识水平和目标知识体系进行综合分析。如果在自适应学习路径推荐中直接应用上述推荐方法,将面临"推荐产生的知识序列缺乏连续性"和"知识需求分析片面化"等问题,同时特征抽取困难、数据稀疏和冷启动等问题也与之并存。

1. 过去基于本体的推荐系统研究

理想的学习路径生成需要建立在一种学习者已经掌握并具备的认识状态和知识拓扑网络结构的基础上,知识拓扑网络所承载的学习路径更加可靠,因此它们能够较为精准地匹配到每一位学习者对于各种个性化的学习需求。值得注意的是,当涉及自适应学习和个性化学习路径推荐时,没有单一的学习者概要或结构化内容模型,这使对相关研究中对本体的需求更为必要,尤其是当需要系统相互操作时,本体便显得尤为重要。Weng 和 Chang 等提出了一种利用本体和扩散激活的推荐系统,其中本体用于帮助创建用户概要文件,扩散激活被用于理解在学习者网络中其他有影响力的学习者。Pukkhem 等利用 Agent 本体,设计了基于多Agent 的学习对象推荐系统。Rani 等在 Felder-Silverman 学习风格模型的基础上创建了学习风格本体,并将多智能本体概念用于实现推荐系统相关推荐的个性化。Saleena 和 Srivatsa 利用模糊领域本体和本体专家设计了一个自适应学习系统。Martinez-Cruz 等利用本体和模糊语言建模设计了一个推荐系统,其中使用本体显示用户的满意度。当满意度没有明确表述时,再使用语言模型计算信任因子。Montuschi 等描述了一种基于语义的自适应学习推荐系统,在该推荐系统中,本体被用来表示学习结果。Dascalu 等提出了一个推荐系统来帮助专业社区内的学习者。当学习者通过LinkedIn 的个人资料登录 Protégé 时,其详细信息就会被提取出来。Labib 等设计了一个本体来提取不同学习风格维度之间的关系,因此使用本体将学习风格与学习者的特征联系起来。Ouf 等在通过提出 4 个本体来代表学习者、学习者对象、学习活动和教学方法的基础上,开发了一个个性化电子学习资源的框架,并且通过在本体上使用规则来添加个性化维度。Tarus 等采用混合方法提供推荐,在学习者、学习资源上实现本体集成序列模式挖掘,从 Weblog 中识别学习者的历史序列模式。Yanes 等提出了一个基于本体的软件工程推荐系统,该推荐系统使用 COTS 组件,其中本体被用来表示该组件,而用户模型用来表示用户的兴趣。Obeid 等通过为高等教育机构、学生和雇员创建本体来生成个性化推荐,然后使用机器学习技术来聚集类似的学习者,最后将聚类后的学习者数据发送到混合推荐引擎。

许多通过互联网提供的符合标准的学习对象库和开放教育资源库为自使用学习和个性化学习路径推荐提供了强大的支持,然而,学习对象的搜索和选择可能涉及访问各种存储库的固有的复杂操作,每个存储库都可能涉及不同的软件工具,以及学习资源的不同组织形式和规范格式。这种复杂性可能会阻碍自适应学习的成功。跨存储库聚合器,即可在不同存储库中漫游以满足用户/教师查询的系统,可以帮助降低这种复杂性,尽管交付的问题可能仍然存在。Medio 等提出了一个混合推荐系统 MoodleRec 作为 Moodle 学习管理系统的插件。MoodleRec 可以对一组受支持的标准兼容的学习对象库进行排序,并根据一个简单的基于关键字的查询给出学习对象的排序列表,并且各种建议策略在两个层面上运作。首先,创建一个学习对象的排序列表,按照它们与查询的对应关系及它们的质量(由原始存储库表示)进行排序。其次,使用社会生成的功能向教师展示所列出的学习对象是如何在其他课程中被利用的。文中还进行了实际实验研究,并讨论了 MoodleRec 方法的有效性。

　　Moodle 是世界上最流行的学习管理系统之一,在 222 个国家拥有超过 8000 万用户。在自适应学习系统开发中可以配置一个 Moodle 插件,将其作为一个可以将学习活动添加到课程中的模块,该模块则作为插件嵌入在 Moodle 中的推荐系统运行。它允许教学者:

　　(1) 发送查询。

　　(2) 从不同的 LORs 收到一个 LOs 排名列表。

　　(3) 研究列表中有关课程管理系统的各种资料,例如它们在其他课程中的使用情况,以及同一课程的相似教师如何使用它们。

　　(4) 从教师正在编辑的课程列表中选择一个或多个 LOs。

　　该模块根据以下标准赋予检索资料的特权:

　　(1) LO 元数据和查询的关键字之间的对应关系。

　　(2) 在原产地主中授予原产地主的等级(如有)。

　　(3) 在同一 LMS 的其他教师所创建的课程中实际使用该 LO。

　　教育资源建设的一大挑战是为学习者提供智能化、个性化的资源推荐。Wu 等提出了基于语义网和教育学的教育资源语义推荐框架。在该框架中,可构建领域本体来描述领域的知识结构,采用本体技术和资源描述框架对所有资源和用户组合进行描述,支持语义推理。Wu 等在语义资源组织的基础上,制定了一套基于教学法的推理规则。这些规则是由知识的类型、知识的内部结构和学习者的学习表现综合而成的。以《数据库理论与实践》课程为例进行了实例研究。在这种情况下,根据学习者不同的知识结构和不同的学习成绩,推荐不同的学习材料。提出了 3 种典型的学习模式来描述个性化的学习体验。这个框架可以作为教师和资源设计者的指南。

2．基于知识图谱的个性化学习路径推荐

然而，基于本体的推荐系统在自适应学习中仍存在一定的局限性，例如创建本体耗时，或者在无标准数据集时，对基于本体的推荐系统的评估则会变得尤为困难，再如使用本体需要知识工程方面的技能等。由于自适应学习系统完全依赖于唯一输入本体的覆盖程度和细节，因此导致其中基于本体的推荐系统只依赖于本体知识，这成为相关推荐的一大缺点。同时，在传统的推荐系统中往往存在着数据稀疏和冷启动等问题，基于这些限制，近年来将知识图谱作为一种边信息导向推荐系统，吸引了业界研究者的广泛兴趣，知识图谱中通过其自身包含的大量信息刚好可以解决以上问题。随着链接数据计划的日益普及，许多公共的知识图谱已被广泛使用，如 Freebase、DBpedia、Wikidata 和 YAGO 等，它们是新型的语义网络，记录了数百万个概念、实体及其关系。

知识图谱以实体及它们之间的关系对事实信息进行建模，从语义上表示世界各事物之间的联系。从技术上讲，知识图谱是一种图，不同类型的实体作为定点，实体之间的各种关系作为边。这里的实体是现实生活中真实的物体，或者人类头脑中的抽象概念。关系描述着两个实体之间的关系，两个实体及其之间的关系构成了知识图谱的一个三元组。知识图谱通常包含着数十亿个顶点、多类型和三元组。形式上知识图谱可以表示为 $KG=(E,R)$，其中 E 和 R 分别表示实体集和关系集。知识图谱中每个事实存储为一个三元组 (s,r,o)，其中 $s \in E$，$o \in E$ 分别为主体和对象实体，$r \in R$ 则表示它们之间的关系。从理论上来讲，知识库中丰富的结构化

知识有助于人工智能各个领域的发展,包括但不限于决策、信息检索、问答、词义消歧、文本分类(或聚类)和自然语言理解等。

研究发现,知识图谱作为一种异构网络,将项目及其属性映射其中,可以了解项目及其之间的关系。亦可将用户及用户端信息集成于其中,从而更精准地捕捉用户和项目之间的关系及获悉用户的偏好,以及将知识图谱作为一种教育资源和学习路径推荐的新方法,可以解决自适应学习中基于本体推荐系统的不足。除能够给人提供一种更加精确的推荐之外,基于知识点图谱的推荐结果还可以给人们带来额外的多元化、可解释的意义。基于知识图谱的推荐方法是完全自动化的,无须预定义的语料库或领域知识本体,可以独立于自适应学习推荐系统中的领域应用。有关研究表明,理想的学习路径的生成需要建立在学习者已经具备认知状态及知识拓扑结构的基础上,而知识图谱所承载的网络学习路径能更加精准地匹配每一位学习者的各种个性化学习需要。使用知识图谱交互式推荐方法的优势主要可以体现为两大方面,一是该方法不涉及预先构建的信息地图,可以自动从现有的信息系统中获取地图信息;二是由于学习者和推荐系统之间存在一些(如规则生成等)交互行为,相关的交互式决策方法为推荐结果提供了可解释性。由于信息地图中的许多推荐参数本质上是个性化和主观的,因此对于每个推荐参数实际上并不存在一个近似元素。由此,此种交互式推荐方法更适用于现实教学过程中的应用程序。

通过知识图谱进行学习路径推荐的算法主要包括基于嵌入的方法、基于连接的方法和基于传播的方法,这 3 种方法的介绍如下:一是基于嵌入的方法,其主要利用知识图谱中的丰富语义内容进行学习路径的推荐;二是基于连接的方法,其主要通过知识图谱中的实体连接方式进行推荐；三是基于传播的方法，其主要通过知识图谱中的连接路径进行推荐，然而，这种推荐方法仅对交互数据的特征进行建模，忽略了交互数据间的关系，从而无法实现从在线学习者的集体学习行为中提取基于属性内容的协同信息。随着推荐系统中对精读要求的日益增高，算法中对知识图谱的各个节点之间的复杂依赖关系的要求也越来越高，因此，具有复杂依赖关系的节点也会随着阶数的增加而相应增加。从另一方面来看，具有复杂依赖关系的节点的增加将给推荐模型带来巨大的计算压力，同时这些复杂的依赖关系也存在着对预测结果不均衡的问题。基于此，为解决以上问题，一般考虑在基于知识图谱推荐的基础上，采用基于邻居节点嵌入来更新相关节点嵌入及采取注意力机制学习传播期间每个邻居节点权重的方法，加以改善。

基于知识图谱的推荐系统受益于知识图谱中所蕴含的大量实体节点、边等信息，因此以上方法可以对相关推荐系统所产生的推荐结果的准确性产生有利影响，并且可增加相关推荐结果的可解释性。在实际教学应用中，利用基于知识图谱的推荐算法对学习者的学习路径进行个性化推荐(如测试试题推荐等)则显得尤为重要。类比传统的商业领域的推荐系统的相关研究，学者们将使用自适应学习系统中的测试试题推荐功能的学习者类比成商业领域推荐的用户，将测试试题类比为可供推荐的商品，学习者在学习过程中的测验得分则类比为用户兴趣偏好倾向的评分。学者们往往认为测试试题推荐考虑的是一组显式知识点之间的关联，也就是说所推荐的相关测试试题考察的知识点间是一组给定的且有关联的，学习者在测试评分过程中会得到所学知识点的习得掌握情况。由于知识点之间的关联存在着一定的隐秘性而无法直接观测，往往将影响推荐效果,然而,知识图谱可以很好地挖掘知识点之间存在的隐性关联,在未来关于个性化学习路径的推荐研究中,可着眼于使用知识图谱技术对测试试题进行精准推荐。如前述的Knewton公司也开始尝试使用知识图谱技术对相应的学习内容和测试试题做个性化精准推荐,为后续知识图谱技术的全面应用做出探索和打下基础。

尽管当前学界关于基于知识图谱的推荐技术已有较多研究成果,但在自适应学习领域中的关于多任务学习、跨领域推荐和动态推荐等,也是基于知识图谱的推荐中亟须解决的技术问题。同时,在测试试题推荐的过程中,推荐系统不仅要保证推荐结果的精准性,还需要实现推荐过程的可解释性,并且由于在自适应学习中,大多数学习资源、测试试题的推荐均是在真实教学场景下的推荐,除需解决静态推荐问题外,还需考虑学习者与知识点之间的频繁交互问题。同时,除了对显性知识进行推荐,对知识点间隐藏的隐性内容进行推荐也是非常有必要的。教育是一个极其复杂的事件组合,个性化学习路径推荐的进一步丰富和发展需回归教育本质。除了学习目标、任务、内容、资源和结果等实体信息,与过程相关的事件语义也是精准学习路径推荐所关注与表达的核心。未来的研究,可借助于事件知识图谱所具备的描述动态事件及其逻辑关系的功能,能够对抽取的事件、实体及其关系进行有效融合,并且包含大量的事件语义信息,更具丰富准确的语义表示能力等优势,从教育的角度出发,将事件知识图谱作为对在线学习者知识与技能真实掌握状况的底层依托,将学习路径的个性化推荐研究与教育全过程相结合,在教育教学理论的指导下开展推荐模型的构建和系统的研发。其中,如何对海量在线学习数据和事件实体进行采集、抽取及其融合关联分析,如何对事件知识图谱中教学事件及其逻辑关系进行特征提取及可解释表示,如何追踪学习者在学习过程中不断变化的知识能力水平和掌握其学习能力及其学习状态,如何增加推荐过程的可解释性,如何利用细粒度知识图谱和精准学习者画像以便更精准地进行个性化推荐,以及如何对学生的学习过程、学习行为和学习结果进行认知推理和个性化学习路径推荐,将成为未来研究亟须解决的重难点问题。

5.3.4 个性化学习路径推荐典型案例分析

1. 基于多重智能算法的个性化学习路径推荐模型

学者申云凤于 2019 年 3 月提出基于多重智能算法的个性化学习路径推荐模型,该模型通过人工神经网络算法、蚁群算法等,搭建了相似的智能学习过程用户路径模型和框架,实现了个性化的学习路径推荐。相似学习用户模型可以通过对学习者的学习风格和学业水平相似性等因素进行综合计算和大规模数据分析等实现和获取,个性化学习路径推荐则可以对相似学习用户学习模块进行向量映射、网格数据聚类和高密度集聚类等,在计算学习路径并获得协同过滤推荐 TopN-1 的基础上再通过蚂蚁群算法实现。合并概率最佳和可以优化的协同推荐学习路径 TopN-2,有序地处理合并,最后推荐给学习用户,如图 5-15 所示。

学习行为预示着在线用户的学习样式、学习风格和其他学习层次及水平等各种个体差别的特点,它们都是实现个性化路径推荐的基础和关键,因此,相似学习用户模块的建构包含 3 个步骤:第一,对在线用户的学习活动和学习行为进行量化;第二,学习风格分类预定阈值的判定与计算；第三，构建相似学习用户模型。个性化的学习路径推荐模块的主要任务之一就是通过计算学习路径，形成学习路径推荐列表。

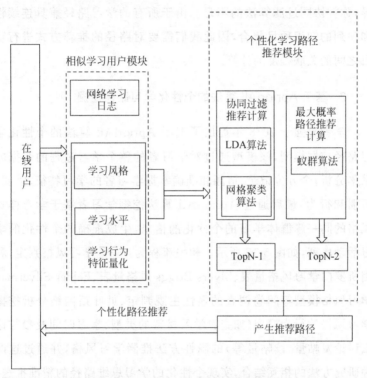

图 5-15　个性化学习路径推荐模型

　　学习路径计算在根据相似学习者模型所建立的协同过滤推荐的学习者路径的基础上，通过蚁群算法搜索并得到概率最大化的学习者路径，对其关联计算后进行个性化学习路径推荐。鉴于不同在线学习者的在线学习技术水平和认知风格等存在差异，因此先利用人工神经网络算法对在线学习者的在线学习行为特征进行分析,建立具有相似在线学习特点的用户模型,在此基础上对相似用户在线学习行为数据进行网格聚类以便于获取其学习的路径,再进行协同过滤和推荐。同时,混合蚁群算法以有效减少个体差异,弥补协同过滤算法的不足。由于所有的学习路径兼具连续性和序列的知识项目集合,因此我们需要对路径的推荐方式进行项目之间的关联程度的计算。

2. 基于AprioriAll算法的个性化学习路径挖掘

学者姜强于2018年提出了基于AprioriAll算法的个性化学习路径挖掘模型,该模型通过对学习者的整个学习过程的数据的采集分析,全方位记录、追溯和准确掌握学习者的学习特征、需要、习惯和行为,最后通过AprioriAll算法挖掘学习者基于学习样式风格的同一簇群体学习的个性化的信息,生成准确的个性化的学习活动序列,如图5-16所示。相关流程为:一是学习风格判定,利用所罗门学习风格量表、Myers-Briggs风格量表、Felder-Silverman学习风格模型等问卷调查的显性主观判定、贝叶斯网络分析挖掘学习风格的行为模型(如查看学习材料的类型、学习时间及参与论坛讨论发帖量、读帖量等)的隐性方法推测学习风格,并通过这两种研究方法的相互结合,实现个性化的学习思维路径的精准推送。二是知识水平估测,一方面利用项目反应理论中的Logistic模型、等级反应模型和布鲁姆教学目标分类理论,综合检测学习者各个知识点所掌握的状况与目标的测试、练习难度的分布,实现了对学习者各个知识点在概念上的水平估计;另一方面,充分运用人工智能算法,如矩阵分解算法、隐马尔科夫模型等,依据学习者进行行为数据(其中包括案例学习的时间、数量与观察单击次数、问题解答的持续时间与尝试次数等)的实时跟踪和判断,提高了学习者的概念层次,并通过对概念性知识的理解层次和困境层次两个维度来动态地呈现所需要进行学习的物体。三是学习路径挖掘及个性化推荐,利用 AprioriAll 关联规则算法,从每个群体的学习行为中发掘最优的学习路径,同时基于每个人学习的特征风格、知识技能水平等属性进行了个性化的挖掘和推送,解决了"学习迷航""认知过载"等问题,提升了学习的内驱动力和学习要求。

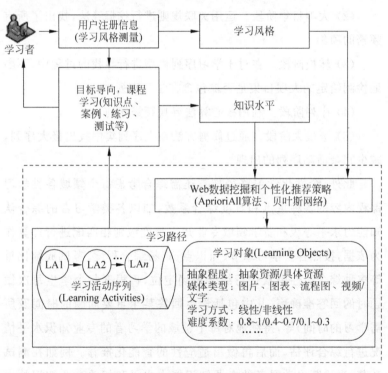

图 5-16　个性化学习路径挖掘结构模型

其中，利用 AprioriAll 算法挖掘学习行为数据，以便自动生成精准的个性化学习行为活动数据序列，整个数据挖掘过程主要包括排序阶段、大项目集阶段、转换阶段、序列阶段及选最大阶段等 5 个阶段，具体如下。

（1）排序阶段。首先根据 Felder-Silverman 学习风格模型对学习者进行分类，其次以学习者账号为主关键字、以学习行为时间为次关键字，将原始行为数据库转换成学习者序列数据库。

（2）大项目集阶段。运用关联规则进行挖掘算法，找出了所有频繁的项集。

（3）转换阶段。在对于学习序列模型进行寻找的过程中，不断地检测给定的大项目集是否被包含在学习序列中。

（4）序列阶段。利用核心算法寻找频繁序列。

（5）选最大阶段。通过修剪方法在大序列集中找出极大序列，减少冗余活动序列的出现。

此外，个性化学习路径推荐还需综合考虑每个领域各类学习课程内容的各种重点和难度综合系数，如以各类学习者的综合认知能力水平等级和所学领域专业知识难度级别相匹配进行计算作为依据，按照各个学习章节、知识点、难易综合程度、考试成绩比重等多种综合属性因素进行综合精确定位，再根据每个学生每次做题时的回答准确率（其中包括学生回答某个重要问题的时间及所需学习的时间）等，持续地对每个领域的学习者的专业知识水平情况进行综合评估，而后再做出适应性的智能化推荐。例如在测试环节，当诊断出学习者的专业知识能力水平和相关专业知识技术水平的等级级别属于高级时，一些相关测试难度较大的测试实体，如果通过测试，则标注学习者已完全掌握了相关的知识实体，同时默认其也掌握了其他难度中、低层次的实体知识。当学习者的专业知识能力水平和相关专业知识技术水平等级诊断为中等级别时，系统自动推送中等难度试题。若通过推荐测试，则系统标记已经完全掌握了与此测试相关的专业知识，并适应性地推送高难度试题进行深度测试，否则推送较低知识层次的试题进行综合测试，以此类推。

5.3.5　小结

本节在对常用推荐算法进行概述的基础上，分别从基于知识图谱的课程推荐、融合知识关系的学习路径推荐模型、基于局部密度的学习者快速聚类算法和融合知识关系的学习路径推荐模型四大方面对个性化学习路径挖掘结构模型进行分析，并对未来个性化学习路径推荐研究进行探讨。最后介绍了基于多重智能算法的个性化学习路径推荐模型和基于 AprioriAll 算法的个性化学习路径挖掘两个典型案例，对个性化学习路径推荐进行进一步剖析。

5.3.6　思考与练习

（1）什么是学习风格？请简述学习风格的种类，并对不同的学习风格在个性化的学习路径中所推荐的影响进行分析。

（2）在个性化学习路径推荐逻辑中，如何兼顾"学习差异性"？

## 第 6 章

自动作文批改

本章将介绍智慧教育中的具体应用之一,即自动作文批改。我们首先将介绍自动作文批改的发展历史及国内外的发展现状,然后详细介绍自动作文批改所涉及的相关技术,最后具体介绍一个自动作文批改系统案例,更进一步了解自动作文批改技术。

6.1 自动作文批改简介

对于某些教育改革者来讲,他们梦想让计算机对所有内容进行批改。它便宜、快速,并且可以很容易地获取有关每个学生的大量数据。随着计算机技术的进步,用计算机对作文进行自动批改现在已成为现实。

6.1.1 概述

书面作文是沟通的一种基本形式。由于写作样本(例如论文)能够以清晰、逻辑和有说服力的方式指示收集,并且具有综合和呈现信息的能力,因此它通常用作评估学生的创造力、知识和能力的一种手段,因此,写作是大学入学考试、标准化考试和课堂评估的常见组成部分,但是,要对这些作文进行评分,任务是艰巨的。评估论文既费时又昂贵。如果一位大学老师平均花 10 分钟阅读和评分每篇学生的论文,对 150 篇学生论文评分,则需要 25 个小时不间断评分。老师将他们在学期中分配的写作任务的数量限制为两到三篇文章,这不足为奇,这剥夺了学生额外写作练习和反馈的机会。

　　随着计算机技术的进步,用计算机对作文进行评分的可能性现已成为现实。自动作文评分(AES)允许教师通过计算机分析为论文分配分数。它使用自然语言处理(NLP)(一种人工智能形式,使计算机能够理解和操纵人类语言)来评估作文。AES 程序的工作原理是提取单词计数、词汇选择、错误密度、情感强度、句子长度变化和高分论文的段落结构等特征,以创建论文质量的统计模型。将学生的论文与该统计模型进行比较,系统可以在 2s 或更短的时间内估算出分数。

　　最早的 AES 系统可以追溯到 1966 年,当时 Ellis Page 开发了第 1 个计算机作文评分系统 Project Essay Grade。当时的计算机非常昂贵,直到 1990 年开发了更多的系统后,该领域才取得了很大进步。所有系统的目标都是为了提高书面评估的效率并减少人工。在分析 AES 本身的有效性时,会根据系统的公正、有效和可靠的能力对其进行评估。如果该系统不会对一群人造成不适当的惩罚,则它会衡量计划要衡的内容,并且如果它反复给同一篇作文提供一致的分数,并且学生可以使用反馈来提高他们的写作水平,则认为该系统是成功的。

　　由人类老师监督的 AES 显然是有利的。评分所需的时间会少得多,可确保立即提供结果和反馈。对于如此庞大的大学班级来讲,这一点尤其重要,几乎不可能为每个学生提供频繁、详尽、个性化的反馈。由于反馈是即时的,因此学生能够在写作过程的任何阶段提交作业,接收反馈,进行改进并保持写作。他们不再需要等待两周时间,让老师发表评论并提出更正建议。结果,学生写作更加频繁,并且进行了更多的修订,这是成为更好的写作者的两个关键要素。

评分的一致性也是一个优势。AES 根据每篇作文的优缺点对文章进行评分,类似的作文也将获得相同的评分。计算机评分论文不受人类偏见和主观性的影响。例如,当被人类评分者打分时,当某个学生的得分是 A 时,该学生也可能在随后的作文中获得 A,即使他们的作文写得不好。同样,传统上在书面作业中表现不佳的学生可能会获得低分,即使他撰写了一篇写得很好的论文。即使是最善良的老师也可能会产生影响学生成绩的潜意识及偏见。由计算机执行的客观评估可以消除这种偏见。许多人认为,AES 系统可以像人工指导者一样擅长评估写作,但是,并非所有人都同意这一观点。

AES 的批评者认为,计算机评分主要集中在作文的表面上,例如创作和创作的原创性未得到充分评估。对于那些写较高要求作文的学生来讲,这一点尤其重要(那些结果对于考生来讲非常重要)。此外,如果学生知道要评估哪些功能,它们可能使用高级单词和复杂的句子撰写一篇冗长的论文,并知道计算机算法将会根据作文的哪些特征进行评估。其他人担心,如果写作的人知道机器会评估他们,他们就会失去写作的动力。书面交流假定读者与作家之间存在联系。在没有人类读者的情况下,作者可能看不到写作的目的。在小型教室中,在书面交流中师生关系很重要,这种担忧尤为严重。还有一些人对自动记分器的质量提出了担忧。有时,AES 会遗漏错误或提供错误的反馈,从而无法与专家级评估人员的敏锐眼光竞争,但是,由人工评估人员仔细检查分数和机器生成的反馈似乎可以减轻这些担忧。

6.1.2　国外研究历史与现状

1. PEG(Project Essay Grade)

国外的 AES 技术研究起步较早,最早的 AES 系统可以追溯到 1966 年,当时 Ellis Page 教授等开发了第 1 个计算机化作文评分系统 Project Essay Grade,美国大学委员会想要在大规模的考试中使用自动的作文批改系统。最早的 PEG 系统并不关心具体的文本内容,而是专注于对比较浅层的语言学特征进行分析,从而自动打分。它们的具体方法是:先收集大量已人工评分的文章作为训练集,人为地设计并提取一些具体的文本特征,赋予这些文本特征特定的意义。例如用作为的长度特征表示写作的流畅度;用代词、介词等不同词性的词语的使用来表示句子结构的复杂度。Ellis Page 教授等提出了一个代理量度标准(Proxy Measures)的概念去衡量作文的质量,从而使系统达到模拟人类评分的功能,但是作文的一些深层特征,例如上下文主题的一致性、句子的流畅度、句子结构的复杂度等很难用系统直接测量。

PEG 由于仅关注作文浅层信息,并且完全忽视了作文的深层次特征而受到广泛的指责。虽然 PEG 有很多缺点,例如很容易被欺骗,无法给出有意义的指导反馈,但是 PEG 的体系也在不断改变,加入了更直接的写作质量衡量标准,例如搜索每个句子的结构合理性,并在整篇文章中权衡这些评级。

2. IEA(Intelligent Essay Assessor)

IEA 是由 Pearson Knowledge Analysis Technology 公司开发的系统。该系统的主要思想不是构造文本特征,而是考虑更多的文本语义特征。Tom Landauer 和他的同事开发了另一种方法去直接评估文章质量,该方法称为潜在语义分析(LSA)。LSA 的目标是深入探究文章的表层词汇,然后量化评估文章的深层次语义内容。它的主要优点是能够识别词汇术语之间的搭配关系,从而能够判断二者的语义关联程度。

Landauer 和他的同事认识到,LSA 可以为撰写评估应用程序提供一个新的贡献。他们进行了研究和开发,以测试 LSA 在为论文评分、评估学生所写的总结、甚至评估大学生课堂写作作业方面的潜力。他们的工作以开发智能作文评估系统(IEA)而告终。他们使用 IEA 的语义质量和数量指标,报告了与 E-rating 和 PEG 类似的论文评分准确性,这为计算机能够自动得出更直接的写作质量指标提供了额外的证据。

在进行潜在语义分析时,IEA 将每篇文章映射为一个向量,所有向量可拼接成一个矩阵,其中列对应文档向量,而行对应于文档特征。功能可以是单词、句子或段落。它通常以单词为特征,但不包括停用词。在大多数情况下,矢量值的值是词频,因此,如上所述,用于评估的每个教师参考书和要评估的构图被表示为矢量,然后,使用线性代数的奇异值分解(SVD)技术来减小矩阵的维数。这种降维方法增加了数据彼此之间的依赖性及单词和上下文之间的关系。基于潜在语义分析的 IEA 不仅可以基于内容来对作文打分,还可以判断创造性的叙事。尽管该评分系统主要用于评估作文内容的质量,但它还可以对包括语法、样式和写作机制的评估和反馈,并且可以检测出抄袭。

3. E-rater(Electronic Essay Rater)

计算机的早期自动评分研究为后来的系统研究提供了数据,AWA 要求每个学生写两篇文章,一篇文章用于分析在一个简短的文本中提出的论点,另一篇文章用于表达对一个具体问题的观点。初步的研究从两组文章开始,每种文章类型为一组。每套包含 400 多篇文章,所有的文章都涉及同一个主题。两位写作专家使用 GMA T 指导方针为每篇文章打分,满分为 6 分。如果他们分配的分数相差超过一分(这种情况在大约 10% 的情况下发生),则需要第三位专家解决这个差异。

然后,他们在另外一组文章上测试每个评分模式,这些文章围绕这两个主题中的一个而写。他们从新论文中提取与模型相关的特征,并将每篇文章的加权特征值相加,以预测写作专家给这篇文章分配的分数。许多以这种方式建立的模型取得了很好的效果。它们分配的分数与两位写作专家的分数一致,也就是说,它们在 90% 的时间里一致。较重要的结果是,主要由语言特征组成的模型和那些只包含代理特征的模型同样有效,从而提供了证据,表明我们可以使用更直接的写作质量衡量标准自动为文章打分。这就是 E-rater 的原型。

E-rater 是第 1 个应用在大规模社会化考试的自动作文评分系统,它由美国考试中心 ETS(Educational Testing Service)开发,并且在 2005 年被应用到托福考试的作文评分中。

E-rater 系统的结构如图 6-1 所示。它包括句法分析器、篇章分析器及主题分析器。具体地，E-rater 利用微软提供的自然语言处理工具去解析文章，通常的 NLP 工具包具有词性标注、语法分析等一些简单的功能。句法分析模块主要用来判别作文是否存在语法错误，篇章分析模块用来分析整篇作文的组织结构。这 3 个模块分别从不同的角度提取一篇待测作文的特征值，即向量化表示，然后把 3 个模块提取的特征值输入评估模型中，这样就可以得到最终的评分。E-rater 系统的性能也是很好的，在和人工打分的比较中，其准确率达到了 95％以上，但该系统存在无法成功判断语法正确而内容空洞的作文。

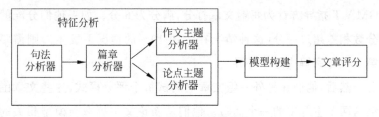

图 6-1　E-rater 系统架构

4. Intellimetric

Intellimetric 是由 Vantage Learning 开发的 AES 系统，被称为第 1 个基于 AI 的自动评分工具。与 E-rater 一样，Intellimetric 依赖于 NLP，根据符合语法的已知规则解析文本，从而确定"文本的含义"。它结合了人工智能、自然语言处理技术和统计技术，以内化系统中评分者的评分标准。

作为人工智能的高级应用，Intellimetric 依赖于 Vantage

Learning 的 CogniSearch 和 Quantum Reasoning 技术。此方法符合总体评分的基本过程，并且评分系统"学习"了人类评分者可能会重视但找不到的功能。需要使用一组人工评分的构图来训练智能。该系统从语法、文本和语义 3 个级别评估了 300 多个特征项，可用于评估多语言组成。

5. BETSY（Bayesian Essay Test Scoring System）

BETSY 是由 Lawrence M. Rudner 开发的，该项目的资金来自于美国教育部。BETSY 是一个基于 Windows 的程序，可以根据训练语料对文本进行分类。该系统是为自动作文评分而设计的，也可以应用于任何一个文本分类的任务。文本分类所采用的基础模型是基于朴素贝叶斯模型的，它们分别是多元伯努利模型（MBM）和伯努利模型（BM）。该系统的特点是可以用在短文评分方面，并且解释性强，适用于广泛的范围，同时还可以产生具有建议性的评分结果。

当然，由于写作的重要性，世界上的很多国家都在致力于研发自己的自动作文评分系统，除了上面提到的几个经典的 AES 外，还有 ATM、Automark 和 Larkey 等。同时，由于大量需要，国内的研究人员也在致力于开发新的自动作文评分系统，例如科大讯飞提出的 AES 等。

6.1.3　国内研究历史与现状

在国内，无论是中文还是英文考试，写作能力的考查是必不可少的一个环节，而在现实的写作评分中，老师对学生作文的评估往往会受到主观印象的干扰（例如字体，以及学生的平时表现），缺乏一个统一、科学的评分标准,而如果无法客观地对学生的作文进行评分,就会导致教育的不公平,还会不利于帮助学生提高写作能力。

为了减少教师的工作量,降低考试的成本,使老师抽出更多的时间去辅导学生的学习,同时为了促进技术的发展,我们应该加强计算机辅助作文评分的研究。与国外相比,国内对 AES 的研究起步比较晚。相关研究主要集中在系统的开发、系统在评估作文功能上的有效性及机器反馈对提高学生写作成绩的有效性。目前应用较多的有网易有道词典的作文批改系统、微软亚洲研究院提出的"爱写作",以及科大讯飞的 AI 批改系统。

1. 有道 AI 作文批改

有道打分模型使用卷积神经网络将每个句子编码为一个句子级别的语义向量,得到句子级别的语义表征之后,再通过经典的 RNN 循环神经网络与注意力机制结合,从而得到一个整体的作文分数。

有道结合 BERT 和统计模型进行简单的拼写纠错,使用端到端的 Transformer 模型进行语法纠错,Transformer 模型具有强大的拟合能力,它可以在有道累积的数据上进行监督训练,同时为了解决大量标注数据的问题,研究人员提出了对抗和迁移学习的策略,基于真实用户的错误分布生成海量伪平行语料,用它先训练 Transformer 模型,然后在真实数据上进行微调。

2. IFlyEssayAssess

IFlyEssayAssess 是由哈工大讯飞联合实验室(HCL)专门设

计的中文作文自动评估系统,不同于其他针对第二语言学习者的作文(例如英语作文)进行评估的系统,该系统专门针对以中文为母语的中小学生作文,进行多层次、多维度的详细分析,并给出评估结果。IFlyEA 系统采用了相关领域的最新技术,整个系统包括 3 个模块:数据模块、分析模块和应用模块。数据模块包括用来预训练的数据、特定领域的作文数据及评论数据集;分析模块用来对作文内容进行分析,该模块分别从作文的语法层次、修辞层次和篇章层次出发进行分析,语法分析主要用于检查错别字、句子的语法结构、标点符号和成语。修辞分析主要用于识别语句的修辞手法,检测引用及识别优美句子。修辞手法是创造性语言,形式多样、不易泛化,修辞手法识别需要充分利用相应的认知理论作为指导并与数据驱动方法相结合。该模块针对比喻、排比、拟人、引用等常用修辞手法,分别设计了相应的识别与评价方法。同时还可以识别分析多种细粒度的描写类型。篇章层次分析包括主题检测和题材检测等;系统的应用模块包括作文打分、评语自动生成及写作建议共 3 个功能。值得注意的是,修辞级别与篇章级别的分析对于评估母语人士的写作能力非常重要,但相关研究较少,已有的研究成果也表明这些任务具有很强的挑战性。IFlyEA 系统采用可视化界面将分析和评估结果直观地呈现给用户,以此在作文教学过程中,为老师和学生带来一定收获。

3. 爱写作

"爱写作"是由微软亚洲研究院开发的个性化英语写作学习助手,它基于微软亚洲研究院在自然语言处理、OCR(光学字符识别)等领域的多项最新研究成果,以及微软小英多年的技术积累而开发的。"爱写作"具有语法检查、词语替换、分类作文打分和手写图片识别共 4 个突出功能。它可以按照不同的评分标准对作文进行打分,可以做到更有针对性的辅助学习。

语法检查是作文批改中最基本的核心功能。"爱写作"使用微软亚洲研究院此前提出的全新的学习和推断机制 Fluency Boost Learning and Inference(流畅度提升学习与推断),帮助用户进行语法检查,Fluency Boost Learning(流畅度提升学习)可以生成大量的纠错数据,再结合 Seq2Seq 框架进行预训练,最后就可以得到一个比较优秀的语法纠错模型。同时,"爱写作"在快速完成全文语法检查的同时,会将提交作文中的语法问题用红色下画线标记出来。学生只需单击红线,就能获得有针对性的语法讲解,并且还可以看到修改后的正确表达,作为参考,让学生们不仅知错就改,而且知道如何去改。

词语替换功能可以根据上下文筛选出多个高级词汇供用户选择使用。针对某个特定的词或短语,"爱写作"可以自动关联 3 个同义词作为备选,让用户不再只会用 important、nice 这样的简单词汇,而是能够看到更多的如 vital、admirable 这样更复杂的词汇,进行替换。研究人员使用预训练语言模型 UniLM 帮助词替换,该模型使用了半掩膜策略帮助模型学习上下文语义信息。

打分模型不仅可以对所有文章进行一般性评分,还可以对作文的词汇、语法、文章结构、连贯性、切题程度等不同的维度进行单独评分,同时还能给出一定的写作建议。为了减少标注数据的使用,"爱写作"使用了微软亚洲研究院提出的基于锚定参考样本的序数回归模型(Ordinal Regression with Anchored Reference Samples,ORARS),该方法的基本思路是分别从不同的分数段采样若干个样本书章作为锚点(Anchor),对于新的待测样本,为了确定它的对应等级,所以将该待测样本分别与不同分数子集内的参考锚定样本比较,从而得到待测样本在整体序列中的位置,以及对应的分数。ORARS 引入了锚定参考样本,通过样本对之间的比较确定待测样本水平,锚定参考样本在对比的过程中,提供了参考信息,构建了更加准确的序数空间与序数回归的精细量化。

此外,"爱写作"使用 OCR 引擎进行手写作文的识别,它可以有效地检测出图像中的各类文字,同时支持打印体和手写体的复杂文字场景识别及中英文双向的查词功能和逻辑连接词的查找功能。

6.1.4　小结

当然,自动作文批改也有很大的缺点。人类的写作通常具有真实情感,而没有感情的机器通常是无法理解这些作文的,它很难做到像人类一样去欣赏一篇文章。此外,由于深度学习技术的黑盒性质,自动作文批改系统有时候难以按照预期去提取特定的特征,它更倾向于结构判断。这使一些学生可以用毫无意义的文章欺骗机器,并以逆向工程的方式获得很高的评价。虽然 AES 在发展及应用的过程中陷入过困境,但随着技术的发展,尤其是深度学习技术的快速进步,自动作文批改技术肯定会有它的用武之地。

6.1.5　思考与练习

(1) 最早的 AES 系统可追溯到哪一年?

(2) 国内有哪些自动作文批改技术应用案例?

(3) 为什么我们需要自动作文批改系统?

接下来的两节我们将介绍自动作文批改所涉及的相关技术及一个具体的自动作文批改系统案例。

6.2 自动作文批改相关技术

自动作文批改系统的构建是进行有监督学习的过程,我们选择合适的机器学习或深度学习算法来训练自动评分模型,问题的核心是怎样构建特征工程,也就是利用模型提取怎样的特征及怎么提取特定特征。

自动作文批改技术用到的方法分为传统方法和现代深度学习方法。传统的方法主要是提取句子的长度、词汇使用的丰富程度、段落的数目等浅层文本特征。深度学习方法是指利用端到端的模型去学习训练指定的特征,使模型具有判断某个作文特征的能力。传统方法仅仅能判断文本的格式等表层特征,无法判断文本作文的深度和风格。虽然现在的深度学习模型可以视为一个黑盒子,存在可解释性差的问题,但现有的自动作文批改系统仍广泛使用深度学习方法,通过深度学习模型学习作文文本的向量表示。接下来,我们将介绍与自动作文批改相关的技术。

6.2.1 停用词过滤

停用词(Stop Words)指在文本中经常出现的词,停用词过滤就是指删除停用词。停用词通常是没有区别度的单词,它们的大量出现可能会干扰模型的判断,许多自然语言处理任务在数据预处理阶段会先过滤掉停用词,这样模型就能更关注于真正有意义的内容。

停用词在文本中主要是那些大量使用,但却没有很大意义的字或词。例如中文文本中的"的""你""我""他",英文文本中的 I、a、an 等,出现频率非常高。在信息检索任务中,查询此类单词不仅浪费时间,降低了搜索效率,而且还会影响搜索结果的准确性,因此,实际上,搜索引擎在处理搜索请求时会自动忽略一些停用词,这样可以有效提高检索速度。

那些经常出现,却没有实际意义的词,如常见的"的""在""和""接着"之类的字或词,也应该删除掉。

当然,过滤停用词在 NLP(Natural Language Process)任务的数据预处理中并不是一项必需的做法,是否过滤停用词取决于正在进行的任务。很多自然语言学术团队提出了停用词表,里面给出了一些停用词,值得注意的是,通常特定的任务中往往有着特定的停用词,即某个任务中的停用词在另一个任务中可能不再是停用词。例如在情感分析任务中,像 good、oh、nice 等语气词显然无法删除掉,因为其能够很显式地辅助表达情感,而在其他的一些任务中,一般这种词语是可以删除的。根据不同的任务需求,我们可以构造一个最小的停用词列表,该最小停用词表通常包括限定词(例如 a、an、the)、连接词(例如 however、but、and)和介词(例如 in、under、towards)。

当然,对于一些特定的应用任务,我们可以直接采取统计的方法,如果一个字或词出现的频率高于我们手动设置的阈值,则可以直接将其过滤删除。

6.2.2　词性标记

词性标记(Part-of-Speech Tagging),也称为语法标记或单词类别消歧,是将文本(语料库)中的单词标记为与特定部分相对应的过程。词性标记本身可能无法解决任何特定的 NLP 问题,但是,这是简化很多不同问题的先决条件,例如词义消歧。知道一个单词的词性可以帮助我们确定上下文单词的词性。单词的词性也可以在语音识别或合成中发挥作用,我们需要知道使用了哪个单词才能正确发音。例如,单词 content 作为名词时发音为 CONtent,而作为形容词时发音为 conTENT。

语料库中使用的所有 POS 标签的集合称为标签集。不同语言的标签集通常是不同的。对于不相关的语言,它们可以完全不同,而对于相似的语言,它们可以非常相似,但这并不是规则。标签集还可以达到不同的详细程度。基本标记集只能包含用于语音最常见部分的标记(N 表示名词,V 表示动词,A 表示形容词等),但是,更常见的是,要更详细地进行区分,并区分名词中的单数和复数、语言共轭、时态、方面、语音等。个别研究人员甚至可能会开发自己的非常专业的标签集,以满足他们的研究需求。表 6-1 列出了 Penn Treebank 标记集中英语单词的一些常见词性。

表 6-1　英语单词的一些常见词性

标签	关系名称及例子	标签	关系名称及例子
CC	并列连词,如 and、so	VB	动词,如 sit
CD	数字,如 one、two	VBD	动词过去式,如 sat
RB	副词,如 usually	VBG	进行时,如 sitting

标签	关系名称及例子	标签	关系名称及例子
EX	存在,如 there	VBZ	第三人称单数,如 sits
DT	限定词,如 an、the	WRB	特殊疑问词
NNS	复数名词	WP	疑问代词
PDT	前限定词	PRP	人称代词

6.2.3 依存句法分析

句法分析(Syntactic Parsing)或依存关系分析是识别句子并为其分配句法结构的任务。最广泛使用的语法结构是可以使用某些解析算法生成的解析树。这些语法分析树在诸如语法检查之类的各种应用程序中很有用,或更重要的是,它在语义分析阶段起着至关重要的作用。例如,回答"下一场比赛谁是湖人的控球后卫?"的问题。我们需要弄清楚它的主题、客体和属性。

句法分析不仅可以用来辅助理解语言,还为很多其他的 NLP 任务(例如机器翻译、对话系统等)提供支持。它主要用来分析输入的句子的语法结构和句法结构。依存句法分析(Dependency Syntactic Parsing),将句子进行拆分后表示成一棵依存句法树,词语之间的关系则体现在树节点之间的关系上。

依存句法分析将词与词之间存在着直接或间接的联系称为支配和被支配的关系。一般会给依存树的边加上不同的关系标记,例如主谓关系、动宾关系等,一条边的标记表示两个词之间的具体句法关系。

目前,深度学习成为依存分析的热点。不同于传统方法人工定义特征和特征组合,深度学习将包括词、词性、类别标签等特征进行向量化,利用神经网络提取深层特征表示,从而改变特征表示。

6.2.4　多元回归和潜在语义分析

多元回归是线性回归的扩展。当我们基于两个或多个其他变量的值来预测变量的值时可使用它。我们要预测的变量称为因变量(或标准变量)。我们用来预测因变量值的变量称为自变量(或回归变量)。回归分析是一种从数学上区分哪些变量确实有影响的方法。它回答了以下问题:哪些因素最重要?我们可以忽略哪些?这些因素是如何相互作用的?也许最重要的是,我们对所有这些因素有多确定?回归系数的大小显示了在统计学上去除模型中所有其他预测变量后,每个预测变量对因变量的方差有多大贡献。以其标准形式,回归系数可以衡量每个变量的重要性,从而使研究人员可以比较预测变量的相对重要性。在许多自动作文评分系统中,可以提取作文的不同特征,通常使用多元回归分析将特征值和作文的人工打分进行拟合。

自动作文评分篇章特征仅仅从词语、句子结构等角度考虑作文质量,不能对词语和句子的深层语义进行理解,因此需要构建模型对文章内容的语义信息进行理解。语义特征通常通过不同方式对文章建模,用向量的形式表示其内容。

潜在语义分析(Latent Semantic Analysis,LSA)是一种自然语言处理方法,可分析一组文档和其中包含的术语之间的关系。它使用一种数学方法奇异值分解来扫描非结构化数据，以查找术语和概念之间的隐藏关系。潜在语义分析是一种信息检索技术，该技术于 1988 年获得专利，尽管其起源可以追溯到 20 世纪 60 年代。LSA 主要用于概念搜索和自动文档分类，但是，它也可用于软件工程（以了解源代码）和搜索引擎优化和其他应用程序中。

　　LSA 的第一步是将文本表示为一个矩阵，其中每行代表一个唯一的单词，每列代表一个文本段落或其他上下文。每个单元格包含其所在行的单词在由其列表示的段落中出现的频率。接下来，对单元条目进行初步转换，我们将在后面描述其细节，其中每个单元频率由一个函数加权，该函数既表示单词在特定段落中的重要性，又表示单词类型在一般话语领域中所携带信息的程度。接下来，LSA 将奇异值分解（Singular Value Decomposition，SVD）应用于矩阵。SVD 是因式分解的一种形式，是一个真实的矩阵的一般化特征分解。与特征分解相反，矩阵的 SVD 始终存在。SVD 就是将一个矩阵分解为 3 个矩阵的乘积。数学可以证明，任何矩阵都可以如此完美地分解：

$$A_{m \times n} = U_{m \times n} \times S_{k \times k} \times V_{k \times n} \tag{6-1}$$

　　奇异值类似于特征分解中的特征值。其中的 U 的每一列是左奇异向量，S 是一个包含奇异值的对角矩阵，V 的每一行是右奇异向量。若想重构原始矩阵，将 U、S、V 这 3 个分量矩阵相乘即可。在奇异值矩阵中，奇异值从大到小排列，并且奇异值迅速减小。矩阵 A 可以通过图 6-2 等号右侧的 3 个小矩阵来近似描述。

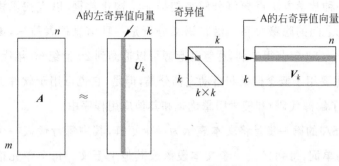

图 6-2　奇异值分解矩阵

6.2.5　Word2Vec 词向量和 Doc2Vec 句向量模型

Word2Vec 是生成嵌入的一种方法。它包括 Skip-Gram 和 CBOW 模型。Bengio 最先提出神经语言模型(A Neural Probabilistic Language Model,NNLM),将神经网络引入语言模型的训练中,利用语言模型产生词向量,在本质上利用上下文词预测中心词或利用前 n 个词预测下一个词。此后,Mikolov 提出了 Word2vec 模型,此模型的目标是更好地获取词向量。Word2vec 模型采用了两种更高效的神经网络模型 CBOW 和 Skip-Gram,同时利用了层次 Softmax(Hierarchical Softmax)和负采样(Negative Sampling)技术。CBOW(Continuous Bag-of Words),即连续词袋模型,将每个单词的上下文作为输入,并尝试预测与上下文相对应的单词。CBOW 模型预测的是 $p(w_t | w_{t-2}, w_{t-1}, w_{t+1}, w_{t+2})$,目标词前后各取了两个词,窗口的大小为 2。输入层是 4 个词的 One-Hot 向量表示,分别为 $w_{t-2}, w_{t-1}, w_{t+1}, w_{t+2}$,词向量的维度为 $\boldsymbol{V} \times 1$($\boldsymbol{V}$ 是语料库词总数),输入层到隐藏层的权重矩阵为 $\boldsymbol{W}$,维度为 $\boldsymbol{V} \times \boldsymbol{d}$,$\boldsymbol{d}$ 是事先预设的词向量维度,隐藏层的向量为 $\boldsymbol{h}$,维度为 $\boldsymbol{d} \times 1$,$\boldsymbol{h}$ 的

计算方式为求和平均,公式如下:

$$\boldsymbol{h} = \boldsymbol{W}^{\mathrm{T}}(w_{t-2}, w_{t-1}, w_{t+1}, w_{t+2})/4 \qquad (6\text{-}2)$$

隐藏层到输出层的权重矩阵为 $\boldsymbol{U}$,维度为 $\boldsymbol{d} \times \boldsymbol{V}$,输出层向量为 $\boldsymbol{y}$,维度为 $\boldsymbol{V} \times 1$,使用最大化似然函数和梯度下降法求解参数。

对于 Skip-Gram 模型,其计算过程和 CBOW 相反,SkipGram 模型预测的是 $p(w_{t-2}|w_t), p(w_{t-1}|w_t), p(w_{t+1}|w_t), p(w_{t+2}|w_t)$,$w_t$ 前后采用两个词,窗口大小为 2。输入层是单词的 One-Hot 向量表示,可以记为 $\boldsymbol{x}_t$,将输入层到隐藏层的权重矩阵记为 $\boldsymbol{W}$,维度为 $\boldsymbol{V} \times \boldsymbol{d}$,$\boldsymbol{d}$ 是事先预设的词向量维度,隐藏层向量为 $\boldsymbol{h}$,维度为 $\boldsymbol{d} \times 1$,$\boldsymbol{h}$ 的计算方式为

$$\boldsymbol{h} = \boldsymbol{W}^{\mathrm{T}}\boldsymbol{x}_t \qquad (6\text{-}3)$$

最后对模型的输出使用 Softmax 方法进行归一化处理,哪个类别得分最高,模型就判定输入为哪个类。

而对于短文本,通常采用词袋模型(Bag-of-Words),但词袋模型有很多缺点,例如单词的次序丢失,这种情况下,只要使用相同的单词,即使不同的句子也可以有完全相同的向量表示。尽管 n-Gram 考虑了上下文中的词序,但它也受到数据稀疏和高纬度的影响。

Doc2Vec 又叫 Paragraph Vector 是一种无监督学习框架,Doc2Vec 克服了传统词袋模型的缺点,可以在大规模语料库中通过机器学习无监督地学习到句子的向量表示。

在 Doc2Vec 中,嵌入被训练成可预测段落中的单词。它将段落向量与一个段落中的几个单词向量连接起来,并在给定的上下文中预测接下来的单词。使用梯度下降算法和反向传播算法来更新模型。Doc2Vec 模型的框架如图 6-3 所示。

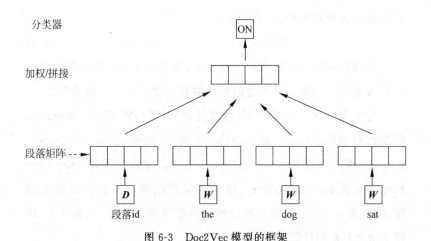

图 6-3　Doc2Vec 模型的框架

作文中的每一段都会被模型映射为唯一的嵌入,这样,矩阵 **D** 中的每一列都表示一个段落,矩阵 **D** 就表示一篇作文。同理,矩阵 **W** 中的每一列表示一个词,段落向量和单词向量被平均或连接以便预测上下文中的下一个单词,最后直接使用拼接的方法来组合向量。使用特定长度的滑动窗口来对文章进行采样。值得注意的是,段落向量在从同一段落生成的所有上下文中共享,但在不同段落之间不共享,然而,单词向量矩阵 **W** 是跨段落共享的,即某个词的向量对于所有段落都是相同的。

6.2.6　命名实体识别

命名实体识别(Named Entity Recognition)是对文本中的人、位置、组织、药物、生物蛋白等命名实体进行识别的任务。NER 系统常被用作问答、信息检索、供参考解析、主题建模等的第一步,因此,突出命名实体识别的最新进展是很重要的,特别是最近的神经

NER 体系结构,它已经实现了最先进的性能与最小的特征工程。

Grishman and Sundheim 在 1996 年的第六届信息理解会议 (the Sixth Message Understanding Conference)上第一次提出了 NER 任务。早期的 NER 系统基于手工制作的规则和词汇特征。这些系统之后是基于特征工程和机器学习的 NER 系统。从 Collobert 等开始,具有最小特征工程的神经网络 NER 系统已经变得流行。这样的模型很有吸引力,因为它们通常不需要特定于领域的资源,如词典或本体,因此可以更加独立于领域。各种神经结构已经被提出,大多基于某种形式的递归神经网络(RNN)在字符和词嵌入。

自从 NER 任务被提出以来,许多用于 NER 的共享任务和数据集被创建,例如提出的 4 种不同语言的新闻数据集,用来识别 PER(Person)、LOC(Location)、ORG(Organization)和 MISC (Miscellaneous)4 种不同类型的实体。

命名实体类型因数据集来源和语言的不同而差异很大。例如,Rajeev Sangal 和 Singh 的东南亚语言数据命名了实体类型人、名称、时态表达、缩写、对象数、品牌等。Benikova 等提出的数据基于德语维基百科和在线新闻,命名实体类型包括人、组织、位置和其他。在生物医学领域,Kim 等组织了一个关于 MedLine 摘要的 BioNER 任务,重点关注蛋白质、DNA、RNA 和细胞属性实体类型。Bedmar 等组织了一个药品 NER 任务,该任务重点关注药品、品牌、集团和药品(未批准或新药)实体类型。NER 任务也利用社交媒体数据进行组织,例如 Twitter,在这些数据中,由于语法不完整的句子的存在,经典的神经系统的表现会下降。Twitter

上的实体类型也更多样化(个人、公司、设施、乐队、电影、电视节目等),因为它们是基于 Twitter 上的用户行为。此外,嵌套命名实体的数据集也被提出,即其中一个命名实体可以包含另一个命名实体。

基于知识的 NER 系统不需要带注释的训练数据,因为它们依赖于词典资源和领域特定的知识。对于基于知识的 NER 系统,由于词汇的原因,精确度通常很高,但由于领域和特定于语言的规则及不完整的词典,召回率通常较低。基于知识的 NER 系统的另一个缺点是需要领域专家来构建和维护知识资源。

有监督的机器学习模型通过对示例输入和对它们的预期输出进行训练,学习做出预测,并可用于取代人工管理的规则。隐马尔可夫模型(HMM)、支持向量机(SVM)、条件随机场(CRF)和决策树是常用的 NER 机器学习系统。例如可以使用两个 SVM 分类器,一个用于检测命名实体的开始,另一个用于检测结束。此外,还可以引入词性标签、语法特征、中心词左右各 3 个单词的窗口及后 3 个单词的标签作为 SVM 的特征。最终的标签通过对多个 1 对 1 支持向量机输出进行投票来决定。

在词级别的结构中,一个句子中的单词作为递归神经网络(RNN)的输入,每个单词用其单词嵌入来表示,再分别通过卷积层和 CRF 层进行最终预测。在字符级别的结构中,一个句子被视为一个字符序列,该序列通过一个 RNN(Recursive Neural Network)来预测每个字符的标签,字符标签通过后处理转换为单词标签。同时,结合词和字符级别特征的 NER 系统被证明是更有效的,它只需很少的领域特定的知识或资源。它有两个基本模型,第一种模型将单词表征为单词嵌入和单词的字符卷积的组合,然后在句子的词嵌入上使用 Bi-LSTM,最后通过 Softmax 或 CRF 层生成标签。第二种模型将词嵌入与使用 LSTM 得到的单词的字符嵌入拼接起来,再通过一个句子级别的双向 LSTM,最后经过一个 Softmax 或 CRF 层得到最终的预测。目前,经常使用的 NER 模型为 Bert+Bi−LSTM+CRF。

6.2.7　文本匹配和文本分类

语义文本匹配指评估源和目标文本片段的语义相似度。最基本的方法是采用简单的二分类策略,我们希望构建一个模型,该模型将查询和目标文档作为输入,并预测文档与查询相关的可能性。要训练该模型,首先需要生成带有查询和文档对及 0/1 标签的训练数据,然后把训练数据输入 SVM 或其他深度学习模型,然后进行训练,最后就可以得到一个简单的文本匹配模型。

对于文本分类任务,大多数文本分类和文档分类系统可以分解为以下 4 个阶段:特征提取、降维、分类器选择和评估。通常,文本分类系统包含 4 个级别的视域:文档级、段落级、句子级和子句级。

1. 特征提取

一般来讲,文本和文档是非结构化数据集,然而,当使用数学建模作为分类器的一部分时,这些非结构化文本序列必须被转换成结构化特征空间。首先,需要清理数据,以省略不必要的字符和单词。在数据被清理之后,可以应用正式的特征提取方法。常用的特征提取技术有 TF-IDF、Word2Vec 和 GloVe。

2. 降维

由于文本或文档数据集通常包含许多独特的单词,数据预处理步骤可能会因时间和内存的高度复杂性而滞后。这个问题的一个常见解决方案是使用简单的算法,然而,在一些数据集中,这些简单算法的性能不如预期。为了避免性能下降,许多研究人员倾向于使用降维策略来降低应用程序的执行时间和内存复杂性。通过降维进行预处理可能比开发简单的分类器更有效。降维方法包括:主成分分析(PCA)、线性判别分析(LDA)和非负矩阵分解等。

3. 分类器选择

最简单的分类算法之一是逻辑回归,例如朴素贝叶斯分类器,它计算量小,并且需要很小的内存。另外,还有基于集成学习的分类方法,例如 Boosting 和 Bagging 集成算法。深度学习方法在诸如图像分类、自然语言处理、人脸识别等任务中取得了超越以往机器学习算法的结果。这些深度学习算法的成功依赖于它们在数据中模拟复杂和非线性关系的能力,基于深度学习的经典分类模型包括 CNN、RNN、GRU 和 Bert 等。

4. 评估

文本分类任务的最后环节是结果评估,最简单的评估指标为准确率和精确率,此外还有马修斯相关系数(Matthews Correlation Coefficient)、观测者操作特性曲线(Receiver Operating Characteristics)和 ROC 曲线下的面积(Area Under the ROC)等评估方法。

6.2.8　小结

作文往往需要对多个层次进行评估,因此一个表现良好的自动作文批改系统也是由各种方法综合实现的。本节分别介绍了自动作文批改所涉及的技术,即包括作文的浅层特征处理技术,也包括深层次特征处理。6.3 节将使用上面提到的相关技术具体分析一个 AES 案例。

6.2.9　思考与练习

(1) 什么是依存句法分析?

(2) 自动作文批改系统构建的关键技术有哪些?

(3) 什么是句法分析?

6.3　自动作文批改系统构建案例

本节将介绍一个自动作文批改系统示例,该 AES 主要包括浅层语义特征分析、跑题检测及语句通顺度检测模块,最后是得分汇总模块。

6.3.1　浅层语义特征分析模块

随着技术的高速发展和进步,计算机的使用变得越来越广泛,如何以清晰、有效的方式同计算机进行互动,已经成为学术界的研究热点。

单词是语言的基本单位,由多个单词可以构成句子,句子可以构成段落,最后段落可以构成一篇文章。文本的语义是从文本中包含的所有句子的语义中综合而来的,而组成句子的单词的语义和语法规则可以确定一个句子的含义。语义分析的目的是通过建立有效的模型和系统实现各种语言单元(包括词汇、句子和段落)的自动语义识别,从而实现对整个文本真实语义的理解。作为句子和文本的基本单位,单词具有特定的含义和内涵。在词的层面上,词的语义分析指分析某个特定词的具体表达含义,词的语义相似性或相关性分析,是句子分析和语篇语义分析的基础,也是作文自动评分等应用领域的基本问题。句子级别的语义分析需要对组成句子的词的语义进行分析,还要对句子间的关系进行分析。段落级别的语义分析需要对组成段落的句子进行语义分析,还要分析段落间的语义关系,这样才能有效挖掘大规模的文本集合。

浅层语义分析仅仅停留在文章的表面特征,不涉及文章主题、情感等内容方面的特征分析。浅层语义分析,是深层语义分析的基础与前提,能够在一定程度上反映文章质量的优劣程度。主要分为两大类,基于人类语言规则的语义分析方法和基于文本统计的语义分析方法。基于语言规则的方法是根据一些总结出的规则进行统计,但由于该方法的效能与规则总结的完善程度有很大关系,人力耗费较大而基于文本统计的语义方法,则分别对词级和句级特征进行打分。

1. 词级特征评分

人类的自然语言是以词为基本单位的,词汇在语言规则的框架下构成可以表达人类情感意思的句子,再由若干分句组成整句,然后通过语言逻辑顺序等规则构成篇章。词级特征分析是自然语言处理的基础,其主要目的是从切分好的词汇中寻找对机器理解自然语言有利的特征,从中获得词汇的语言学信息。词级特征的处理过程如图 6-4 所示。

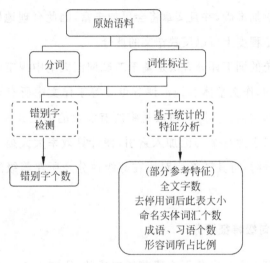

图 6-4　词级特征的处理过程

首先要对一篇作文进行分词和词性标注,这是为了之后能够通过统计方法得到词法特征。目前,中文的词法分析器已经相对成熟,这里直接使用 THULAC 工具包进行中文分词和词性标注。

作文经过分词及词性标注后,每个词汇被赋予一种语义角色,为之后及提取相关特征奠定基础。作为浅层语义提取阶段性词级特征,第一个特征是错别字检测。利用互联网上开源的封装好的中文错别字检测程序进行检测,并统计出错别字的个数。根据实际情况,错别字个数越多,说明作者的文学基础相对较为薄弱,相应地,作文分数也会受影响。第二个特征是统计全文字数。具体参数可依据实际情况调节。其他特征可以在一定程度上反映作者用词的多样性和复杂度,从而反映作者文学能力的高低。

词汇是构成中文作文的基本要素,高级丰富的词汇会为作文增添色彩,例如"美丽的",如用"闭月羞花"等词汇替代,作者的表达将会更加准确,并且文章将会更加丰富,因此合理地假设词汇评分在一定程度上可以反映作文的评分。

传统的词汇评分方法是基于考试词汇大纲中规定的词汇等级所得出的,作文整体的词汇评分可以等于作文中所有词汇评分的加权后求均值。实际的做法是将所有涉及的词汇分为 N 个等级,这样相当于为每个词汇加入索引,使计算效率大大提升。在计算词汇评分时,将其转换为对所在等级评分及所在等级的概率分布的计算。

2. 句级特征评分

一篇作文是由若干个段落所组成的,段落由句子组成。对于句级特征,通常以一个句号为标识,以此定义为一个整句。首先提取作文中所包含的句子的平均长度和方差作为作文自动评分方法中的一个特征。其次分析每个句子的句法结构,以此反映文章句法的复杂性。在实际打分过程中,一个包含定语、状语、补语等修饰性语素的句子大都比只含有主谓宾的句子要更加丰富,因此句法结构可以作为特征之一加入自动打分模型,这样更加符合实际人工阅卷的评分标准。句法分析是自然语言处理中的基础性工作,是分析在给定文法下自然语言的层次结构,以及句子的句法结构和词汇间的依存关系,实现如语义分析、情感倾向、观点抽取等。从不同角度将句法分析分成两种类型,分别是分析句子结构,例如词汇可在句中承担的主谓宾、定状补等角色,另一种用于分析词汇间并列、转折、从属等依存关系。

句法结构分析检测句子中的成分,并分析各成分之间的关系。目的是识别句子的语法结构。最终目标是生成带有语法功能标记的结构树,因此解析过程也可以表示为语法树的构建过程,句法树示例如图 6-5 所示。

图 6-5　句法树结构示例

图 6-5 中句子的主干部分 HED 是谓语"送",句子的主语 SBV 是"我",句子的宾语 VOB 为"一束花"。我们可以通过句法结构分析得到语句的主干部分和其他各成分之间的关系。在面对结构复杂的句子时只通过分析词汇的词性是不能正确分析语句中词汇的成分关系的,但通过基于句法树的句法分析器综合衡量整句的意思可得到正确的句法结构。

6.3.2　作文跑题检测模块

作文跑题检测是指判断整篇作文的表达是否偏离了特定的主旨或主题。随着素质教育的普及,现有的写作要求大多为发散性题目,通常会有多个主题选择,这也是未来教育的一个大趋势,但是,由于模型很难覆盖差异较大的主题,也很难利用文本相似度进行离题判定,因此效果不能令人满意。鉴于上述方法的缺点和问题,本模块首先使用 LDA 算法提取主题和文本的主题词,然后使用分布式向量表示模型来计算相似度。当相似度大于某个阈值时,内容的主题词被认为与主题一致,并在此之后不进行相关性计算。最后,采用聚类方法完成检测。

1. 主题词提取模型

1) 基于 TF-IDF 的主题词提取模型

TF-IDF 采取重新调整常见单词的频率的方法,TF 是指单词的频率,即某个单词在作文中出现的次数占总单词数的比例,它基于常见单词在给定语料库中的所有现有文档中出现的频率,从而使 the、is 等常见单词的分数在所有文档都受到了惩罚,便引入了单词频率-逆文档频率的概念,即 TF-IDF。我们假设,如果同一个单词在文本中出现多次,则表示该单词对文本非常重要,该词语就很有可能是作文的主题词,但是,词频的统计不足以达到区分两篇文章的目的。有些单词多次出现是没有意义的,这种统计是不科学的,因此在词频的基础上引入了 IDF。IDF 代表反向文档词频,它的大小与单词的常见程度成反比,也就是说,如果一个单词可以区分,则其 IDF 值越大。

TF-IDF 统计算法在自动文本关键词提取、文本挖掘、信息检索、自动摘要等方面起着重要作用。它的优点是易于理解,结果更符合实际情况,但缺点是仅使用单词频率来衡量单词在文本中的重要性并不全面。

近年来,非负矩阵分解(NMF)已成为数据挖掘领域的一个热门模型。NMF 旨在从一系列高维向量中自动提取隐藏模式,并已成功应用于降维、无监督学习(聚类、半监督聚类和共聚类等)和预测。

非负矩阵分解(Non-negative Matrix Factorization,NMF)是一种专注于非负数据矩阵分析的模型,通常起源于文本挖掘、图像处理和生物学。不同于通常的奇异值分解方法(将特定矩阵分解为 3 个矩阵),NMF 的目标是将特定矩阵分解为两个矩阵:

$$A = W \times H \tag{6-4}$$

NMF 期望找到这样的两个矩阵 W 和 H,使 W 和 H 的两个矩阵乘积获得的矩阵尽可能地与矩阵 A 相等。NMF 的解释可以用一张图来表达,如图 6-6 所示。

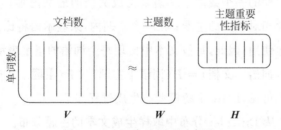

图 6-6　NMF 方法原理示意图

NMF 具有以下几个优点:由于其非负约束,具有良好的解释性;NMF 在目标函数和求解算法的选择上非常灵活;NMF 具有多种应用;NMF 具有坚实的理论基础,与现有的前沿无监督学习模型有着密切的联系。

2) 基于 LDA 的主题词提取模型

主题建模是一种无监督方法,类似于聚类分析,即使在我们不确定要查找什么的情况下,也会发现一些自然的主题。

一个文档可以是多个主题的一部分,有点像 Soft-Clustering,其中每个数据点可能属于多个聚类。主题建模提供了自动组织、理解、搜索和总结大型电子文档的方法。它可以发现文章的隐藏主题,将文档归类为某个主题等。

LDA(Latent Dirichlet Allocation)潜在狄利克雷分配,是一个用于离散数据集合(如文本语料库)的生成概率模型。它是一个三级分层贝叶斯模型,主题节点在文档中重复抽样。在这个模型下,文档可以与多个主题相关联。其中集合的每个项都被建模为底层主题集的有限混合。每个主题依次被建模为一组潜在主题概率的无限混合。

LDA 属于无监督学习方法,LDA 方法假定通过组合来自一个或多个主题的一个或多个术语来构成文档的语义内容;大多数文档仅包含相对较少的主题;在一个主题内,某些术语将比其他术语更频繁地使用,因此,每段文本中出现每个词语的概率表示为

$$P(词语 \mid 文档) = P(词语 \mid 主题) \times P(主题 \mid 文档) \quad (6\text{-}5)$$

由此可见,LDA 主题模型的生成过程如下:

(1) 从 Dirichlet 分布中取样生成文本的主题分布。

(2) 从主题的多项式分布中取样生成文档主题。

(3) 从狄利克雷分布中取样生成主题的词语分布。

(4) 从词语的多项式分布中选取生成主题词。

LDA 相对于 pLSA 具有以下优点:LDA 可以更好地消除单词歧义,并可以更精确地将文档分配给主题;与 LDA 不同,pLSA 容易过拟合,尤其是在语料库大小增加时;LDA 更容易在计算集群上扩展大型数据集。

2. 词嵌入表示

词嵌入是数字矢量形式的表示。可以使用多种语言模型来学习。单词嵌入表示法能够揭示单词之间的许多隐藏关系。例如，cat 与 kitten 的向量表示相似，dog 与 puppy 的嵌入表示相似。

人类的词汇来自自由文本。为了使机器学习模型能够理解和处理自然语言，我们需要将自由文本单词转换为数值。一种最简单的转换方法是进行 One-Hot 编码，其中每个词代表所得向量的一个维度，并且二进制值指示该词是否表示 1、0，但是，在处理整个词汇表时，One-Hot 编码在计算上的表示需要成千上万的维度。词嵌入表示数值向量中的词和短语，其维数要低得多，因此密度也大得多。良好词嵌入的一个直观假设是，它们可以近似词之间的相似性（"猫"和"小猫"是相似的词，因此期望它们在缩减的向量空间中接近）或揭示隐藏的语义关系（也就是说，"猫"和"小猫"之间的关系类似于"狗"和"小狗"之间的关系）。

针对以上不足，分布式向量表示方法应运而生。在大量向量维数存在的情况下，每个单词均能够由其分布式权重表示，向量的每个维度都表示特征向量，它的作用范围涵盖所有词语，而不是简单的元素与值之间的一对一映射。该方法抽象地表示了单词的意义。其中，最经典的是谷歌在 2013 年利用 Mikolov 等提出的模型实现出的开源工具 Word2Vec 在词向量分布式表示中广泛使用，可以快速有效地训练词向量。

Word2Vec 包括两个重要模型，分别是 CBOW 连续词袋模型（Continuous Bag-of-Words Model）和 Skip-gram 模型（Continuous Skip-gram Model）。它们都是深度学习模型，因此，整个模型的结

构可以分为三层,即输入、输出和中间的隐藏层。传统的模型基于计数的方法进行建模,属于无监督学习,模型严重依赖于词频和共现矩阵,并假设相同上下文中的词共享相似或相关的语义。该模型将基于计数的统计信息(例如相邻单词之间的共现)映射到较小且密集的单词向量。PCA 主题模型和神经概率语言模型都是此类很好的例子。

CBOW 和 Skip-gram 都是基于上下文的方法,CBOW 模型的输入是特定词语的上下文向量,输出是该词的向量;Skip-gram 的输入和输出恰好相反。除了这两个模型外,Pennington 等又提出了全局向量(GloVe)模型。GloVe 的目标是将基于计数的矩阵分解和基于上下文的 Skip-gram 模型结合在一起。

3. 基于 LDA 主题检测的作文跑题检测方法

基于 LDA 的作文主题检测方法的大概流程是先使用 LDA 方法提取主题词,然后使用 Word2Vec 模型做词嵌入,即将文本映射为向量表示,最后便可计算提取的作文主题词与要求主题的相似度,如果相似度大于手动设置的阈值,则判定该篇文章是符合主题的,否则,则判定为跑题作文。

6.3.3 通顺度计算模块

通顺度是一篇作文的关键属性,对通顺文本的结构进行建模是自然语言处理中的一个重要问题。在自动作文评分中,一篇好的文章总是有一个特殊的主题结构,其中实际的单词和句子选择及它们之间的排列都是为这个高层结构服务的。我们的主要目标是建立模型,通过排列一组给定的句子来形成连贯的文本,从而学习这种结构。表 6-2 展示了通顺文本和非通顺文本的例子,其中,Text1 为通顺文本,Text2 为非通顺文本。

表 6-2 通顺和非通顺文本示例

Text 1	Text 2
小明喜欢读书,但是他买不起书,所以他经常去图书馆看书	小明喜欢读书,但是他喜欢科幻读物,所以他经常去图书馆看书
Label = 1 (通顺)	Label = 0(不通顺)

融合多特征的深度语句通顺度模块主要包括两部分:第 1 个部分使用了多种特征对词语进行向量化的表示,进而形成了多种不同的句子表示矩阵,构成输入层;第 2 个部分是通顺度算法的网络结构部分,用于进行特征提取和句子间关系建模,包括卷积层、池化层、自注意力层、多层感知机层等。算法的框架如图 6-7 所示。

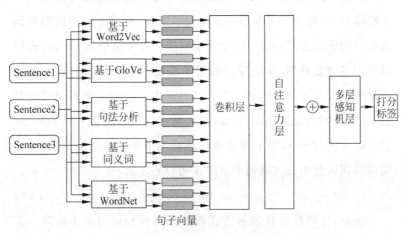

图 6-7 通顺度算法的框架

对于输入层,首先将文档中连续的 L 个句子定义为 1 组,设当前的组为 q,并且这一个组(q)的通顺度标签为 y_q,如果当前组的

L 个句子为通顺的,则标签 $y_q = 1$,如果为不通顺的,则标签 $y_q = 0$,因此,对于包含 N 个句子的文档 D,即 $D = \{s_1, s_2, \cdots, s_N\}$。设该文档一共包含 N_d 个组,假设一个组包含 5 个句子,即 $L = 5$,则此时 $N_d = N - 2$,文档就可以分成以下的组:

$$< s_1, s_2, s_3 >, < s_2, s_3, s_4 >, \cdots, < s_{N-2}, s_{N-1}, s_N > \quad (6\text{-}6)$$

为了清楚地表示通顺度算法,在下文中,我们使用以相邻的 3 个句子为 1 组,即 $L = 5$ 的设定来表示我们的算法,但是 L 可以为任何值,已有学者对句子进行了类似的划分并对 L 分别等于不同的值进行了实验,实验表明 L 值的设定对最终结果影响不大,将 L 的值设置小一点可以减小计算量。

句子是由词语组成的,可以用一个矩阵来表示句子,其中列代表词向量,行代表每个词语。接下来对每个句子都进行相同的句子矩阵表示,每个句子都形成 5 个句子矩阵,对应 5 种不同的对词语的向量表示方式,共计 15 个句子矩阵。对于每个句子 s,首先根据停用词过滤处理,设处理过后句子共包括 $|s|$ 个词语,当前词语向量表示方式下词语的表示为 $w(i)$,其中 i 代表 5 种不同的向量表示方式,词向量的维度为 $|w(i)|$,则由此可以构建句子矩阵 $\boldsymbol{S}$,对于输入的句子 s,用 j 代表预处理后句子中的第 j 个词语,这个词语的词向量为 w_j,则句子矩阵 $\boldsymbol{S}$ 可以表示为

$$\boldsymbol{S} = [w_1, w_2, \cdots, w_s] \quad (6\text{-}7)$$

由此,每种词向量表示方式都可以得到相应的句子矩阵。其中,基于 5 种不同词向量表达方式,分别是基于 Word2Vec 的方式、基于 GloVe 的方式、基于 WordNet 的方式、基于同义词的方式和基于句法分析的方式。

1. 基于 Word2vec 的方式

可以使用开源的 Gensim 库训练 Word2Vec 词向量。训练集选择的语料为英文的维基百科数据，训练时同时使用了 Skip-gram 和 CBOW 模型，将迭代次数设置为 100 次，将词向量维度设置为 100 维。

2. 基于 GloVe 的方式

GloVe(Global Vectors for Word Representation) 是一种无监督学习算法，用于获取单词的向量表示。可以直接使用预训练的 GloVe 模型获得词向量表示。

3. 基于 WordNet 的方式

清华大学的 OpenKE 库，包含了 TransE 算法，对知识库 WordNet 数据集 WN18 进行了训练。WN18 数据集包含了 40943 个实体，18 种关系，此处将实体的表示向量维度设置为 200 维。WN18 数据集的实体包含了常用的绝大多数词语，在构建句子矩阵的过程中，如果遇到在实体中未出现的词语，则可采用随机初始化的方式构建该词语的词向量。

4. 基于句法分析的方式

CoreNLP 是斯坦福开源的依存句法分析工具。利用句法分析器找到每个词语在句法中最相关的词语，同时对所有的句法类型进行 One-Hot 编码，对 One-Hot 编码进行 Embedding 操作，将

Embedding 层的维度设置为 50 维,然后将 Embedding 后的向量和最相关的依存词语的 Word2Vec 词向量拼接,形成代表该词语的150 维向量表示,如图 6-8 所示。

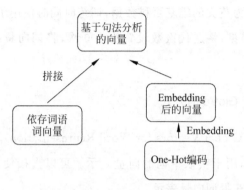

图 6-8　基于句法分析的向量表示

5. 基于同义词的方式

对于每个词语,通过开源的 Gensim 库找到和它最相近的 3 个词语,将这 3 个词语的词向量进行拼接,从而形成一个 300 维的向量,得到这个词语基于同义词的向量表示。计算的原理为根据已经训练好的 Word2Vec 词向量,找到和这个词语余弦相似度最小的 3 个向量。例如对于词语 touchpad,得到的 3 个最相近的词语是 mouse、trackball 和 joystick。

在得到不同句子的特征向量之后,便可将其输入神经网络中,此处的神经网络模型包括卷积层、池化层、自注意力层及全连接层,接下来依次介绍这 3 个不同的网络。

1）卷积层和池化层

卷积层可以利用多个卷积核提取输入的句子矩阵的特征,其中的卷积核是可训练的。如图 6-9 所示,对于输入句子矩阵 S,对应的卷积核权重矩阵为 F,其中卷积核的高和词向量的维度相同,都为 $w(i)$,卷积核的宽为 m,因此随着卷积核沿着句子矩阵窗口滑动,生成了向量 c。

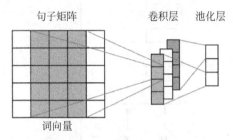

图 6-9　卷积层和池化层操作

卷积操作后使用一个非线性激活函数学习非线性信息,此处使用 ReLU 激活函数,ReLU 激活函数可以提高训练速度和增强效果。接着是池化层,如图 6-9 所示,使用最大池化进行池化操作。对于经过激活函数处理后的特征矩阵 C 中的每一行,选取这一行的最大值,然后特征矩阵就可以转化为 $n \times 1$ 的特征向量,再将此特征向量作为句向量。

至此,基于采用不同的词向量表示方式的不同句子,都进行了对齐操作,并且都转化为相同维度的特征句向量,即 15 个不同的句子矩阵转化为 15 个维度为 $n \times 1$ 的句向量。

2）自注意力层

自注意力层使用自注意力(Self-Attention)机制进行句子间关系的建模。如图 6-10 所示,该层输入为 15 个维度为 $n \times 1$ 的句向

量,输出为 15 个维度为 15×1 的关系向量,自注意力层的具体计算
方式见式(6-8)。

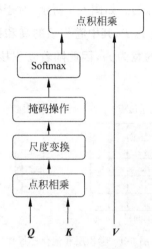

图 6-10　自注意力机制描述

$$\text{Attention}(\boldsymbol{Q},\boldsymbol{K},\boldsymbol{V}) = \text{Softmax}\left(\frac{\boldsymbol{Q}\boldsymbol{K}^{\mathrm{T}}}{\sqrt{d_k}}\right)\boldsymbol{V} \qquad (6\text{-}8)$$

其中,d_k 表示一个缩放因子,表示一个 Query 或者 Key 向量
的维度。把输入的 15 个维度为 15×1 的向量构成一个矩阵,经过
线性变换分别得到 $\boldsymbol{Q}$、$\boldsymbol{K}$、$\boldsymbol{V}$,即存在训练参数 W_Q、W_K、W_V,使 $\boldsymbol{X}\times$
$W_Q = \boldsymbol{Q}$,$\boldsymbol{X}\times W_K = \boldsymbol{K}$,$\boldsymbol{X}\times W_V = \boldsymbol{V}$。$\boldsymbol{Q}$ 与 $\boldsymbol{K}$ 做点乘操作,目的是得
到一个关联度得分,得分越高表明两个词之间的相关程度越高。
MASK 掩膜的作用是为了防止信息泄露。

3）多层感知机层和输出层

多层感知机层使用多个全连接层来建模句子间关系向量和输
出之间的网络关系。多层感知机层的输入是将 15 个维度为 $n\times1$
的关系向量拼接在一起,即为一个维度为 15×n×1 的向量。定义

如下：

$$h = f(Wx + b) \tag{6-9}$$

其中，W 代表需要训练的权重矩阵，b 代表训练的偏置向量，$f()$ 函数代表非线性激活函数，选择 ReLU 函数，ReLU 函数的定义为 $f(x) = \max(0, x)$。h 可以被视为通顺度特征的表示向量，这个向量包含了前面所有步骤的信息，即不同形式的词向量、特征提取后的句向量及经过自注意力机制建模后的句子间关系向量的种种信息，最后的输入可以定义为

$$p(y_q \mid h) = \text{Sigmoid}(Wh + b) \tag{6-10}$$

其中 W 代表权重矩阵，b 代表偏置向量，Sigmoid（·）代表 Sigmoid 激活函数，p 表示输入句子的通顺度得分。最后，通过下面的公式计算整个文档的通顺度：

$$S_D = \prod_{q \in D} p(y_q = 1) \tag{6-11}$$

通过计算文档所有的组的通顺度概率的乘积来表示整个文档的通顺度。这样，一个文档中任意几个不通顺的组都可能对结果产生很大的影响。对于两个文档 D_1 和 D_2，如果 $S_1 > S_2$，我们就可以说文档 D_1 比文档 D_2 更通顺。

6.3.4 多特征融合评分

接下来将介绍自动作文批改系统的整体架构，如图 6-11 所示。整个系统融合了不同的算法实现，结合了多个特征例（如语句通顺度、主题特征等）去实现作文的自动评分。

下面分别对每个层进行详细介绍。

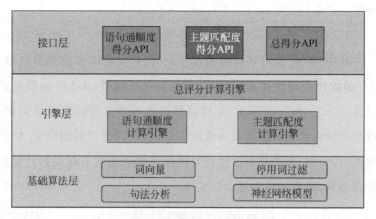

图 6-11　AES 总体架构

1. 基础算法层

基础算法层包括了系统中所使用的一些基础算法和模型在前文也有论述，供引擎层调用。其中词向量模块包括预训练的 Word2vec 模型和 GloVe 模型，神经网络模型模块包括卷积神经网络、循环神经网络、自注意力网络、图卷积网络、Triplet Network 和递归自编码器等深度学习常用模型。

2. 引擎层

算法引擎包括语句通顺度计算引擎、主题匹配度计算引擎和总评分计算算法引擎。这 3 个引擎对上层的基础算法层的模块进行调用，综合实现相应的算法。

3. 接口层

接口层包括语句通顺度得分 API、文本主题度得分 API 和总得分 API。这 3 种 API 用于与相对应的引擎进行交互,最后调用前 3 种 API 得到得分并将输出返回给用户。

得益于全连接神经网络具有强大的拟合能力,将不同特征的得分同时输入同一层的全连接网络,其输出便是最后的作文总得分。

6.3.5　小结

教育越来越受到关注,写作是其中的重要组成部分,本节通过一个自动作文批改系统的案例来讲明 AES 的工作过程。自动作文批改是利用计算机技术对书面文本进行批改的任务,是自然语言处理最重要的教育应用之一。AES 的绝大部分工作集中在整体评分上,也就是用一个分数来总结一篇文章的质量。这种专注至少有两个原因。第一,人工标注整体分数的语料库是公开的,这有助于开发基于学习的整体批改引擎。第二,整体评分技术具有商业价值,即能够自动对每年为标准化能力测试撰写的数百万篇论文进行批改,可以节省大量手动批改工作。

尽管整体批改技术对为能力倾向测试所撰写的论文的批改很有用,但它远远不足以在课堂环境中使用,在课堂环境中,向学生提供如何改进论文的反馈至关重要。具体来讲,仅仅给一个学生返回一个低的整体分数,基本上不会给他提供关于文章的哪方面导致了低分数及如何改进的反馈,因此,我们需要利用不同的模块分别从不同的层面来对作文打分。

自从 AES 真正应用以来,就迎来了大量的不同意见。支持者认为,作文批改的自动化,可以大大节省人力资源,把教师解放出来,通过 AES 的辅助,让教师更多地关注教学,但是,反对它的人认为,AES 批改过程过于刻板,很难理解人类的思想。此外,考生可能找到一些技巧去骗过自动评分模型,反而会不利于学生写作水平的提高,然而,技术总是有利有弊,从长远来看,自动作文批改拥有重要的应用价值。

6.3.6　思考与练习

(1) 自动作文批改系统(AES)需要提取哪些特征?

(2) 本节介绍的 AES 案例包含哪几个模块?

(3) 什么是注意力机制?

## 第 7 章

多模态学习分析

本章将首先介绍多模态学习分析的发展历史及基本任务,然后对多模态学习在教育领域中的应用和所面临的挑战展开介绍,具体地介绍其数据类型、重要技术和一般流程。最后,将结合多模态学习分析在教育领域应用的实际案例进行分析,帮助读者进一步了解多模态学习分析的功能和作用。

7.1 多模态学习分析介绍

多模态学习分析是机器学习、多模态信息交互、学习行为分析等领域交叉形成的一个新领域,它利用多模态数据对复杂场景下的学习状况及学习行为进行分析,通过分析结果来改变学习的方式,以此来提高学习效率。在技术层面上,多模态学习分析以学习为核心,以多模态感知、多模态的语义理解、多模态交互技术、学习科学为支撑,形成了跨数据、跨分析、跨模态及跨空间的独特体系。在数据分类方面,多模态学习分析涵盖了人机的交互数据、学习的体征数据及学习资源数据和学习场景数据,形成以学习人员为中心的数据相互交融的数据生态。在分析模型上,以传感器捕获、文字语义解析、语音解析、视觉解析、预测变化、行为分析、反馈解释为分析过程,以学习者的具体感受及学习成果作为直接的结果导向。未来多模态学习分析在数据隐私、多模态的数据采集、多模态融合方法、多模态模型搭建等方面还有进一步研究的空间。

7.1.1　多模态学习分析的基本概念

多模态学习分析是一门新兴的学科,该学科关注于利用数据挖掘及学习科学相结合的方式来探索来自教育环境的独特类型的数据,并使用深度学习的方法来推测学生的学习情况及他们的学习质量。基于数字跟踪的分析方法的局限性要求研究者通过利用从学习者和学习环境中收集的各种学习数据来探索学习教育的能力。经济上可行的传感器和有效的计算技术的可用性使研究人员能够应对这一挑战,因此,多模态学习分析成为一个潜在的解决方案,使研究人员能够超越基于技术/中介的学习来研究现实环境中的学习。自从学习分析的概念被提出以来,马上就得到了全球研究人员的广泛关注和认可。从学习分析的主要研究来看,学习分析的对象已经从初期关注学习者的表达、动作、学习成果等外在表现,逐渐转变到关注解决学习者的感知、自我认知、情绪调控等这些潜在的学习因素问题。从数据采集来源来看,由初期的基于摄像头及作业布置等采集的笔记资料、互动问题、场景图像等外在的模态数据,转变为基于可穿戴设备采集的脑电波、心跳、血液流动、呼吸节奏等生理数据。硬件技术的不断发展也推动了多模态学习分析的研究进展。通过高端的设备捕获学习者的学习信息,再通过数据挖掘及深度学习方式获得学习者的学习情况,进一步把握课堂教学的分析,为老师及管理者提供教学帮助。

7.1.2　多模态学习分析的发展路线

多模态是由多种不同源数据的相互融合,近 30 年来的心理学、机器学习、对话分析、社会符号学、语言学等学科都对它进行了研究探索和深究,它经过发展已然演变成为一门独立的理论学科。机器学习和仿生学技术的进一步发展更加催生了多模态的融合,它是计算机与人之间通过图像、动作、语音、符号等进行的一种交流方式。多模态交互研究主要讨论不同的模态之间如何相互作用及如何通过互补来传递和强化内容与意义。在过去的几年里,许多研究人员一直在进行多模态学习分析(MMLA)的工作。Worsley 和 Blikstein(2011)将学习分析描述为"一组多模态感官输入,可用于预测、理解和量化学生学习。"多模态学习分析一词由Scherer、Worsley 和 Morency 在 2012 年国际多模态互动会议(ICMI)上首次提出。

在过去的 10 年里,高频传感器(如眼睛跟踪仪、运动传感器、可穿戴设备)价格已经变得合理、可靠,这为捕捉学生的行为打开了新的大门。教育研究人员现在可以收集更大的数据集:传感器通常以 30~120Hz 的频率运行,并收集各种信息流。例如,微软公司的 Kinect 传感器以 30Hz(每秒 30 次)的频率收集人的身体关节(x、y、z 坐标)、面部表情和语音信息。人们可以很容易地定义约100 个变量,可以从 Kinect 传感器捕获。这意味着一个人每秒3000 个数据点,这意味着一小时可收集大约 1000 万个数据点。将这个数字乘以传感器(眼睛跟踪仪、GSR 传感器、情感检测工具、语音特征)、参与者和研究的数量,以了解传感器与数据挖掘技术相结合的可能性。多模式学习分析(MMLA)领域是关于开发这种新的发展,即传感器和数据挖掘技术都已达到成熟的水平,使研究人员能够解决新的研究问题和开发新的教育干预措施。多模态学习研究的不断向前发展不仅因为技术推动的作用,还因为人类对于教育的重视程度及持续性探索。政治家、教育家、商界领袖和研究人员一致认为需要重新设计学校,教授的"21世纪的技能"包括:创造力、创新力、批判性思维、解决问题、沟通和协作。这些技能都不容易用当前的评估技术来衡量,例如多项选择测试,甚至是投资组合。结果是,很多学校由于大力教授新技能而陷入瘫痪,而且缺乏可靠的方法来评估这些技能,或向学生提供形成性反馈。其中一个困难是,由于在获取学生大量的详细数据方面存在固有的困难,目前的评估工具是基于产品(考试、项目、档案)而不是基于过程(在进行学习活动时的实际认知和智力发展),然而,新的传感和数据挖掘技术使我们能够捕获和分析课堂活动的大量数据。我们正在进行生物传感、信号和图像处理、文本挖掘和机器学习的研究,以探索基于多模式过程的学生评估。

多模态学习分析(Multimodal Learning Analytics)的概念一开始是由美国的南加州大学创新技术学院的 Stefan Scherer 和 Louis-Philippe Morency 及西北大学的 Marcelo Worsley 在第十四届多模态交互国际会议上正式提出并发表的。多模态学习分析是3种概念的交汇点:多模态教学、多模态数据和计算机支持的分析。从本质上讲,多模态学习分析是利用非传统和传统形式的数据并对其进行三角剖分,以描述或模拟复杂学习环境中的学生学习,因此,多模态学习分析是一个包含基础科学和机器学习的研究领域,为理论分析和实际场景应用提供了渠道。它利用多模态数据及科学的学习方法理论来研究真实场景下各种学习环境中的学习。多模态学习分析从方法上来讲述，主要通过采集不同形式的数据源，例如声音、文字、语音甚至心跳、呼吸频率等，再使用科学的分析方法对这些数据源进行建模，最后利用深度学习的方法对数据源进行进一步挖掘，使它们之间的关系能够对课堂场景进行判断。

Stefan Scherer 等研究人员在 2012 年一同发起了第一届的多模态学习分析工作会谈，并且他们在之后的多模态交互国际会议上连续举办了四届，并依靠其他国际主流会议将继续举办。首届的工作会谈主要探讨了多模态学习分析的基础研究及今后的应用价值，是否具有实用价值，是否对教育领域有所帮助。这个研究领域把多模态分析的技术、数据挖掘、深度学习及学习科学结合起来，通过分析教育场景下的数据了解教学中存在的问题，并促使教师或者管理者更好地把握实际场景中学生们的学习情况，从而做出适当的调整，从而提升学生们的学习效率。

第二届工作会谈的目的是为了创造研究基础，方便未来的研究人员更快地了解多模态学习分析的研究状况，在这次工作会谈中邀请了有多年教育研究经验及有一定技术水平的研究人员参会。在工作会谈中主要讨论了实际场景中可以应用的技术，其次探讨了硬件设备所应该提供的多模态接口。通过议题讨论可以看出，围绕同一主题，不同学科背景的研究者在不同领域给出了一定的见解，这推动了多模态学习分析的发展，打通了技术壁垒，为后续的研究创造了条件。

在第三届学习分析与知识国际会议中 Paulo Blikstein 提出了多模态学习分析，在此会议中集结了教育学、学习科学、深度学习等一大批专家。在此会议上，要求研究人员从多模态及适用范围的角度上来分析不同技术的优缺点，并总结该技术的可行性。该技术有利用语音识别技术识别出不同人的身份及获取对应语句，通过 NLP 技术进一步判断课堂情况，通过采集的视频分析学习者的学习状况，从而分析学习者的专注度情况，由此反馈出整个课堂的教学质量。在此之后，Xavier Ochoa 等在该组织的影响下开始了首届多模态学习分析数据挑战工作会谈，主要讨论的主题包括三点：第一，如何获取尽可能多的多模态数据，通过更多的硬件技术的支持采集数据。第二，通过分享当前领先的学习科学的分析方法和多模态技术来共同分析学习场景。第三，研究人员述说当前多模态学习的一个研究进展及成果。

在第四届工作坊会议中，主要分析了真实场景中信息流的表现，捕获了真实场景下的信息流，开发了真实场景下的多模态学习应用。虽然已经从日常的教学活动场景中提取了很多数据集，但是大部分数据集是同类型的数据集，对教学质量的分析并不能起到很大的作用，这就需要更多的硬件设备及采集技术来捕获课堂的更多信息。这意味着工作进一步向实际场景出发，用学习科学来分析学习场景中可能出现的问题，以及问题的具体表现形式。通过分析这些问题进一步反馈学习科学，利用深度学习的方法来进一步化解这些问题，以此来优化学习方法，提高学习的质量。同时这也为教育学上的深度学习问题带来了新的挑战，不仅在技术方面，还包括信息的采集工具、特征的提取、学习科学方法的研究等。如何将具有局限性的教学场景研究转化成真实场景下的教学场景研究是目前迫切需要解决的问题。

7.1.3　多模态学习分析的基本任务

多源数据分类：传统的单数据源已经研究得较为成熟，单数据源分类主要分为图像分类、视频分类、语音分类等。当对多个数据源进行分类的时候面临多个数据源之间对应关系的计算，往往可能会出现图像、文字、视频被分在同一种类别中，这需要对多个数据源进行特征提取并且计算它们之间的相似程度，而这个计算公式度量的准确度意味着分类结果的好坏。

多模态情感分析：情感分析通常指的是人类的表情所体现出的情感，但是情感的体现不仅是人的表情，还有人的行为动作、文字表达等，因此判断感情的时候需要考虑多种模态的情感计算，通过分析不同模态的情感状态从而更加准确地捕获到人类的情感。

多模态语义计算：智能多媒体或多模态系统涉及计算机处理、理解和产生至少来自语音、文本和视觉信息的输入和输出，包括语义表示。这些系统的核心问题之一是应该使用什么形式的语义表示，这当然要追溯到人工智能中的知识表示这个古老的问题。当系统处理多模态输入时，需要将该输入映射到表示中，反之亦然，需要从表示中映射出多模态输出表示。此外，还存在输入、输出同步和信息融合协调等相关问题。不同模态特征有不同形式的表示。语义表示和内容将需要提供参考和空间关系，这需要计算不同模态之间的语义，通过分析语义从而推导出参考和空间关系。在教育场景下通过不同模态的语义计算就可以推导出学习情况的一个走向。

跨模态检索：近年来，由于多模态数据的快速增长，跨模态检索受到了广泛关注。它以一种类型的数据作为查询来检索另一种类型的相关数据。例如，用户可以使用文本检索相关图片或视频。由于查询及其检索结果可能具有不同的模式，因此如何度量不同模式的数据之间的内容相似性仍然是一个挑战。人们提出了各种方法来处理这个问题。本书首先回顾了几种典型的跨模态检索方法，并将其分为两大类：实值表示学习和二进制表示学习。实值表示学习方法旨在学习不同形式数据的实值公共表示。为了加快跨模态检索的速度，提出了多种二进制表示学习方法，将不同模态的数据映射到一个公共 Hamming 空间。

跨模态样本生成：跨模态生成问题主要有图像生成文字、文字生成图像等。跨模态之间转换生成在模态间差异大的时候是相对困难的。跨模态样本的大致思路是这样，首先提取出不同模态的特征，通过深度学习不断学习特征之间的相互转换关系，得到不同模态之间的一个对应关系，最终生成想要的模态信息。这大概是跨模态生成的一个基本理论，从目前的研究来看，并不是非常成熟，需要进一步研究和探索。

多模态人机对话：多模态人机对话旨在提供自然语言的自然对话，即允许用户使用自己的语言（自然语言），遵循类似于人类对话结构（自然对话）的动作和交流结构，同时交流的方式不仅局限于语言，还可以是动作、图像、声音、文字等。相关的研究工作来源于分析语言标记的语言学和分析语境中语言使用的语用学。语言学和语用学的两个重要领域关注为指称现象，例如指称在对话语境中可触及的对象，以及言语行为或对话行为，即话语进行的交际行为。人机对话还旨在通过软件体系结构等方法和手段，促进有效系统的设计和开发。多模态的人机交互更加注重于多模态的信息交互,多模态之间的信息转换是一个很大的难题。

多模态信息融合:多模态研究是人工智能的一个新兴领域,多模态融合是该领域的主要研究问题之一。多模态数据融合是将多个单模表示集成到一个紧凑的多模态表示中的过程。以前在这个领域的研究已经利用了张量的表达能力进行多模态表示。基于融合方法和融合水平(特征、决策和混合),对多模态融合研究的现有文献进行了分类。从基本概念、优点、缺点及其在各种分析任务中的应用等方面对融合方法进行了描述。此外,还强调了影响多模态融合过程的几个独特问题,如相关性和独立性的使用、置信水平、上下文信息、不同模态之间的同步及最佳模态选择等。

7.1.4　小结

从未来发展来看,多模态学习分析无论是广度还是深度方面都体现出快速的成长态势,作为教育研究领域,其实践必然遵循一定的伦理规范。确定其潜在和实际的伦理影响极其困难,数据之间的统计学关联可能隐藏着人类的过失、偏见和歧视,这些情况构成了"责任鸿沟"。在未来应将模型的可解释、可干预、可信任作为多模态学习分析的首要任务,将育人价值作为模型价值判断的金标准。从系统设计的角度,需要通过嵌入设计,将伦理价值和准则整合到分析框架设计中,将教育领域的公正、多元、包容等标准,还原为标记歧视、隐私保护、可追溯架构等技术要求,以诠释技术"向善"。

7.1.5　思考与练习

（1）多模态学习分析的概念是什么？

（2）多模态学习分析是从哪里起源的？

（3）多模态学习分析有哪些主要任务？

7.2　教育领域的多模态学习分析

　　近年来，人工智能领域在各方面都有了飞速且优异的发展，其中计算机视觉与视频监控系统的完美结合在追踪、监测、情绪识别、行为分析、专注度检测等领域中展现出了卓越的优势，提供了强大的离线和实时两种分析场景，以及主动且精确的分析能力。在教育领域中，提升课堂的教学质量是新时代课程改革的重要策略，那么多模态学习分析则是提升教学质量的不可或缺的工具。多模态学习分析可以检测课堂的教学质量，洞悉课堂的教学气氛，评估教学内容的认可度和接受度，有利于教师及时调整课程进度和授课方式，突出以学生为主导的核心，进而提升教学质量和效率。

7.2.1　多模态学习分析的数据介绍

　　多模态学习分析是由多模态信息交互、大数据、机器学习、学习分析等多个领域知识交融形成的一个新研究方向，它利用丰富的多模态数据来对错综复杂环境下的学习行为进行分析,以此来优化教师的教学方法和提升学生的学习体验。在传统的课堂教学中,教师和学生的交流和互动形式是非常局限的,教师通常只能通过设置讨论环节和提问环节,然后依据学生小组讨论的情况和回答问题的反馈,来判断学生们对于当前教学方法和课堂内容的认可度和接受度,或通过主观观察来判定学生的学习情况和专注情况,然而,这些交流和互动形式在整个获取反馈信息的过程中,均存在一定程度上的片面性、局限性和滞后性。

结合最近的技术发展,如物联网、可穿戴传感器、云数据存储及处理和分析大数据集的计算能力的提高,多模态学习分析最近变得更加可行。至今为止,传感器可以用来收集一些微观行为事件的细节和高频测量,例如运动、语言、肢体语言或生理反应。物联网方法,即把传感器连接到物理世界对象或人体,允许计算机测量世界和生理现象,并将它们编码成机器可解释的数据。传感器和可穿戴跟踪器可用于学习环境,从面对面的物理学习者交互中收集属性,如语音、身体运动和手势。这些身体上的微小动作可以与用桌面记录并存储在日志文件中的数字互相结合。在学习分析与知识中也存在类似的需求,以实现更完整的学习过程。这种需求源于这样一个事实,即传统的数据源,如日志、单击流和发生在学习管理系统中的内容交互,只代表了学习活动的一小部分,而不是整个学习过程。

此外,多模态学习分析更符合人类交流的本质,在人类交流中使用多种模式是完整和互补的。这也反映了当人类与计算机交互时,人类使用多种方式表达他们的意图和表情,如面部表情、声音语调或身体运动。当分析不完整的数据集时,特别是那些有缺失的数据集(例如,由于硬件故障)时,跨多个模态的信息重叠是有利的,因为它允许保留它们的完整含义。我们可以利用多模态数据来对学生进行学习分析,让老师更好地调整和改进自己的教学方式,不断提升教学质量。

对于多模态数据,可以有许多不同的分类方式。下文将逐步地介绍多模态数据。

1. 人工智能环境下多模态数据的层次

Paulo Blikstein 等在 2016 年的研究成果里面,把多模态学习分析这个研究方向划分为 9 个子类别,分别是:①文本分析;②话语分析;③笔迹分析;④草图分析;⑤动作和手势分析;⑥情感状态分析;⑦神经生理标记分析;⑧眼睛凝视分析;⑨多模态整合和多模态界面分析。其中文本分析这个类别指的是在传统学习过程中的笔记记录、作业练习等文字形式的内容。话语分析这个类别指的是在学习过程中学习者产生的语音内容,包括合作学习过程中学习者之间的交流及与老师、智能设备的对话。笔迹分析和草图分析这两个指的是学习者认字识字、画图和数学计算等情形。动作和手势分析通常表现为学习者在学习过程中头部、腿部、手部、躯干的行为轨迹。情感状态分析目前主要侧重在学习者的面部状态和表情。神经生理标记是指学习者的心跳速率、呼吸率、脉搏等数据。眼睛凝视是指学习者在整个学习过程中眼神关注的焦点。最后多模态整合主要结合以上 8 个方面所得的一个统合分析数据,旨在更加全面、客观地分析和了解学习情况。

更进一步来看,上面描述的 9 个类别的数据可以做进阶的分类:第①②③④这 4 个类别的数据能够非常直接、清晰和明确反映出学习者的学习状况的外显数据；第⑤⑥⑧这 3 个类别的数据体现了学习者的学习感受、学习体验、学习情绪，属于心理数据；第⑦类别反映了学习过程中学习者是否积极接受的生理数据。与此同时，上述数据目前并没有包括学习者的年龄、性别，以及学习动机、学习心态、学习目标、学习情况、家庭背景等基本描述信息，因此，多模态学习分析的数据源，可以归纳总结如表 7-1 所示的 4 个数据层次。

表 7-1　多模态学习分析的数据层次

数据层次	数据类型	数 据 表 征
第一层	外显	直接反映学习情况，如做题正确率、课程网页停留时间等
第二层	心理	反映对学习内容的感兴趣程度、学习积极性，如面部表情，眼睛持续关注概念图中的某个概念
第三层	生理	反映学习者的学习积极性，或者学习内容对于学习者的难度
第四层	基础	表征学习者的学习风格和学习基础

在多模态学习分析中，需要综合应用表 7-1 所示的这 4 个层次的数据才能更客观、全面地保障学习者的所有数据。类似地，在之前的研究中也有学者提出了整合性数据分析方法，其目的是让多模态学习分析能够真正全面、真实、精确地刻画学习者在学习过程中的学习情形，但这些大量的基础数据的积淀，并非短时间内就能完成，而是需要应用统计分析、机器学习、区块链等技术，把整个学习过程的数据做综合梳理和规范化分类，以便分层存储，其中区块链技术将在第 8 章为大家详细介绍。

从这个角度来讲，基于人工智能大环境下的多模态学习分析，在很大范围内和程度上都拓展了之前的学习分析的研究视角，不再限制在从各种网络学习平台上采集、统计、分析各种文字类型的数据，而是试图通过各种新设备来采集声频、视频数据，这些数据的形式和内容都更加丰富，并且很好地辅助了数据采集以达成对学习者相关数据的全面采集。有了这些丰富多样的数据，就可以利用机器学习、计算机视觉、自然语言理解、社交网络、数据挖掘等人工智能技术，来做一些错题分析、表情识别、眼神追踪、专注度分析、手势识别、行为识别等实验，完成对学习者学习情况的全面精确分析。

2. 复杂环境下的多模态数据分类

在科学技术迅速发展的情况下，多模态数据已经逐渐成为分析数据的主要来源。我们了解的每种知觉或者一些中间媒介，都可以叫作一种模态。例如：人有听觉、触觉、味觉、视觉；从中间媒介体现看，包括文字、声音、视频、手势、姿势、眼动、表情、生理信号等。多模态融合了至少两种模态及以上的数据来源。在研究多模态学习的方法时，旨在达到更高水平的师生互动，以便把教学学习过程列为重要目标，着力探索和挖掘人工智能技术在课堂教育教学中的应用，这对于赋予计算机理解更丰富多元的海量数据的能力具有巨大的潜在价值。在数字信息化时代，学习分析以教育领域中丰富多样的数据作为主要研究对象，通过研究和探索其深层隐含的关联关系，实时与离线共同预测并反馈课堂教育教学的情况和质量，以满足新时代新课堂教学日益增长的应用需求，实现对教育现状的改进与提升。

从学习分析角度来看，学习分析目前已由最初仅仅只关注学习者的言语、动作、活动、合作互动等外部表现，逐渐开始向学习者的情绪、认知、心理、生理、自我调整等更复杂问题转变来解决学生的学习问题。从数据采集的来源来看,目前已由最初的基于不同线上平台和视频录制采集的单一模态数据,转变为基于可穿戴设备采集的心跳、脑电波、移动轨迹等更加丰富和真实客观的多模态数据。多模态交互研究主要探讨不同的模态之间如何相互作用及如何通过互补来传递和强化内容与意义。类似地,基于多模态学习分析的空间结构对数据源进行了分类,包括人机交互数据、学习资源数据、学习行为数据与学习体征数据 4 种,如图 7-1 所示。

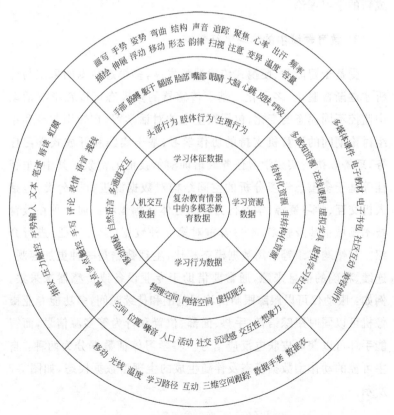

图 7-1　复杂教育情景中的多模态数据

学习分析研究最初主要是为了分析学生使用数字化学习工具所触发和生成的一系列行为数据,但是仅依赖于计算机环境来理解和优化学习过程存在一定的单一性和局限性。真实现实环境中还存在许多其他学习环境,例如学校课堂学习、校园校风学习、家庭学习教育等,结合现有的先进设备与技术,可以通过物联工具和设备在这些环境中追踪学习者的学习轨迹,以便用于多模态分析。大力开展更加全面、系统、复杂的学习过程分析,有助于进一步生成新的学习理论。

3. 教育领域中的学习体征数据

受益于智能化、便携式传感器的发展,多模态数据的采集与分析才逐渐普遍化、多元化。基于传感器的多模态可以在学习活动中监控不同模态的变化,包括教室中的对话学习,在知识共享和小组讨论期间的计算机支持的协作学习,基于实践和开放式学习任务,理解和执行实践学习任务或培训演示技能的情景。其中,牟智佳等基于多模态学习分析的空间结构对数据源进行了分类,包括人机交互、学习资源、学习行为与学习体征等 4 种。前 3 种在教育技术领域中涉及较多,本书着重对第 4 种数据(学习体征)进行介绍。与错题记录等常用数据模态相比,生理数据是一种更加客观、连续、精确的信息来源,通常要借助于专业设备或传感器来采集。例如:眼动仪可以跟踪眼睛的注视范围和持续时间,多功能专业摄像机可以同时跟踪语音、手势、面部、位置和行为等多源信号,而智能手环可以获取皮肤电反应信号。将学习体征数据分为两种:自主可控的动作型数据模态及伴随生成的生理型数据模态,如图 7-2 所示。

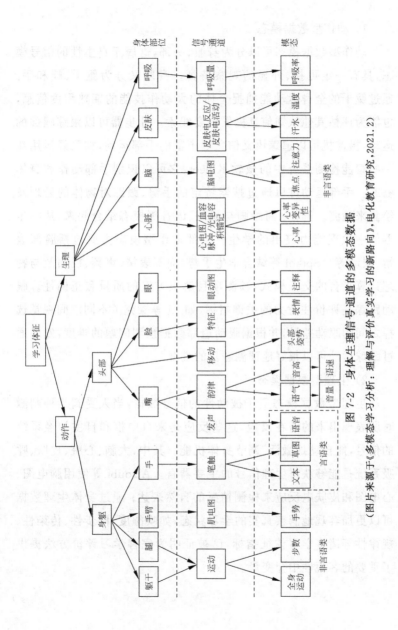

图 7-2 身体生理信号通道的多模态数据

（图片来源于《多模态学习分析：理解与评价真实学习的新路向》，电化教育研究，2021.2）

1) 动作型数据模态

动作型数据模态可以分为身躯、头部，这属于自主性的信号模态，具有一定可控、外显的观察特征。身躯又分为躯干、腿和手。通过躯干的全身运动能捕捉个体的大动作技能的娴熟程度信息，也能为评估其他认知信息提供重要线索。计步器可以跟踪腿部的运动，摄像机可以追踪语义信息更丰富的手部运动，如已经运用在一些智能检测系统中的微软 Kinect，它可以识别手部动作和身体姿态。手部运动可以通过搜索特定的手势、跟踪对物体的处理及绘画来检测。例如：将绘画与视频、语音等模态结合起来，从学生群体中发现能力突出的学生。头部动作型模态主要包括脸部表情、眼动等。Spikol 等结合学生手势、面部表情、声频、视频及与物理计算平台的交互模式，预测项目解决方案的质量和正确性。眼动跟踪是评价注意力的关键指标，如 Li 等探究了不同空间视觉选择之间的眼动差异，并根据眼动追踪数据预测问题的难度，发现通过眼球运动可以很好地预测题目的难度。

2) 生理型数据模态

生理型数据模态属于被动性的信号数据，当人受到某种刺激时所表现出来的潜在反应，这些反应是来自中枢和自主神经系统的信号，能自动地激活、调节身体机能。其中，大脑、心脏、皮肤、呼吸系统是能够获得生理信号的主要器官。Alzoubi 等使用脑电图、心电图和皮肤电反应来检测情感的自然表达；通过身体生理数据可以更加客观地洞察真实的学习状态，如唤醒度、同步性、传染性、规律性等诸多学习体征指标，已被证明为完善学习评价方法提供了重要的客观性中介变量。

7.2.2　多模态学习分析的技术支撑与流程

多模态学习分析的本质是探索和研究数据背后隐藏的信息并对其加工后进行广泛应用,数据采集、数据预处理、数据整合、数据分析与展示等都是该研究不可或缺的技术支持。

1. 多模态学习数据分析的关键技术和方法

随着大数据的发展和价值的逐渐显现,许多专业的分析工具也慢慢出现,与此同时,多模态学习分析中的数据分析技术也有了巨大的拓展。根据分析对象、类型和目的的不同,数据分析工具可以分为学习网络分析工具、学习内容分析工具、学习能力分析工具、学习行为分析工具和其他综合分析工具。其中,应用较广泛的分析技术如表 7-2 所示,与此同时,随着人工智能时代的到来,机器学习和深度学习等方法也逐步应用于教育领域。

表 7-2　多模态数据分析技术列表

分析技术	相 关 描 述
分类与聚类	分类是在预先确定类别的基础上判断一个对象属于哪一类,从而实现对多个对象的分类;聚类是通过对象间的相似性自然组合,将完整的数据集分成多个类别或集群,事先并不确定分类的特征及所分类别数,完全由对象信息的相似程度来决定
文本挖掘	用于发现文本中隐藏的信息,以实现对学习者的学习状况、情感等的了解 也包括关联规则挖掘、相关性挖掘、序列模式挖掘和因果性挖掘
社会网络分析	发现学习者相互之间的交互关系及交互模式
可视化技术	将与学习相关的海量数据以图表形式向利益相关者呈现的一类技术

分析技术	相 关 描 述
统计分析	对个体或群体关于某一特征信息的总数、量小值、最大值、平均值、标准差等指标的分析
深度学习	指用数据或以往经验自动优化具体算法的性能，是人工智能的核心科学

对采集的多模态数据进行数据预处理后，应用上面所述的数据分析技术，结合学习者的基础数据信息对其各个方面数据进行分析，准确地从多个层面获取学习者的情况，并挖掘其中存在的关联性，以便进一步精确洞察和观测学习过程。

2. 多模态学习数据分析流程

基于上面对多模态学习分析完整流程的技术分析，产生了如图 7-3 所示的多模态学习数据分析的流程，旨在更进一步实现对学习者的学习情况进行客观、真实、全面和精确的了解。

① 从许多线上教育平台与线下教学环境中采集和整合学习者、教师、学习资源、学习环境、设备等的基础数据，以及学习者在整个学习过程中产生的外部显性动作数据、内部隐性心理数据和常见生理数据。

② 通过先进技术对从各种不同的课堂教学环境中采集到的丰富数据进行清洗过滤、处理提取，整理统合成多模态学习数据格式并分类存储，其中学习者、教师、学习资源、学习环境、设备等基础数据作为背景数据而存在。

③ 基于已有的相关教学理论和教学研究，充分应用统计学、数据挖掘、数据分析、可视化等技术对多模态学习数据进行统计、分析和展示。

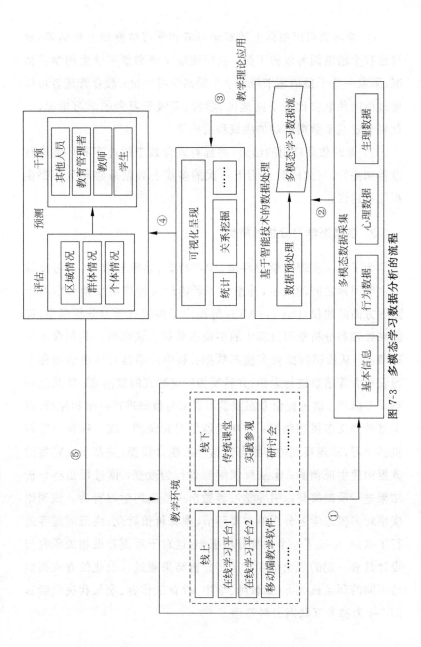

图 7-3　多模态学习数据分析的流程

④ 学习者可以根据上述对学习者和学习数据的分析结果,对自己有个清晰而客观的了解;教师能够了解和预判学生的学习情况,采取一些干预措施来帮助学生提高学习质量;教育管理者可以通过横向和纵向比较不同地区、学校、年级学习者的学习情况,以此来制定基于数据驱动的决策和措施等。

⑤ 返回数据应用的结果,并且对教育教学的过程和环境进行改善和提升,与此同时也为下一次的多模态数据采集和分析提供积淀和建议。

3. 多模态学习分析的模型

为了进一步理清学习环境、学习行为、多模态数据、学习反馈等主要因素之间的关系,并给学习者提供可操作的反馈和学习干预等方面的建议,Daniele Mitri 等提出了多模态学习分析模型,以此来处理和分析学习过程中的多模态数据。该模型一共包含 4 个环节:①从传感器捕获多模态数据:利用传感器对环境数据和学习者行为等信息进行采集,并转换为对应形式的数据流;②从注释到学习标签:该过程由专家或学习者来对数据进行判断和注释,以丰富低语义多模态数据;③从机器学习到预测:该过程利用监视机器学习,从观察到的多模态数据学习统计模型,并基于未观察的数据构建生成预测;④从反馈解释到行为改变:该过程是将分析结果进行反馈解释以引导学习者做出一些新的学习行为。该理论模型对多模态学习分析的主要环节、教育价值转化、注意问题等进行了描绘,形成了一个系统分析框架,这对于后面开展相关研究与设计具有一定的理论指导意义。分析结果通过可视化的方式提供给不同的利益攸关方(如教师、学生、教育工作者、家长和决策者),图 7-4 为参考互联网资料整理。

	数据发现			数据融合		数据利用	
	数据收集与注释	数据准备	数据组织	数据整合	数据分析	可视化	决策
输入	采集来自多个模态数据流的设备和平台	被注释的数据集	经过清理与同步的数据集	结构化组织的数据集	经过融合的数据集	分析结果数据集	分析报告
处理	存储来自多个模态的数据流	根据参考时间戳同步所有数据集；清理数据集；删除不需要的属性	结构化组织数据集；聚合和转换以统一数据集	基于特征数的融合	执行从探索性分析到机器学习算法等不同分析算法	采用不同的可视化算法表征不同结果	从报告中识别相关键信息
输出	被注释的数据集	所需属性的预备数据集	结构化组织的数据集	经过融合的数据集	分析结果数据集	包含图表的分析报告	突出关键性信息、意见等
所需支持	每个数据源的属性值列表	数据采集平台、参考时间戳	属性值列表、聚合和转换函数	数据融合算法	分析算法	报告生成算法	识别关键阈值、解释中的阈值
相关者	技术员、研究者			教师、研究者			

图 7-4　多模态学习分析的过程模型

多模态数据的好处是丰富了学习者的数字表征及学习环境、环境或任务的数字表征。丰富的表征可以揭示更多影响学习的认知状态或元认知因素。迪米特里等提供了一个模型,即多模态学习分析模型,该模型构建了多模态学习分析(Multimodal Learning Analytics,MMLA)的不同阶段,并描述了如何将 MMLA 成果用于学习者的个性化反馈和思考。使用在学习任务期间收集的多模态数据,可以训练机器学习算法来分类、聚类或预测传感器"不可见"的学习维度,例如学习者的情绪、学习者的认知或结果。这些预测可以用来定制不同类型的反馈,这些反馈可以用来引导学习者朝着预定的学习目标前进,无论是改进特定的任务还是激发自我反思。多模态数据可用于增强物理学习活动中使用的智能教学系统,以便提供更准确的学生模型表示。

7.2.3　基于教育大数据的多模态学习分析挑战与发展

近年来,多模态学习分析研究聚焦建构性教学法而产生了一些独特的基础性结论。例如:非言语互动特征可以有效地解释协作问题解决的复杂学习过程;基于口头表达质量数据语料库,Chen 等验证了使用多模态评估公共演讲技能的可行性;从程序员的身体动作和手势可以评估协作编程的质量。另一方面,多模态学习分析通常还能以师生可观察、可操作的具体特征(如姿势、手势、音量、表情等)来建模、预测非可观察性的潜在表现(如动机、情绪等),有利于克服学习分析普遍存在的理解黑箱问题,以便及时开展形成性评估,改进课堂教学、提供学习支持。现有探索性研究证明了多模态学习分析具有与主流学习分析的区别,但还需要推进以下几方面的研究。

1．推动多模态数据处理水平

多模态数据的复杂性和多样性是一项重要挑战。当数据属性大量增加时,研究人员就很难对数据进行系统可视化和充分性解释。相比之下,人工智能能够更有效地处理多模态数据,如智能语音识别、表情识别等,可以用于规模化处理大量数据,因此,基于人工智能的多模态数据处理是一个有巨大潜力和实际应用价值的研究方向,主要内容包括：①表征数据,学习如何利用多模态的互补性和冗余性来表征和汇集数据。②转换数据,由于多模态之间的关系复杂性需要将数据从一种模态转换到另一种模态来分析。③对齐数据,确定两种或两种以上不同模态属性之间的直接对应关系,找出不同模态之间的关联性。④融合数据,结合两个或更多模态的信息来执行预测。⑤迁移学习,在不同模态、数据表征及其分析模型之间实现泛在迁移。

2．认知理论促进多模态数据的融合

从不同模态中提取的学习痕迹具有不同的特征,在时间粒度、确定程度上都可能有很大的差异,数据融合及融合后数据的意义成为多模态学习分析中的核心问题,而认知理论具有很好的指导价值。Anderson 讨论了构建跨越认知带的融合策略,并提出了 3个重要论点：分解论(Decomposition Thesis),发生在较长时间尺度上的行为可以分解为发生在较短时间尺度上的行为集合;关联论 (Relevance Thesis),通过改进较短时间尺度的行为可以提高较长时间尺度上的教学效果,这意味着短时间尺度行为对于诊断更长时间尺度的认知发展具有重要意义；建模论(Modeling Thesis)，通过对短时间尺度行为的细粒数据进行建模可以直接影响教学反馈，如使用生物带上的微秒级信号可以获得更高层次的结果，建模论为短时间尺度行为和长时间尺度预期结果之间的衔接提供了基础。当今，人们几乎能获得所有认知上的生理数据、认知数据、理性数据与社会数据等模态与模态之间存在着一定的关联性，可以相互补充。有效地融合这些来自不同时间尺度的多模态数据，探索不同模态之间的关系，对于多模态学习分析研究具有重要的基础性意义。

3. 学习理论的指导下的多模态学习分析

当前能获取的大数据达到前所未有的规模，但是数据量如此之大，数据模态如此多样，以至于很多无关或影响很小的特征或变量汇集起来可能会产生较大的影响，无法形成有意义的教育发现呢？此时理论就扮演着十分重要的角色，譬如公认的心理构念，可以指引研究者思考关于模型中应包含哪些有意义的变量，有哪些噪声、亚组或协变量，解释结果时使用什么框架，如何使结果具有泛化性和迁移性。此外，如何让多模态学习分析结论具有干预可行性也很重要。例如：性别、年龄等属性经常被用于建模预测，但问题是它们在多数时候难以解释相关结果发生的机制，或者很难指导设计相关干预措施。为了确保特征变量与分析结论具有教育性意义与操作化价值，已有理论是一个关键桥梁，可以指导研究者应该关注哪些学习变量并为解释结果提供框架。

多模态学习分析侧重以人机协同的方式来研究学习，完善了学习科学研究范式，为评估建构性的高阶学习提供了更全面、精准、客观的方法,然而,目前自动收集处理不同模态数据的方法仍不成熟,可用于表征学习的显著性特征还没有形成体系。不过,在新一轮教育评价改革的推动下,新一代信息技术支持下的多模态学习分析势必会成为驱动学习科学发展的重要力量。

7.2.4　小结

本节介绍了多模态学习分析在教育领域中的数据、技术支撑与流程,以及基于大数据的多模态学习分析的发展与挑战。多模态学习分析是由多模态信息交互、大数据、机器学习、学习分析等多个领域知识交融形成的一个新的研究方向,它利用丰富的多模态数据来对错综复杂环境下的学习行为进行分析,以此来优化教师的教学方法和提升学生的学习体验。从空间结构的角度来看,多模态学习分析以多模态感知、多模态数据交互、多模态语义理解为关键技术,形成跨空间、跨数据、跨模态、跨分析的独特体系。从数据分类的角度来看,多模态学习分析包含了学习体征数据、人机交互数据、学习资源数据和学习行为数据,形成以学习者为中心的表里数据链相融合的数据生态。在分析模型上,以传感器捕获、语义解析、机器学习、反馈解释为分析过程,以模式识别、学习分类、预测、行为变化为分析结果。未来多模态学习分析在自动化数据采集、跨空间分析建模、可扩展分析工具、学习计算、数据隐私保护等方面还有进一步研究的空间。

7.2.5　思考与练习

(1) 多模态学习分析的数据有几个层次? 分别是什么?

(2) 多模态学习分析过程模型包含了哪几个环节? 每个环节

分别做了什么？

（3）多模态学习分析中有哪些数据分析的方法？并简单说明这些方法的作用。

（4）多模态学习分析面对未来的发展还有哪些挑战？

7.3 多模态教育应用场景

跨媒体智能是多模态学习分析的必要条件。图形图像识别、语音识别、手势和面部表情识别等技术都是这类智能的功能，它不仅可以充分捕捉或感知各种信息，甚至通过脑机接口感知可以实现处理大脑意识信息。在教育领域，这些信息通过多模态统一的数据表示，在判断学习情况上更加准确，从而获得对学习过程数据进行多方位收集、分析和应用的多模态学习分析。一方面，数字化学习的兴起，学习者行为分析是学习分析研究的热点，特别是在大规模网络开放课程中。由于信息教育服务平台、网络学习平台、学习管理系统的普及，学习分析有了丰富的数据。另一方面，在技术高速发展的时代，多模态研究离不开技术的支持，学习分析领域也取得了新的发展，智能记录和眼睛跟踪、可穿戴设备、广播系统和EEG的应用得到了扩展。这些技术可以在传统的面对面教学中收集和处理教育大数据。这些记录学习者身体活动和生理反应的数据源构成了一个多模态的数据环境。

7.3.1　大数据中的多模态学习分析

1. 教育大数据

在过去的几年中,有关教学活动和教师、学生、家长或参与教学的相关人员的日常生活的数据有了极大的增长。这些教育大数据将在教师教与学生学的模式上引入大量的创新,在教育的各个参与者之间带来新的互动方式。大数据已经见证了美国高等教育、韩国大学教育系统及全球公共教育的一些演变。数据管理和可视化分析在将数据转化为有价值的可决策信息和进行学习指导中起着重要作用。

教育大数据(Big Data in Education,BDE)是指在整个教育活动过程中所产生的及根据教育分析需要所采集到的一切用于教育并可创造潜在价值的数据集合。每个教育相关者既是教育数据的生产者也是教育数据的消费者。教育大数据的主要来源包括学习管理系统(Learning Management System,LMS)、大型在线开放课程、开放教育资源(Open Educational Resources,OER)和智慧课堂教学环境等。如在线学习活动中,学生的学习进度、社交共享、论坛消息、教学干预、用户与系统的互动等数据信息都是教育大数据。

大规模在线开放课程的快速发展导致了教育领域数据的指数级增长。它们所具有的量大、多样性、丰富、速度快的特点给有效管理带来了困难。教育大数据作为一个新兴的发展领域,明确教育大数据的定义至关重要。教育大数据的分类是根据其获取来源来分类。本节列举了参与者在活动中产生的数据和学习资源数据构成的大数据。数据分为两种类型，第一种数据记录了学习过程中的所有活动。这些数据隐式地保存着参与者之间的关系及参与者与学习资源之间的关系。第二种是学习资源，包括学习资料和所有数字记录。在研究活动中，可穿戴传感器、非接触式电子标签获得的数据是多种多样的。它反映了学习参与者在学习过程中的生理状态，以及他们的学习时间、地理位置和周围环境。作为校园上运行的示例应用程序之一，关于学习活动的记录数据可以与日常生活事件（如购物、用餐和通勤）相关。随着传感器的快速发展，其采集的数据具有更高的精度和更大的尺寸。传感器数据的管理也面临着高效存储和应用的巨大挑战。

教育大数据与传统教育数据具有显著的特征差异。美国教育部发布的《通过教育数据挖掘和学习分析促进教与学》报告中则提出教育大数据具有层级性、时序性和情境性的特征。我们综合前人的研究成果，并针对智慧学习环境下学习活动发生的特点，归纳提出教育大数据除具有大数据典型的4V特征外（规模大、价值大、数据流转速度快及数据类型多），还具有多维性、时序性、异极性共3种显著特征。多维性特征是指由于教育对象及教育活动的复杂性，与其相关的教育过程性数据具有典型的高维特征。如一个用于预测学生辍学的学生线上学习行为可以达到200多种。这些高维数据增加了数据分析的复杂度，同时也对可视化呈现带来比较大的挑战。教育大数据还具有时序性的特征。学习活动的发生具有时间上的连贯性，因而教育数据具有典型的时空属性。如学生伴随时间的知识进展、学生在线上学习中发生的学习行为序列等。

这些基于时间序列的数据中常常蕴含着重要的教育规律。因而,时序数据的分析是教育大数据挖掘的重要方面。教育大数据还具有典型的异构性特征。传统教育数据多为简单统计型数据信息,而在智能时代,移动通信、VR、智能传感设备的普及使用,使图像、语音、文本、生物电信号等多模态数据的采集变得越来越容易,这些数据不仅呈现了结构化、半结构化和非结构化等不同的结构特征,而且数据表征的粒度、维度、形式各不相同,具有显著的异构特征。

教育大数据具有巨大的教育价值与潜力,由于教育大数据时代的到来,教育数据可视化和应用正在兴起,成为教育数据分析的重要利器,对理解和挖掘复杂教育规律问题起到了极大的作用,是教育价值呈现的最直接体现。

2. 教育大数据可视化

数据时代,数据格式的变化、标准的不统一、SQL 结构和非 SQL 结构、版本的时间序列等数据管理面临着巨大的挑战。获取、管理、存储和查询海量数据以支持学习活动的可访问性、效率和可扩展性成为主要的考虑因素,而在另一方面,对所有学习活动和资源进行统计的教育参与者的数字记录,缺乏直观的分析方法进行直观展示。视觉分析方法,即大数据可视化方法,可以将教育的特征转化为一种可视的表现形式,通过各种图形、图表、表格、信息图等视觉因素的形式,使数据具有被看到和解释的能力。教育大数据的可视化流程实现了从数据空间到图形空间的映射。根据 Haber 和 McNabb 提出的可视化流水线中所描述的从数据空间到可视空间的几个阶段，可将教育大数据可视化的基本流程归纳为教育大数据采集、数据清洗与预处理、数据存储、数据可视化这4个基本步骤。利用各种设备从教育场景中采集数据后，进行数据清洗与预处理，以文件的形式（CSV、XML、JSON等）存储或存储在数据库中。其中，采用数据存储多采用JSON数据形式。JSON数据形式是一种无序合集，合集中的所有元素都成对出现，这种数据形式对于教育数据可视化具有非常重要的意义，能够准确地实现数据的挖掘、筛选和调用，极大提升了数据挖掘的效果，对于教育数据可视化具有重要影响。

数据可视化则是在传统数据采集、清洗、预处理、存储流程后进行的最后一个环节。其主要过程包括数据转换、可视化映射和视图变换这3个核心的交互过程。数据转换是指从原始数据到可计量数据表的转换，使原始数据具备可视化映射的基础。可视化映射是将数据表数据转换为坐标、比例等图形化属性的过程，该过程是可视化表征的关键。通过可视化映射数据，将基于数学关系的数据表映射为能够被人的视觉感知的图形属性。视图变换是指将可视结果根据设备属性转换为可视化的视图这一映射过程。根据设备属性的不同，可视化图形在大小、分辨率、位置和颜色等方面进行适应性调整，使数据可以跨终端呈现和展示。针对不同的数据类型和目的，数据可视化已经形成了从简单的Excel电子表、Google文档等交互式可视化生成方式，到D3.js、Ggplot2等编程式生成等多种生成方式，表7-3给出了教育领域常用的数据可视化生成方式。

表 7-3　数据可视化工具

类别	工具	简　　介	类别	工具	简　　介
交互式	Excel	入门级数据可视化工具,功能完善,可满足日常可视化需求	编程式	Processing	基于 Java 语言的可以创建数据可视化项目的语言和环境
	Polaris	多维关系数据库分析、可视化系统		D3.js	数据驱动的 JavaScript 库
	Tableau	基于表代数框架的数据可视化软件		ECharts	利用 JavaScript 实现的开源可视化库
	DataVis	自助式数据可视化工具		HighCharts	利用 JavaScript 编写的可视化图表库
	VisFlow	针对子集数据流模型 Web 可视化框架		Vega	用于创建、保存和共享交互式可视化设计的声明式语言
	Gephi	主要用于网络分析和可视化的软件包		Matplotlib	Python 的数据可视化包
				Vue	渐进式 JavaScript 框架

3. 多模态学习分析案例

1) 跟踪学习者身体移动轨迹以评估学习者的合作学习能力

协作学习过程中的数据由于人工智能技术的发展,获取更加快速和容易。国外学者 Dich 通过多模态传感器(皮肤电反应腕带数据捕捉器、眼睛跟踪仪、运动传感器)采集到的数据进行分析,以便识别和评价学生的合作能力。生理同步性指标数据与社会交往、学习、任务表现等许多教育活动密切相关。在该实验中,每个人有 30 分钟的时间学习机器人编程,最终目的是让机器人能够独立解决一连串越来越难的迷宫问题,所有的参与者都未曾学习过该课程。在实验过程中,通过一个运动传感器、两个移动眼睛跟踪仪及两个腕带数据捕获设备分别收集学习者的肌肉运动和位置变化、参与者的视线及皮肤电活动(EDA)。研究人员要求参与者在活动结束时评估自己的协作能力。最后,研究人员成功地确定了任务绩效、协作质量和学习效益的预测因子。

2) 收集学习者的多模态行为并进行分析以评估其好奇心

好奇心是学习者学习的内在动力,但由于环境的多样性,好奇心是高度动态的。借助视频分析的方法,国外学者 Paran 对 11 种与好奇心有关的语言行为(不确定性、争论、防卫、暗示、生成假设、一致性、工作情绪、对他人的评价、提问、表达、分享研究成果)进行了注解,通过 OpenFace 和一个基于规则的分类器检测面部特征,提出了一个预测模型来预测"社会脚手架"分别在个人和群体层面对于好奇心的影响。个体好奇心的瞬间变化和群体成员的好奇心状态可以被提取。同时,利用时序关联规则可以对这些动态多模态行为序列进行识别和预测。研究结果表明,由提取的行为序列,我们可以得到不同的社会互动模式,从而预测个体好奇心的变化及群体好奇心的趋同。

该模型揭示了不同的行为序列模式,预测了个体好奇心的增加和减少,预测了群体成员好奇心水平的趋同,并且这项研究还表明,整个学习群体对高度好奇心状态的收敛性与涉及群体行为中最社会化的一系列行为(如问答、争论和分享发现),以及科学推理行为(如假设生成和论证)高度相关。

3) 基于地图教育数据的可视化分析模型

教育领域的大数据与教师、学生和家长的丰富活动密切相关,也与大量可以以层级结构表示的知识资源密切相关。这些活动具有地理定位的特点,可以投影到地图上,而知识资源也可以转化为地图。基于地图的管理和可视化分析方法将极大地有利于用户和研究人员利用教育大数据的优势。本书提出了一种基于地图的教育移动学习大数据管理和分析方法。通过这种方法,分散在空间中的用户活动在地理地图上被重新组织,位置在时间序列上发生了变化,资源被标记为来自开发人员或采用者的信息,即使用户信息不可用,也可以根据其层次结构转换为地图样式。首先提出了利用基于地图的技术组织数据的基本框架,然后提出了一个进行可视化分析的平台。该方法适用于华中师范大学大规模在线学习系统和移动学习系统的建设,服务于全国范围内的大数据云学习项目。

该教育大数据基于地图的数据处理和可视化方法包括两部分。首先,获取教育数据的位置信息或地理标记信息;其次,数据通过地图的方式可视化,以发现学习活动的模式。研究人员设置了提取地理位置信息的算法,然后生成每个数据实体的地理参考坐标。研究人员把数据分成两类。第一类可以从其属性中获取地理位置信息。这些信息可以通过纬度和经度在地球上定位。例如,关于学习者生活地点的数据表示学习者周围所有数据的地理位置信息,包括属性和活动。另一方面,地理位置可以定位到最细的颗粒或地面规模。还有一个例子是关于学习资源的,也可以从资源的开发者那里获得关于学校、老师或者其他参与者的地理位置信息。在该案例中,研究人员设置了一个移动学习环境,在这个环境中,智能手机或平板计算机等学习设备所实现的活动的位置。第二类是在任何地方都无法定位的。研究人员提出了一种基于知识结构层次信息的地图生成算法。对于基于地图的可视化,为每个可以合并和融合的因素或模式采用层样式。在地理参考系统中,以地图项的形式对个人层或组层进行数据准备。通过地理信息系统(GIS),这些层将与一个底图合并,以展示复杂的思想。每一层都由地图规则装饰,目的只有一个。层次划分应遵循以下规则学习行为的地理分布,或同一时间或同一时间序列的个人或群体学习内容。每一层的数据表示形式为矢量、点、经纬度坐标等属性。

研究人员对参与者的日常生活记录、学习活动属性和教育数据进行地理标记,将数据分类为以下三类。

(1)设备地理标记:该方式下的数据由学习设备或系统获取地理标记信息。对于在线学习系统、移动学习系统或其他系统,学习者的位置可以通过手机的 GPS 定位系统、学习者的 IP 地址或学习服务获取的其他形式的全球位置来获取。地理标记信息是一个具有地球经度和纬度的点,具有地理参考。

(2)地理标记:通过从附加数据的属性中提取地理位置来探索地理标记信息。对于学习者、教师、父母或所有其他相关的个人和组织,我们通过居住或学习地址、出生地及所有其他可以转换为 ddres 的属性来计算地理位置。通过地区信息获取信息。通过这种方式,研究人员将地理标记信息作为最佳的区域。为了避免同一位置上的点拥挤,我们将该区域的数据生成一个随机分散因子,通过分类得到新的位置。对于学习资源,如课程、视频和所有以学习和教学为目的材料,研究人员首先尝试找到相关的人或发达的组织,然后使用地理位置信息来识别资源。

(3)分层信息地理标记:研究人员设计了一种新的方法来生成地理标记信息,对于那些不需要从属性中提取或在系统中获取的信息,通过数据知识的分层信息来生成地理标记信息。采用知识映射的方法对数据进行预处理,以便生成具有地理参考坐标的地图。每个数据都可以定位到世界的地理位置。数据的大小和位置可以改变,但层次结构将保持不变。在相同的地理参考系统中,所有具有映射坐标的数据都可以与其他具有现实世界地理位置的数据集成。

7.3.2 基于多模态数据的学习预警系统

智慧学习环境下为更好地实施混合学习创造了条件。如何充分利用智慧学习环境,结合大数据和人工智能的方法对混合学习过程中,学生的学习状态(包括认知、行为、情感方面)进行测量,尽早发现问题并及时进行干预,将是提升混合学习效果的关键。本章提出的案例试图探索智慧学习环境下,通过采集多模态数据,结合人工智能技术设计学生的学习预警系统,为教育者实施"精准教学"搭建平台,是提升人才培养质量、实施教育教学改革的有效手段。

1. 学习预警系统的功能框架

智慧学习环境是数字化学习环境的高端形态,是未来课堂教学环境发展的主要趋势。智慧学习环境通过传感器等数据采集工具,能够实时获取学生的学习行为、状态和结果数据,对实现细粒度精准的学习测量提供了技术工具。有效利用技术手段可及时监控学生在学习过程中的学习状态,并采取有效措施进行干预,有助于提升学生的学习质量和学习效果,因此,有必要构建一个能够及时监测学生学习状态的预警系统。在构建学习预警系统之前,需要先理清学习预警系统构建的目的是什么,实现预警系统需要具备哪些条件,从哪些维度进行预警,如何实现智能预警,以及如何呈现预警结果。结合这 5 个问题,辽宁师范大学的学者提出的智慧学习环境下"五位一体"的学习预警系统的总体设计框架如图 7-5 所示。

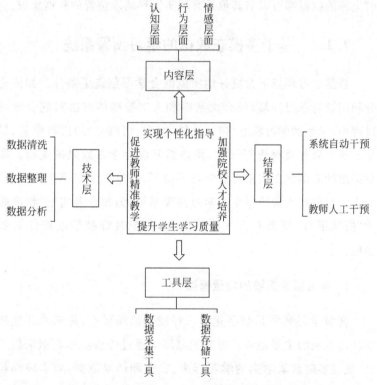

图 7-5 "五位一体"学习预警系统的总体设计框架

1）工具层

工具层是学习预警系统实施前需要考虑并准备的工具。主要包括实现学习预警系统数据采集和存储全过程所需的工具。对于数据采集工作，主要围绕不同维度进行数据采集。例如，对于日志数据的采集，在在线学习平台中单击操作数据和测试结果，一方面可以通过平台的后台管理系统获取数据，另一方面可以使用专门的网络爬虫工具获取所需数据。在课程学习过程中，可以通过智能教室录播系统、网络摄像头等技术，采集学生的学习状态、社交互动和学习成果。为了更准确地预警学生，需要实时采集大量的结构化和非结构化数据，这对数据存储技术提出了新的要求。目前，Hadoop 平台中的分布式文件存储技术（HDFS）主要用于大数据存储，它可以对文件系统中的数据提供高吞吐量的应用访问和流式访问，特别适合于大数据的操作和存储。

2）内容层

在构建学习预警系统之前，除了要考虑数据采集所需的工具外，还要考虑能够充分反映学生学习状况的数据，经过数据采集、分析和处理后，再根据学生的实际学习状况判断是否进行预警。内容层是数据采集和数据分析处理的理论基础。如果不综合考虑内容层面，系统分析的结果则可能是偏颇或片面的。内容层面根据反映学生学习状况的维度，主要关注学生的认知、行为和情感，考虑影响学生学习的因素，并从这 3 个方面，细粒度地收集相关变量。

3）技术层

技术层是学习预警系统的核心。技术层主要完成数据的清洗、筛选、分析和计算。通过对各类数据的整合和计算，形成预警模型。工具层向系统获取新数据后,通过与预警模型的比较,分析新输入的数据是否需要预警,为结果层提供判断依据。技术层主要利用数据统计、数据挖掘、学习分析和机器学习实现数据的分析、计算和处理。具体方法的选择取决于数据类型、运算速度和预警的不同需要。

4）结果层

结果层是系统的最终输出部分,经过系统内部数据的分析处理而得到的可视化效果。可以呈现每个学习者学习状态变化情况的可视化报告,和班级全体学生在内容层面各个维度的状态报告。根据学习者个体和整体的学习状态,系统通过技术层的模型计算,分析是否需要预警。如果需要预警,则系统将对学习者个人以系统自动干预与人工干预相结合的方式进行干预。对于班级全体学生的学习状态,教师可以直接进行人工干预。

2. 学习预警系统设计

传统的学习预警系统多以分析在线学习过程中学习者的学习行为数据为主,而对于传统的课堂学习来讲,由于线下学习过程中学习者的认知、行为、情感方面的数据不便采集,在分析处理方面也缺乏有效方法,当前学习预警系统忽视了传统课堂学习过程中学习者的学习行为数据。智慧学习环境的出现,以及人工智能技术在教育领域的应用,使用深度学习分析方法对多模态数据的建模提供了高效的方法,因此,构建基于多模态数据的学习预警系统模型,对在未来智慧学习环境中的学习过程监控十分重要。其系统模型如图 7-6 所示。

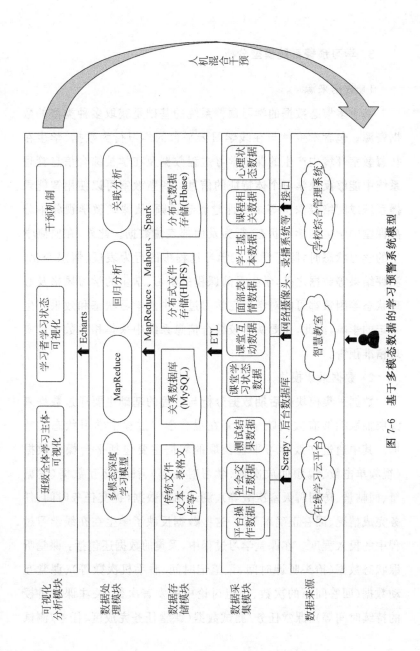

图 7-6 基于多模态数据的学习预警系统模型

3.学习预警系统模型分析

1）数据来源

基于多模态数据的学习预警系统的基础是获取多种类型的数据资源。包含学生参与在线学习云平台的学习行为数据、学生在智慧教室环境中产生的课堂学习过程数据及在学校综合信息管理系统中能够反映学习个体特征的信息。智慧教室可以使用智能录播系统或网络摄像头等录制课堂教学视频，从课堂教学视频中分离课堂中学生的学习状态、行为及面部表情数据。此外，在监测学生的学习状态时，除了学生在学习过程中的行为表现、情感变化、测评结果等数据之外，学生目前课程的学习、学生的学习风格及心理状态等因素都可能对学生在学习过程中的学习状态和效果产生一定的影响，因此，需要从学校综合信息系统中采集相关数据以实现精准预警。

2）数据采集模块

数据采集模块是后期数据分析与处理的基础主要通过数据来源层抽取能够有效反映学习者在混合学习过程中学习状态的数据。其中通过在线学习平台获取的数据主要包括平台操作数据（视频单击数、视频回放次数、学习时长等）、社会交互数据（发帖量、回帖量、访问聊天室次数等）、测试结果数据（提交任务时间、任务完成情况、回答正确率等）。这些数据反映了学生在在线学习过程中的投入程度。在课堂学习过程中，采集的数据还包括：课堂听课状态数据（抬头听课时间、记笔记时间、看手机次数等）、课堂互动数据（回答问题的次数、小组讨论中的发言次数、关注课堂讲授的持续时间等）、课堂任务/测试数据（课堂任务完成度、任务/测试完成正确率等)和面部表情数据(高兴、疑惑等)。系统还可以通过与学校综合信息管理系统对接,获取学生个人的基本数据(学生个人的基本信息、学习风格等)和课程相关信息(排名、挂科课程数)及学生的心理状态数据。

3) 数据储存模块

数据存储模块的主要工作是为系统提供数据资源存储的大数据仓库。由于数据来源的多样性,存储到数据仓库中的数据包含了传统数据库中的 TXT 或 Excel 数据、关系型数据及一些非结构化数据,这些数据需要存放到不同类型的数据库中。为了提升数据存储和处理速度,满足不同类型数据的需要。数据存储模块主要采用 Hadoop 软件中的 HDFS 和 HBase 分布式数据存储技术,以及 Neo4J 这样的图数据库,方便后期数据频繁地读写和快速地加工处理。

4) 数据处理模块

对于分布式计算的需求,主要使用 Hadoop 中 MapReduce 分布式计算框架,同时结合 Mahout 技术,实现基于多模态数据的深度学习模型的建立。为了持续不断优化模型,可采用 Spark 技术实现离线模型训练。在数据处理模块中。多模态数据的深度学习模型是实现学习预警系统的核心技术,模型算法的选择会直接影响分析结果的可信度和有效性。本研究根据学习预警的目标及数据采集的类型,主要使用卷积神经网络(CNN)和长短期记忆网络(LSTM)算法,结合混合型多模态数据融合策略,构建基于多模态数据的深度学习模型。

5) 可视化分析模块

可视化分析模块可为用户端提供可视化分析结果。该模块主要使用 Echarts 技术实现数据分析结果的可视化。呈现的内容包括学生的个人学习状态变化和学生的整体学习状态的变化。呈现的方式以图表、仪表盘和雷达图的形式为主。系统除了对学生个体和群体的学习状态进行可视化分析之外,还通过数据分析处理层对收集到的与学生学习相关的数据进行比对判断,分析学习者个体当前学习状态是否需要预警。如果需要预警,系统则可根据采集到的数据,通过归因分析引擎分析影响学生学习状态的主要原因,以发送提醒信息、推送个性化学习资源、鼓励等的方式显示在学生应用的客户端上(平板、可穿戴设备等),实现系统自动的个性化干预。若干预措施未发挥作用,则学习者仍将处于低投入的学习状态。需要发挥教师提醒或其个别指导作用,使学生尽快调整学习状态。若是班级学生的整体学习状态低于模型所设阈值,就需要教师激发学生的学习积极性,必要时需要调整教学策略和学习进度,使学生尽快投入正常课堂学习过程中。具体干预模型如图 7-7 所示。

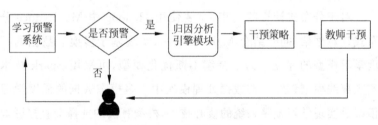

图 7-7 干预模型过程

7.3.3 小结

本节介绍了多模态学习分析在教育领域的主要应用。进入大数据时代后,教育分析手段也迈入了一个新阶段,教育大数据可视化成为教师教学监督、学生自主学习及管理者优化决策的重要方法和手段,对于新时代下提升教育教学质量起到了重要作用。

同时,大数据等新兴技术的发展为学习预警系统注入了新的活力,通过采集大数据,并对其进行挖掘和分析,能够提升学习预警的精准性。基于多模态数据的学习预警系统的构建在未来智慧学习环境中,为教学者及时了解学生个体及整体的学习状态,实施个性化指导、精准教学提供技术工具。

7.3.4　思考与练习

(1) 试述大数据在教育领域的应用。

(2) 试述教育大数据可视化的基本方法。

(3) 试述基于多模态数据的学习预警系统的基本原理。

(4) 试述多模态数据与大数据的异同。

第 8 章

区块链＋教育

本章将首先介绍区块链的基本概念,例如区块链的架构设计、共识算法、智能合约等相关技术,然后介绍区块链与教育相结合的机遇与挑战,并提出了相关的建议与解决方案。最后结合一些现有的案例,介绍区块链＋教育的一些具体应用场景。

8.1　区块链简介

时间回到 2008 年,日裔美国人 Satoshi Nakamoto 提出了 Blockchain 的概念,并发表了论文 *Bitcoin：A Peer-to-Peer Electronic Cash System*。区块链技术由此而生,从技术上看,其实就是链式数据结构,同时兼有去中心化的特点,通过默克尔树中哈希值的唯一性,实现不可篡改;通过区块的可公开查询,实现历史溯源。从比特币衍生出来的以太坊提出了智能合约的概念,给区块链赋予了更多可能性。

本章首先介绍区块链的基本概念、架构、分类,从而对区块链有一个全面的认识。接着深入浅出地介绍区块链的共识机制、智能合约与 Solidity 语言。

8.1.1 全面认识区块链

1. 认识区块链

区块链,形象地把自己的数据结构说明了,也就是把区块串联在一起,不同的区块记录着不同的数据。区块链从作用上通俗来讲就是分布式记账本,区块链中的每个节点都有一个属于自己的账本。每个账本上的信息都应该是一样的,当需要在其中进行增、删、修、改操作时,需要进行共识,确认这次操作,假设区块链中的节点为 N,则一般需要 $N/2$ 的节点确认才算一次共识,这种博弈也称为拜占庭将军问题。

区块链这种分布式账本存在的原因可以通过以下的例子来说明。假设有一个与世隔绝的村庄,没有货币等一般等价物,村民们进行交易都是写在唯一一个账本上,这时需要一个账房先生专门进行记账,他承担着这个村庄的记账工作,但这个记账先生有一次篡改账本被人发现了。这下子大家就不干了,便开始轮流记账,防止账本被一个人拿在手上,但有的人要小聪明,他把账本的一部分销毁了,这样就无从考究这个账本的准确性了。紧接着张三、李四、王五他们也"不小心"销毁了一部分账本,最后大家都不干了。在这个时候有人提出了区块链的概念:他让每个人都拥有自己的账本,大家的账本都是一样的,改动需要告诉其他账本拥有者,如果有人质疑这个改动,可以拒绝改动。后来出现了更简单的做法,每天早上通过"共识算法"选择一位村民进行记账,然后大家核对一下,没问题就复制过来,被选择的村民虽然做了额外的工作,但是会得到一个"挖矿"奖励,这就是区块链的雏形。

在实际工作中,我们通过区块链客户端进行记账,每个村民相当于独立的区块链客户端,也可以看作节点,节点通过网络路由进行互相通信,区块链技术只是一种技术手段,这个账本是一个广义的,具体需要看应用场景,它可以是不同的账务。在共识算法选出一个节点后,让它进行共识确认操作并广播给其他节点,然后广而告之。为了激励节点们参与共识,区块链中的节点可以通过竞争,最先完成共识确认便可获得一定奖励。

区块链并不通过用户名注册来标记使用者,具体上是通过密码学上的不同算法计算出一对密钥,然后取公钥的后20字节作为"地址",一个地址代表一个用户。举一个实际应用的例子,王五要给张三一张支票,假设当天记账的不是张三、李四其中的一位,王五在支票上用张三的公钥加密,再签上自己的私钥,最后只有张三的私钥解密后,这张支票才能使用。

第1个区块链的应用是比特币。可以说是比特币把区块链技术发扬光大,随着比特币的诞生,区块链技术也随之公之于众,在中本聪的比特币白皮书中有大量的区块链细节,有大量的人对其进行修改,发布新的加密货币。当前已经有众多企业接受比特币作为支付货币。作为一种去中心化的付款方式,它的优点是实现了交易的匿名化。

但是它的交易也多了一种确认的手续费,该手续费作为矿工打包的奖励。可以理解为一种另类的税。这里简单来说一下确认的过程,在交易过程中,确认交易之前会有一个 Approve 操作,矿工利用算力对交易进行共识操作,将该交易广播到所有节点。得益于它的匿名性,利用加密技术实现去中心化交易。

　　实现其匿名性的操作：在交易时，先用公钥地址发送比特币，节点对交易进行共识确认，为了具象化这个交易过程，我们举一个购买咖啡的例子。购买咖啡的转账本质上就是发送一笔数据，这个数据可以表示资金或者其他数据。

　　在图 8-1 可以看出，这个购买过程就是数据发送后，将数据打包进区块，然后广播给节点，以便共识确认，节点们确认后就会写进自己的区块中，当大部分节点都写入确认时，该交易过程结束。

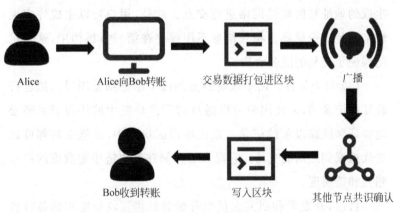

图 8-1　区块链交易流程

　　根据上述一些简单的例子，我们可以总结出区块链的几个不同的特性。

　　(1) 去中心化。以上述村庄记账本为例，区块链不需要传统交易里的第三方来记录验证交易，通过每个节点持有的账本，每个节点可以直接与其他节点进行交易而无须经过中心服务器，从而解决了单点问题，单点问题指中央服务器的性能瓶颈，成本瓶颈，以及容易被恶意用户集中攻击等所带来的相关问题。区块链的去中心化可以很好地解决这个问题。

（2）持久性与不可篡改。还是以上述村庄记账本为例，每个村民都持有一个账本，记录着村庄里所有的交易记录，所以账本很难被篡改，区块链中的每个交易都需要在分布在整个网络的块中确认和记录，因此几乎不可能被篡改。此外，每个广播块将被其他节点验证，事务也会被节点检查，因此，任何伪造行为都很容易被发现。

（3）匿名性。以上述买咖啡的例子为例，每个用户都可以通过生成的地址与区块链网络进行交互。此外，用户可以生成许多地址来避免身份暴露。私人信息不用保存在第三方机构中，这个机制保证了交易的匿名性质。

（4）可审计性。由于区块链上的每个事务都是用时间戳进行验证和记录的，因此用户可以通过访问区块链中的任何节点轻松地验证和跟踪以前的记录。在比特币区块链中，每笔交易都可以迭代追溯到之前的交易。它提高了存储在区块链中的数据的可追溯性和透明度。

目前，开发者和研究人员也开始尝试将区块链应用到各行各业中，其中目前较为成熟的有区块链＋金融、区块链＋物联网、区块链＋医疗等方向。区块链＋金融可以帮助金融行业更好地识别客户身份，追踪每一笔交易的信息，保证交易是可靠的，真实存在的，同时也能保证客户的隐私。区块链＋物联网可以让人们更好地追踪到各种 IoT 设备的信息，区块链的不可篡改和时间戳机制可以保证 IoT 设备的信息都是真实可靠的，因此可以应用到工厂、物流、汽车等物联网设备应用场景中，保证场景中收集到的信息是真实有效的。区块链＋医疗可以应用到疫苗运输、器官捐赠等方面，通过区块链追踪医疗过程中的各个环节。除此之外，人们也在探寻区块链更多的应用方向,例如区块链＋游戏、区块链＋公益、区块链＋人工智能、区块链＋教育等应用方向。

区块链有数据层、网络层和共识层,在这三层的基础上可以根据需要添加激励层、合约层和应用层。后续人们根据不同的需求与特点,发展出各种类型的区块链技术,例如以太坊、fabric、fisco bcos,这些区块链都是在上述区块链技术的基础上进行了改进和扩展。接下来按照不同的架构介绍区块链。

2. 区块链 1.0

区块链 1.0 架构其实就是以比特币为代表的数字货币,其技术核心主要包含前面讲到的数据层、网路层和共识层。

(1) 数据层可以看作数据结构层,它的数据结构是以区块连接而成的链式结构。区块由区块头和区块体组成,区块头记录着区块的元数据信息,区块体记录着打包的交易信息。

如表 8-1 所示,区块头主要由三部分信息组成,一是前一个区块的散列值又称为父区块哈希值,二是区块目标难度值、随机数、时间戳等元数据信息,三是默克尔树根,可用于总结区块中所有交易的信息,证明区块中存在某个特定的交易。以上述村民账本例子为例,区块就是账本中的每一页,区块头是它的摘要,用于概括一些基础的信息和区块体的记录交易信息,并且由事务计数器和事务组成。一个块可以包含的最大事务数取决于块的大小和每个事务的大小,以账本为例,账本的每一页能记录的事务数量是有限的,取决于页面的大小。区块链使用非对称加密机制来验证交易的身份验证。

表 8-1　区块头所包含信息

大小/字节	字　段	描　　述
4	版本	版本信息用于跟踪软件和协议的更新
32	前一个区块散列值	链上前一个区块的散列值的参考值
32	默克尔根节点	区块中产生的 Merkle Root 的散列值
4	时间戳	当前区块的大致生成时间（UNIX 时间戳）
4	目标难度值	当前区块 POW 算法的目标难度值
4	随机数	用于 POW 算法的计数器

区块的高度是指区块在区块链中的位置，以村民账本为例，区块高度就是账本的页码，通过页面高度就可以找到相应的区块，但区块高度不是唯一标识，两个或多个区块可能都在争夺区块链中相同的位置，以账本为例子，可以理解为同时有几个人分别想在账本上添加新的一页。

（2）区块链的网络层包含了区块链的组网方式、传播方式、验证方式。比特币采用 P2P 的组网方式，体现了去中心化、分布式的特点，意味着区块链具有自动组网功能，支持 TCP、UDP 等通信协议。比特币的传播方式是以广播的方式，上述购买咖啡的例子，详细地介绍了新生成的区块会以广播的方式通知其他节点，但当各个节点收到广播信息时，会通过验证机制对广播的区块或者消息进行验证，验证不正确的区块或者消息会被抛弃，验证正确的区块则会加入区块链中。

（3）区块链的共识层包含区块链的共识方式，用于决定区块的生成。当前的共识主要有工作量证明、股权证明和拜占庭容错证明。比特币使用的是工作量证明，以太坊使用工作量证明加股权证明。Fabric 等联盟链一般用拜占庭容错共识机制。工作量证明是消耗算力求解一个随机数 Nonce，第 1 个节点将会对数据进行打包,然后获得某些奖励,它的缺点是许多算力和电力会被浪费。成功解决问题的节点也称矿工,可以获得区块的记账权,可以将交易打包到区块中,并将区块广播到各个节点。同时矿工也会获得相应的奖励,以此激励各个节点贡献自己的算力。

3. 区块链2.0

区块链2.0,它是指以太坊为首的具有智能合约协议的区块链架构。得益于智能合约的存在,区块链变得可以更为智能化。智能合约存储在各个节点的区块上,当满足条件时,智能合约会被触发,另外也可以人为地去调用智能合约。智能合约是一种可以自动执行的程序,但在区块链中会有所不同。在区块链中,智能合约是一种应用于区块链上的程序或者说一种旨在以信息化方式传播、验证或执行合同的计算机协议。当满足某些条件的时候,智能合约就会被自动触发。

4. 区块链3.0

不同于只为数字货币或者去中心化金融服务的区块链2.0架构,在区块链3.0中,区块链技术是一种可以广泛应用的去中心化方案,广泛应用是指可以与不同的领域相结合,例如教育、医疗、物联网、供应链等,可以认为是面向具体项目的应用方案。其中Fabric是区块链3.0的代表框架,可以通过对框架的配置或者二次开发达到个性化的目的,从而满足不同行业的需求。除此之外,在区块链3.0中,用户可以根据自己的场景需求选择自己需要的共识机制,称为支持可插拔共识机制的区块链架构。

5. 区块链分类

按照不同的权限控制、信息公开程度及区块链的归属,区块链可以分为三类,分别为公有链、私有链和联盟链。

(1) 公有链是指在全球范围内公开透明的链,所有人都可以读取链上的数据,在链上进行交易,作为链上的节点参与区块链的共识过程。所有人都可以访问区块链上记录的公共数据,并请求相关的事务或者进行相关交易,这些操作都会被共识过程所验证并写入区块链。参与共识过程的节点,通过加密技术和不同的共识机制对要加入区块链中的数据进行验证,只有通过验证的数据才能加入区块链,这一过程保证了区块链上的数据是安全的、透明的和不可更改的。比特币是公有链,它们的节点是分散的,去中心化的,链上的数据都是开放的,因此会有大量的用户参与其中,这样有一个好处,链的推广会更加方便迅速。公有链因其公开透明的特性将会面临更多的安全问题,区块链保存的数据往往具有相应的价值,所以需要重视区块链的安全性、交易成本、存储成本及安全性带来的伸缩性问题。

(2) 私有链是一个相对于公有链的概念:只有有限范围的参与节点,如特定组织自身的用户,并且对数据的访问和使用进行严格管理。在完全私有的区块链中,写访问权只掌握在参与者手中,读访问权可以对公众开放或在任何程度上受限。相关的应用程序包括数据库管理、数据库审计,甚至企业管理,虽然在某些情况下人们希望私有区块链是可公开审计的,但在许多情况下,公共可读性是不可审计的。因为是私人用户或者私人企业说了算,因此在链上的数据可能不具备不能更改的特点。没有了不能更改的特点,第三方的利益可能会有所损失。为了解决这个问题,权限管理系统不可或缺,用户通过注册获取相应的身份认证信息,用于在私有链进行一系列操作。由于比特币和以太坊等成熟的区块链的存在,目前私有链为了减少工作,会选择依靠成熟的流行区块链而存在,例如采取快照的方法,定期将私有链快照记录到比特币等区块链中。典型的应用例子有 Eris Industries。在公有链中,生成新的区块需要通过竞争的方式来选择打包新区块的节点,不过在以太坊,私有链可以控制自己的节点数量和状态,因此可以采用更多的节能环保的方法。例如在上述共识机制的介绍中提到的 PoS (Proof of Stake)、DPoS(Delegate Proof of Stake)、PBFT(Practical Byzantine FaultTolerance)等。

(3) 联盟链又称社区区块链,参与节点需要经过联盟或者社区的许可才可以参与到链中来,节点与节点之间通常存在合作关系,例如相互合作的企业或者相互合作的部门,在这个前提下,链上的各个节点通常能保持良好的连接。共识过程由一组预先选择的节点进行,例如链由 10 个企业节点构成,可能共识过程由 7 个节点来验证和生成新的区块。不同于私有链数据只供内部使用的特点,联盟链上的数据可以选择公开也可以选择供内部使用。由于它不是完全的分布式的架构,因此可以看作"部分去中心化"的区块链架构。链上的数据,可以被每个参与的联盟成员所读取,也可以将访问范围限制在参与共识验证的节点,或者采用混合模式,外部人员通过块的根哈希和公开的应用编程接口来查询区块链数据和区块链状态信息等。典型应用包括 Hyperledger 和 FISCO。接下来列举一个具体的应用场景,在政务系统中通常需要向公众公开一些对应的政务数据,同时也需要存储一些部门内部行政的数据,这时联盟链不需要公开全部数据的特点就可以应用于这个场景。通常不同的机构或者企业会组成相应的联盟链,类似于私有链,联盟链控制节点的数量和状态,使用环保节能的共识机制。

根据上述不同类别的区块链的介绍,我们可以简单地对比一下不同类别的区块链。

共识过程,公有链中的所有节点都可以参与到区块链的共识过程中,而私有链和联盟链中的部分节点参与共识过程,私有链通常由一个组织控制,所以共识过程由控制链的组织来确定。联盟链中的共识过程由部分选中的节点来执行。由于公有链上存在大量的节点,共识过程中传播事务和块需要花费大量的时间。考虑到网络安全,对公共区块链的限制会更加严格,因此,事务吞吐量受到限制,延迟很高,而私有链和联盟链在共识过程中所经过的节点相对较少,所以效率上会更高。

信息公开,公有链中的事务信息是公开可见的,而私有链或联盟链可以决定存储的信息是公开的还是受限制的,也可以选择公开部分信息。

持久性和不可篡改,公有链的事务信息是持久的且不可篡改的,但是,私有链和联盟链由私人组织或者部分企业控制,所以私有链和联盟链上的事务信息是可能被篡改的。

去中心化,公有链是完全去中心化的,私有链是中心化的,而联盟链是部分去中心化的。

8.1.2 深入浅出共识机制

区块链其本质是一个分布式系统,这不仅是由于它的去中心化特性,节点之间都是分散的,但它们记录的内容却都是一样的,即节点中记录的区块都是一致的。分布式系统存在一致性问题，即解决了多个独立节点之间的一致性问题。由于分散系统中存在着节点间不可靠通信、延迟故障等各种潜在风险，如何使区块链成为一个安全、透明、无篡改的分散数据记录系统需要克服以下问题。这也是共识机制中存在的主要问题。

1. 一致性问题

一致性要求分布式系统中的每个节点产生相同的结果或具有相同的状态。区块链系统的一致性是基于没有中央服务器作为调度器实现去中心化的前提。对于分布在不同地方且不属于同一个管理器的系统，它们应该具有下面的功能：准确性、完备性和异步性。准确性指分布式系统应该和中心化系统一样返回正确结果。完备性是它作为一个整体，只要大部分节点能够运行，区块链就能运行。异步性是指分布式系统不必等待所有节点完成。在实际情况中，我们对一致性的要求并不是那么迫切，在一定的约束下，一致性是可以实现的。如果区块链的大部分节点还能工作，则整个系统总能在未来的某个时刻达到相同的数据状态。

2. 拜占庭将军问题

拜占庭将军问题（Byzantine General Problem）指的是拜占庭军队要分散部队做一次军事行动，每个部队由一位将军指挥，他是一切行动的指挥。有些将军是叛徒，他们会故意误导忠诚的将军。这个问题的本质是如何在存在叛徒的情况下，军队还能准确地执行忠诚将军的方案，也就是让共识的方向是正确的。事实证明，如果超过三分之一的将军成为叛徒，这一目标是不可能实现的。拜占庭将军问题的主要方向是如何保持正确的一致性,因为在通信的各个方面都可能存在恶意攻击者。拜占庭容错通常在区块链中使用,当一个节点返回的结果是错误的时候,该节点会被判定为故障节点,当出现超过三分之一的错误节点时,这次的共识结果将会判断为错误结果,即不接受该结果。

由费舍尔等发布了 FLP 原则,即在一个可靠的最小化异步模型系统中,不存在一个解决一致性问题的确定性算法。为了解决这个问题,科学家们从社会学和博弈论得到启发,引入激励机制,忠诚的节点将得到奖励,假设每个节点都有最大化自己利益的倾向,当背叛的收益少于忠诚时,大部分节点都会遵守规则。同时在每一轮的共识中,随机选择节点进行打包,如 PoW 共识就是根据节点算力来决定谁获得记账权,PoS 则是根据节点投入的资源来决定。常见的共识算法如表 8-2 所示。

表 8-2 区块链共识算法

共识算法	应　　用
PoW	Bitcoin
PoS	PeerCoin、NXT
DPoS	BitShare
Paxos	Google Chubby、ZooKeeper
PBFT	Hyperledger Fabric
Raft	etcd

接下来将分别讲述 4 个常见的共识算法。

(1) 工作量证明(PoW)。其步骤如下:①通过节点对网络上所有的数据进行监控,合法的数据记录则临时存储;②节点使用计算能力不断生成随机数,通过特定的哈希计算,重复此过程直到出现一个合理的随机数;③生成块信息,然后输入块头信息,最后输入数据记录该信息；④在外部新生成的区块被广播,结果被其他节点验证后,连接到区块链上,主链的长度随之增加 1,然后所有节点切换到新区块后进行证明工作和区块生产。PoW 会奖励解决密码学难度的参与者,以验证建议与创建新的交易块。PoW 的工作主要是在第②步。这个过程称为挖矿。

如果有人想篡改以前的数据,PoW 就要增加新的区块,增加新的区块需要重新计算哈希问题,即找到一个正确的值,然而与此同时,其他节点已经生成新的区块,这样这个作弊区块再也追不上最长的区块了。因为在区块链上,合法链总是被节点认为是最长的链,并努力扩展链。一个新区块的生成成本巨大,所以当一个新区块被创建时,缺席者可以忽略它并继续到它的新区块,或者接受它,并且继续挖掘它自己的区块。显而易见,由于最长的链在比特币网络中是合法的,所以前者不够明智,矿工选择忽略它,重新开始,并且必须说服更多的矿工加入进来。反之,若它接受,不但会节省计划之外的努力,而且还会继续更新自己的区块开采,不会再出现你走你的而我走我的,使整个网络处于良性建设状态。

允许节点自由进出、完全自由化是它的优点。

（2）权益证明（PoS),它的概念是,生成新区块的机会应随节点资源的大小而变化。PoS 算法是 PoW 算法的进一步改进。PoS 与 PoW 不同,不论是谁买了挖矿机、下载了软件都可以参与进来。PoS 的必要条件是所有参与者在区块链上需预先存有一些代币（利益),这和在银行中储存财产十分类似。在这里的意义主要是需要参与者用代币去进行抵押,这样才能获得该权益。该模型会依据你持有的数字货币的数量及持有时间向你分配利息。只有当用户将一些利益投入这个相当于押金的链条中,用户才会更加关注，做出更加理性的决策。其机制如下：①加入 PoS 机制的货币持有人成为验证者；②PoS 算法选择这些验证器中的一个来赋予生成新块的权利，选择的顺序取决于硬币的数量；③如果在一定时间内没有生成块，PoS 会选择下一个验证人，并赋予生成新块的权利；④以此类推，以区块链中最长的链为例。与 PoW 相比，PoS 不需要消耗大量的能量来产生新的区块，这在一定程度上缩短了达成共识的时间。

（3）委托权益证明（DPoS）。与 PoS 类似，矿工可以根据自己的股份优先生成区块。PoS 和 DPoS 的主要区别在于 PoS 是直接民主，DPoS 是代议制民主。利益相关者选举他们的代表来生成和验证一个区块。由于验证区块的节点数量显著减少，区块可以快速确认，从而使交易快速确认。同时，可以对网络的块大小、块间隔等参数进行调整。此外，用户不需要担心不诚实的代表，因为不诚实的代表可以很容易地被投票淘汰。

（4）PBFT 算法，在 1999 年实用拜占庭容错算法（PBFT）被 Castro 和 Liskov 提出。它的机制只能容忍不超过三分之一的拜占庭节点"叛变"，这意味着如果超过三分之二的节点是正常的，整个系统就可以工作。在 PBFT 算法中，存在两个一致节点，即主节点和重复节点。每个节点有 3 种状态：预准备、准备和提交阶段。还有 3 种它们对应的消息类型。当预准备消息被接受时，节点会立刻进入准备状态。

预准备阶段：首先，客户端向主节点发起请求，主节点接收客户端的请求。封装块后，主节点将广播一个预准备消息给其他共识节点。其他节点在接收到该消息后，可以选择是否批准该请求。

准备阶段：一个节点同意请求后，向其他节点发送一个准备消息。同时,所有同意请求的共识节点向其他节点发送准备消息,可能有 N 个节点在此过程中,因此,协商节点将接收其他协商节点发送的准备消息。如果某段时间内不同节点收到的准备消息超过 $2F$(F 为失败节点或恶意节点数量),则准备阶段完成。

提交阶段:当一个节点进入提交阶段时,它会向其他共识节点广播一个提交消息。类似地,这个过程由多个节点同时执行。当一个节点收到足够多的提交信息时,大多数节点进入了提交阶段,并在这个阶段已经达成共识,此时将数据打包进区块中。

上面介绍了 4 种常见的共识算法,现在从以下 3 个方面对它们进行简单对比。

节能环保:在 PoW 中,矿工不断地对区块头进行散列计算以达到目标值,结果,挖矿所需的电量达到了巨大的规模。对于 PoS 和 DPoS,矿工仍然需要散列区块头来搜索目标值,但由于搜索空间设计有限,工作大大减少。至于 PBFT,在共识过程中不需要挖矿,所以它大大节省了能源,更加节能环保。

容忍错误或者恶意节点:通常 PoW、PoS 和 DPoS 可以容忍小于 51% 的恶意或者故障节点,PBFT 可以容忍小于三分之一的恶意或者故障节点。

节点身份管理:PBFT 需要知道每个矿工的身份,以便在每一轮共识中选择一个主节点,对于 PoW、PoS、DPoS 来讲,节点可以自由地加入网络。

8.1.3　智能合约与 Solidity

1. 什么是智能合约

一般的合约指的是按照一定条例和约定进行订立的文书,而智能合约则是一套以数字形式定义的承诺。智能合约是由计算机科学家尼克萨博在 20 世纪 90 年代提出并定义的。他对智能合约的定义是"一组数字形式的承诺,包括一组协议和协议各方履行的其他承诺"。在提出智能合约的同时,他制定了智能合约的主要规则:第一,允许公链上的所有人去排除非法的第三者的锁。第二,对于债权人的秘密后门只有拖欠货款时才能打开。第三,在完成最后一次付款后关闭。

智能合约与现实世界资产交互的方式是:当达到触发器的触发点时,智能合约执行相应的程序。当区块链出现时给智能合约找到了一个支持它们的可编程的去中心化系统,它把智能合约以程序的方式写入区块链中,而且无法删除和修改。智能合约技术现在是建立在区块链之上的,因为区块链本身是一个计算机程序,而智能合约是可以相互交互的计算机程序,就像它可以与其他程序交互一样。

它的不变性反映在这样一个事实中:一旦部署了智能合约代码,就不能更改它,更改它的唯一方法是部署一个新的合约。它确信,智能合约的执行结果对所有运行或调用它的人都是一样的。智能合约可以在有限的执行环境中访问它们自己的状态和关于最近块的信息。以太坊虚拟机作为每个以太坊节点的本地运行实例,并且所有以太坊虚拟机都以相同的初始状态运行。智能合约的执行流程可以分为以下步骤。首先是创建新的合约,锁定加密货币,以以太坊为例,当合约发布者在链上发布智能合约时,会调用合约的接口函数,以便执行合约,然后由合约来完成资产的转移。

如果个体想要在区块链上发布属于自己的智能合约,首先要在该区块链上注册并获得属于自己的独一无二的公钥和私钥。公钥是用户地址,可以看作账户,私钥是对应地址的钥匙,可以看作账户的唯一密码。

智能合约通过 P2P 网络广播到整个区块链上,然后每个节点把智能合约写进自己的区块中,智能合约会定期检查区块链的状态,当条件满足合约触发条件时将会把事务推入执行队列中,等待共识。

即使智能合约在区块链中可以做到智能化和透明化,但它依然存在应用安全和代码安全问题。在以太坊中,不法分子可以通过提高矿工费 gas 加快区块打包速度,也就是说这样可以让数据往自己想要的方向发展。

2. 智能合约的生命周期

事务是原子化的,不管它调用了多少契约,也不管这些契约被调用后执行了多少操作。事务的执行是一个整体,对全局状态(如契约、账号等)的更改只有在确定所有执行都成功之后才可进行。确定成功意味着程序执行时没有任何错误或遇到终止执行。如果一个程序的执行因为一个错误而终止,则它之前的所有操作(例如改变状态)都会被回滚,就好像该执行从未发生过一样。一个失败的交易仍将被记录为一个失败的尝试,执行它所导致的 gas 将从发起账号扣除。它不会对合同或账号状态产生任何其他影响。

虽然不能删除已部署的契约,但可以清空契约实例的内部,使其成为空账号,以便针对该账号发起的任何事务都不会触发任何代码执行。

3. 以太坊虚拟机

以太坊虚拟机又称 EVM,用来执行以太坊上的交易和更改以太坊上的状态,是以太坊的核心。EVM 可以称为一个计算引擎,提供了对计算和存储的抽象,Solidity 作为高级智能合约编程语言,会被编译为 EVM 执行的字节码指令集。EVM 的字节码指令集包含算数与位运算逻辑操作,执行上下文查询、栈、内存和存储访问,处理流程操作,以及日志、跳转和其他操作。

以太坊虚拟机是一个运行字节码(特殊形式的机器码)的虚拟机,大多数以太坊开发者并不直接使用字节码开发智能合约,它们使用高级编程语言编写智能合约,然后通过编译器转化为 EVM 字节码。

以上是对 Solidity 的介绍,这是一种高级编程语言,是以太坊的智能合约编程语言。为了在以太坊虚拟机上运行,智能合约的代码需要编译成虚拟机可以执行的底层字节码。合约的每个实例都由一个以太坊地址表示。Solidity 是一种过程式编程语言,是一种面向合约的、为实现智能合约而创建的高级编程语言,语法类似于 JavaScript、C++或者 Java。这是最流行也是最常用的以太坊智能合约编程语言。它由 Gavin Wood 博士创建,作为一种专门编写智能合约的语言,支持在以太坊世界计算机的去中心化环境中直接执行。由于此编程语言具备普遍性,因此最终也被应用在其他几个区块链平台上的编码智能合约。它由 Christian Reitiwessner 开发,然后由 Alex Beregszaszi、Liana Husikyan、Yoichi Hirai 和几位前以太坊核心贡献者维护。

1）下载和安装

在 LINUX 操作系统上安装最新的 Solidity,命令如下:

```
$ sudo add - apt - re pository ppa: ethereum/Ethereum
$ sudo apt update
$ sudo apt install solc
```

安装完成后用 $ solc-version 命令检查当前的安装版本。

除此之外,还可以通过 docker 的方式进行安装,命令如下:

```
docker run ethereum/solc: stable solc - version
```

在 macOS 系统下进行安装,命令如下:

```
brew update
brew upgrade
brew tap ethereum/ethereum
brew install solidity
```

2）开发环境

可以使用特定的文本编辑器,例如 Emacs、Vim 和 Atom 等进行编写,它们提供了类似语法高亮和宏等高级功能,这些都会让 Solidity 的开发变得更容易。

3）简单的 Solidity 智能合约例子

这里先给出一个 Helloblockchain 的例子,代码如下:

```
//第 8 章/ HelloBlockchain. sol
pragma solidity ^0.4.24;
contract HelloBlockchain{
    string name;
```

```
function HelloBlockchain (){
    name = "Hello, Blockchain!";
}
function get()constant returns(string){
    return name;
}
function set(string n){
  name = n;
}
}
```

程序首先确认编译器所使用的 Solidity 版本为 0.4.24。合约必须以 contract 开头。首先声明字符串变量 name。接下来声明函数 function HelloBlockchain,该函数对 name 赋值,把 name 赋值为 Hello, Blockchain,然后声明函数 get 和 set 并分别对 name 进行赋值和读取。

另一个例子是 deposit03,代码如下:

```
//第 8 章/deposit03.sol
pragma solidity^0.4.25;
contract deposit03 {
    address public admin;
    uint256 public amount;
    constructor() public {
        admin = msg.sender;
        amount = 0;
    }
    //充值
    function deposit(uint256 _amount) public payable {
        //require(msg.value == _amount, "msg.value must equal _
        //amount");
```

```
        amount += _amount;
    }
    //提现
    function withdraw(uint256 _amount) public payable {
        assert(amount >= _amount);
        //msg.sender.transfer(_amount);
        amount -= _amount;
    }
    //获取余额
    function getBalance() public view returns (uint256) {
        //address(this)强制转换为地址类型
        return amount;
        //return address(this).balance;
    }
}
```

上述程序第二行同样说明编译器所使用的 Solidity 版本为
0.4.25。第二行以下是合约的正文。构造函数声明了一种状态变
量 admin，它的类型是 address，是公共可访问的。接下来创建了一
个公共状态变量 amount，它的数据类型是 uint256，一个 256 位的
值。构造函数后面给出了 3 个函数，分别是 deposit、withdraw 和
getBalance，分别实现充值、提现和查询余额的功能。

本节以 Solidity 的两个例子，展示 Solidity 如何编写智能合
约，对于更详细的内容，可以通过 Solidity 官方网站进行学习。

8.1.4 侧链

设计侧链的目的是为了解决已有区块链的不足。当区块链存
在新需求，但又不能对已有的区块链系统的关键环节进行底层变
更时，如果重新开发新链又会浪费大量资源。在进行侧链的技术

研究中,侧链实现了更多的功能,如让不同的区块链资产相互转移。

侧链可以看作平行于主链的另一条区块链,本质上是一种跨区块链解决方案,它允许人们把加密货币从一个链转移到另一个链上。它的核心技术是双向锚定,通过该技术将数字字长锁定在主链上,同时将等价的数字资产在侧链中释放,既不能对现有主链造成影响,又要实现主链没有的功能。侧链在区块链中具有十分重要的作用,侧链产生的目的主要是应对其他区块链的创新威胁。

下面具体阐述实现侧链的双向锚定技术。双向锚定分为以下几个阶段,首先由加密货币持有者进行操作,发送一笔交易请求,在区块链锁定加密货币,然后进行确认操作,锁定这笔交易,让区块链上的区块进行确认。确认结束后进行赎回操作,用户在侧链上创建交易并获得一个工作量证明,输出到自己侧链上的地址中。为了防止双重支付会有一个竞争期,竞争期结束后,该赎回交易才会被打包到区块上。

8.1.5 应用案例

下面将展示一个区块链的实际应用案例,即区块链存证。存证是区块链的经典场景,存证合约是一个经典的区块智能合约。我们可以把现实中的实际内容通过加密进行哈希上链,这类内容可以是书籍、音乐或者司法证据。这样就可以证明该内容存证的时间和对该类内容进行认定。传统的电子存证相对于区块链存证来讲,成本高,区块链存证可以做到公开透明且可追溯。目前,百度已经有自己的图片区块链存证平台,可以通过把摄影师的图片哈希上链,确保图片的版权。

　　区块链存证主要有以下几个优点，首先可以把关键要素固定下来，因为区块链不可篡改和分布式的特性，保证电子证据的完整性和原始性。基于区块链的电子存证由多个节点共同参与，虽然个体存储不在一起，但可以作为彼此的备份，使电子证据的真实性得到保证，并且使安全性得到提高。基于区块链的电子数据存证的示证可采用两种方式以降低示证过程的时间成本和人力成本，从而提高诉讼效率：一是可采用智能合约自动取证示证和区块链浏览器示证的方法，采用自动化标准化的流程进行电子证据公证；二是可以通过将区块链存证、司法鉴定和公证电子数据出函流程打通，由多方参与示证。可以看出区块链技术已经获得越来越广泛的社会认可与法律认可，质证环节中对于取证和示证的争议得以消解，从而提高了司法效率。

　　存证合约主要有两个文件，分别是 Evidence. sol 与 EvidenceFactory. sol。其中，Evidence. sol 是存证合约，由工厂合约生成，包括存储存证 id（合约地址）、hash 和各方签名（每张存证一个合约），代码如下：

```
//第 8 章/Evidence. sol
pragma solidity ^0.4.4;

contract EvidenceSignersDataABI
{
    function verify(address addr)public constant returns(bool){}
    function getSigner(uint index)public constant returns(address){}
    function getSignersSize() public constant returns(uint){}
}
```

```
contract Evidence{

    string evidence;
    address[] signers;
    address public factoryAddr;

    event addSignaturesEvent(string evi);
    event newSignaturesEvent(string evi, address addr);
    event errorNewSignaturesEvent(string evi, address addr);
    event errorAddSignaturesEvent(string evi, address addr);
    event addRepeatSignaturesEvent(string evi);
    event errorRepeatSignaturesEvent(string evi, address addr);

    function CallVerify(address addr) public constant returns
(bool) {
        return EvidenceSignersDataABI(factoryAddr).verify(addr);
    }

    constructor(string evi, address addr) {
        factoryAddr = addr;
        if(CallVerify(tx.origin))

        {
            evidence = evi;
            signers.push(tx.origin);
            newSignaturesEvent(evi,addr);
        }
        else
        {
            errorNewSignaturesEvent(evi,addr);
        }
    }

    function getEvidence ( ) public constant returns (string,
address[],address[]){
```

```
        uint length = EvidenceSignersDataABI(factoryAddr).
getSignersSize();
        address[] memory signerList = new address[](length);
        for(uint i = 0 ;i< length ;i++)
        {
            signerList[i] = (EvidenceSignersDataABI(factoryAddr).
getSigner(i));
        }
        return(evidence,signerList,signers);
    }

    function addSignatures() public returns(bool) {
        for(uint i = 0 ;i< signers.length ;i++)
        {
            if(tx.origin == signers[i])
            {
                addRepeatSignaturesEvent(evidence);
                return true;
            }
        }

        if(CallVerify(tx.origin))
        {
            signers.push(tx.origin);
            addSignaturesEvent(evidence);
            return true;
        }
        else
        {
            errorAddSignaturesEvent(evidence,tx.origin);
            return false;
        }
    }

    function getSigners()public constant returns(address[])
```

```
    {
            uint length = EvidenceSignersDataABI(factoryAddr)
.getSignersSize();
            address[] memory signerList = new address[](length);
            for(uint i = 0 ;i < length ;i++)
            {
                signerList[i] = (EvidenceSignersDataABI(factoryAddr).
getSigner(i));
            }
            return signerList;
    }
}
```

```
//第 8 章/EvidenceFactory.sol
pragma solidity ^0.4.4;
import "Evidence.sol";

contract EvidenceFactory{
        address[] signers;
        event newEvidenceEvent(address addr);
        function newEvidence(string evi)public returns(address)
            //创建新存证
        {
            Evidence evidence = new Evidence(evi, this);
            newEvidenceEvent(evidence);
            return evidence;
        }

        function getEvidence ( address addr ) public constant
returns(string,address[],address[]){
            //通过 evidence 地址获取具体内容
            return Evidence(addr).getEvidence();
        }
```

```
        function addSignatures(address addr) public returns
(bool) {
            //添加存证签名
            return Evidence(addr).addSignatures();
        }

        constructor(address[] evidenceSigners){
            for(uint i = 0; i < evidenceSigners.length; ++i) {
            signers.push(evidenceSigners[i]);
            }
        }

        function verify(address addr) public constant returns
(bool){
            //验证是否存在该用户
                for(uint i = 0; i < signers.length; ++i) {
                if (addr == signers[i])
                {

                    return true;
                }
            }
            return false;
        }

        function getSigner(uint index) public constant returns
(address){
            //通过下标索引获取对应的账户地址
            uint listSize = signers.length;
            if(index < listSize)
            {
                return signers[index];
            }
            else
            {
```

```
            return 0;
        }

    }

    function getSignersSize() public constant returns(uint){
        //获取用户的数量
        return signers.length;
    }

    function getSigners() public constant returns(address[]){
        //列出所有的用户地址
        return signers;
    }

}
```

在 EvidenceFactory. sol 中,需要提供 signers 的地址列表,所以我们在前面需要创建多个用户,用于部署合约。部署时要把两个合约放在同一个目录下。部署完后可以调用合约,该合约有创建新存证、获取存证信息、添加存证签名、验证用户、获取所有用户地址、获取相应用户地址、获取用户数量等函数。函数 newEvidence 的参数有方法名和首次签名用户。结束存证后,我们可以通过存证地址或者说存证 key 来查看存证信息。函数 getEvidence 可查看存证信息,参数有存证内容、合约账户和签名者。

8.1.6 小结

本节介绍了区块链的基本概念,以简单的例子讲述了区块链的工作机制。介绍了区块链的分类与发展,除此之外,本节还深入浅出地介绍了为什么区块链需要共识机制及几种常见的区块链的共识机制的共识过程。最后介绍了可编程区块链架构的核心、智能合约的概念及其作用，同时简单介绍了智能合约编程语言 Solidity 的入门知识。

8.1.7　思考与练习

（1）私钥的本质就是一串数字，如果用十六进制表示，有多少位？

（2）以下代码的私钥可以通过哪些方法生成？

```
//第 8 章/习题 2
from bitcoin.wallet import CBitcoinSecret, P2PKHBitcoinAddress
from bitcoin.signmessage import BitcoinMessage, VerifyMessage,
SignMessage

key = '5JQnzf94d3Ys2vZxUp23XmzNVUBqiQxXDZMG9sW9dyVyuewu2q9'
msg = 'hello,shatoshi'
secret = CBitcoinSecret(key)
address = P2PKHBitcoinAddress.from_pubkey(secret.pub)
message = BitcoinMessage(msg)

#生成签名
signature = SignMessage(secret, message)

print('Address: %s' % address)
print('Message: %s' % msg)
print('Signature: %s' % signature)

#验证签名
print('Verified: %s' % VerifyMessage(address, message, signature))
```

（3）尝试把以下代码改为 Python 类。

```
//第8章/习题3
# - * - encoding: utf - 8 - * -
import binascii
from ecdsa import SigningKey
from ecdsa.curves import SECP256k1


# 生成签名钥(私钥)
signning_key = SigningKey.generate(curve = SECP256k1)
sk = binascii.hexlify(signning_key.to_string()).decode('utf - 8')
# 此时的私钥是十六进制格式
# ----------------------------
import hashlib, base58
# alias method
decode_hex = binascii.unhexlify

# wallet import format key - base58 encoded format
def gen_wif_key(private_key):
    # prepended mainnet version Byte to private key
    mainnet_private_key = '80' + private_key

    # perform SHA - 256 hash on the mainnet_private_key
    sha256 = hashlib.sha256()
    sha256.update( decode_hex(mainnet_private_key) )
    hash = sha256.hexdigest()

    # perform SHA - 256 on the previous SHA - 256 hash
    sha256 = hashlib.sha256()
    sha256.update( decode_hex(hash) )
    hash = sha256.hexdigest()

    # create a checksum using the first 4 Bytes of the previous SHA -
256 hash
```

```
    # append the 4 checksum Bytes to the mainnet_private_key
    checksum = hash[ : 8]
    hash = mainnet_private_key + checksum

    # convert mainnet_private_key + checksum into base58 encoded
string
    return base58.b58encode( decode_hex(hash) )

# 生成 wif 格式私钥:
# 如'5JQnzf94d3Ys2vZxUp23XmzNVUBqiQxXDZMG9sW9dyVyuewu2q9'
wif_key = gen_wif_key(sk).decode()
# - - - - - - - - - - - - - - - - - - - - - - - - -
from bitcoin.wallet import CBitcoinSecret, P2PKHBitcoinAddress

secret = CBitcoinSecret(wif_key)
# 生成地址
address = P2PKHBitcoinAddress.from_pubkey(secret.pub)

print("Privkey is {0}".format(wif_key)) # 打印私钥
print("Pubkey is {0}".format(secret.pub.hex())) # 打印公钥
print('Address is {0}'.format(address)) # 打印地址
```

8.2　当区块链遇上教育

互联网＋教育的模式已经发展了几年，人们也在开始寻找教育的下一个发展形态，与此同时，区块链技术也开始在各行各业发挥它独有的特长，区块链＋教育是否会成为教育未来的发展方向？区块链＋教育又会迎来怎样的机遇与挑战？我们又应该有哪些相应的对策？本节将会从这 3 个问题出发，介绍区块链融合教育的具体应用。

8.2.1 教育的未来方向：区块链＋教育

不同于教育这一已经传承上千年的行业，区块链技术才诞生了十几年，但已经被广泛地应用于各行各业的不同场景中，从最常见的数字货币及相关金融领域，到知识产权、数据溯源和数据记录，再到物联网、医疗等其他行业，区块链技术正在大放光彩。区块链技术与教育领域是否能碰撞出不一样的火花？如何把两者联系起来，求同存异，形成更好的合力，有效实现可信教育是近年来的关注热点。

2015 年，《经济学人》刊登了区块链的封面文章，主题便是 Trust Machine。信任可以理解为双方或者多方的博弈，通过一系列的承诺和合作使背叛的成本变高。在社会中，交往是不可避免的，合作不是永远的主题，但人们还是要去判断，去信任，在其中找到发展的方向。在 8.1 节我们大概讲述了区块链的一些原理，基于上述原理，区块链如今有两大特点。共识机制及公共账本可以保证链上的数据不被篡改，并且有迹可循。智能合约写在区块链中，在没有可信的第三方的情况下，会在触发相关条件的情况下自动执行。这就是区块链的两大特点，"不可更改"及公链上的"智能合约"。

"不可更改"是指存在于区块链中的数据是可信的。如何去理解区块链的"不可更改"呢？不可更改意味着信息的可信，现在以人工智能模型训练的场景为例，不同公司的数据是各自持有的，一般不会分享，这时候如果有的公司愿意提供一定的数据用于帮助模型的训练,则这个数据一定是可信的吗? 并不一定,对于这个数据的可信程度可能为 50%,也可能是 100%,但如果各个公司成立一个数据区块链联盟,将各自可提供的数据加入区块链中,则数据的可信程度会更高一些,因为数据造假的难度更高,每个公司提供的数据需要得到区块链所有节点的共识才可以加入区块链中,这意味着恶意公司很难将恶意的数据加入区块链中。区块链的数据还有一个特点,即历史区块越多,数据的造假成本就越高,因为加入区块链中的公司可以随时查询区块链中的历史区块来查询整个区块链中的历史数据。历史数据存在的时间越久,与各个公司的交互就越多,那么数据造假的成本也就越高,因为如果一个区块链上的数据有多年的历史,通常有多个公司在区块链上对数据进行交易并留下交易的凭证,那么这个区块链上的数据的可信任程度又可以得到一定程度的提高。这便是"不可更改"的特点。

区块链的第 2 个特点为"智能合约",与博弈论中最基础的"囚徒困境"相关。囚徒困境是指在某些合作情况下个人利益与集体利益发生背离的困境。这可以看作人类合作发展的悖论:人类从个人理性和天性的角度出发,人类的最优选择并不是合作,那么如何让人们合作以获取最大的集体利益呢? 以上述公司联盟为例子,公司彼此合作,可以获得最大的集体利益(例如可以得到一个性能较好的模型),但在没有彼此监督沟通的情况下,有的公司可以不提供自己的数据从而保证自己公司的利益,但这样又会牺牲集体的利益(例如导致模型发生偏差)。囚徒困境一般有 3 种破解方式:第一,制订具有强制力的契约;第二,重复博弈;第三,进行教育。智能合约可以看作一种具有强制力的契约,通过智能合约,囚徒困境的问题可以得到破解。公链上的所有节点都可以当作囚徒,对于以太坊等有价值的公有链来讲,它们需要比除自己之外的节点更快的共识并产生新区块,以便获得激励。

区块链的一大贡献是消除了对可信的第三方的需求,不需要政府为代表的第三方信任机构为其背书,其自带机制把合作过程中人们所需要的可信的第三方换成了需要共识的区块链。可以说区块链实现的是一种信任的转移,将信任对象从可信的第三方转移到了区块链上。

在此基础上,各国也逐渐开始探讨区块链与教育相结合的可能性,欧盟委员会曾发布了《教育行业中的区块链》的相关报告,这个报告对区块链技术与教育领域相结合的可行性、可能遇到的挑战和机遇、收益等进行了深入探讨。《区块链技术在教育领域的应用研究白皮书》也在国内随之发布了,被用于指导国内区块链在教育领域的发展,种种迹象说明了区块链结合教育已经是全球未来教育发展的重要趋势。

结合前几年所提出的互联网＋教育,我们会发现,区块链＋教育趋势的发展是有迹可循的。互联网＋教育的提出,以及各种在线学习平台、慕课平台如雨后春笋般出现。人们可以通过互联网便利地获得各种资源,然而这也带来了很多其他的问题,如平台太多,各个平台的学习认证如何可以得到统一认证?互联网提供了各种获取教育资源的方式,让教育资源的传播更加简单,但也带来了资源版权问题。各个在线平台都会收集学生或者用户的学习信息,如何在保证个人信息及隐私不被侵犯的前提下,更好地提高在线教育质量,是一个重大课题。

区块链的主要特性,可以较好地解决上述互联网＋教育的不足之处。根据区块链的特性,区块链技术可以帮助建立数字证书颁发、存储和认证体系,通过统一的认证体系,将不同平台的证书统一地存储到区块链上,这样就可以从同一个区块链上查询到不同平台的数字认证,解决了上述多个平台认证检查困难的问题。区块链的可溯源性,以及不可篡改可以更好地保护知识产权,有效保护和管理知识产权,防止有人将资源占为己有,通过区块链我们可以轻松地辨别资源的相关信息,如作者、资源发布来源等重要知识产权信息。同时区块链可以更好地保护用户的数据,加强用户对自身数据的控制。区块链的智能合约可以使教育平台更加自动化,将更多流程自动化,让教育平台与教育社区更加智能。

上述我们从区块链的特点谈到了互联网＋教育模式发展的困境,我们可以发现区块链＋教育的出现是合理且自然的,区块链对于教育生态的发展与进步具有重要意义,区块链＋教育的模式具有重大的发展价值,所以我们可以说区块链＋教育将会是教育的未来方向。

8.2.2　机遇与挑战

区块链技术的集成应用在新的技术革新和产业变革中起着重要作用。我们要把区块链作为核心技术及自主创新的重要突破口,明确主攻方向,加大投入力度,着力攻克一批关键核心技术,加快推动区块链技术和产业创新的发展。

区块链技术应用已延伸到数字金融、物联网、智能制造、供应链管理、数字资产交易等多个领域。目前,全球主要国家都在加快布局区块链技术的发展。我国在区块链领域拥有良好基础,要加快推动区块链技术和产业创新的发展,积极推进区块链和经济社会融合发展。

区块链已经在各个领域开始发挥其作用,特别是金融领域,很多区块链技术的应用案例与金融息息相关,其中一些成熟的应用案例与经验为其他领域采用区块链技术提供了范例。目前区块链＋教育算是一个较为空白的领域,还没有较为成熟的区块链＋教育应用案例,这既是机遇又是挑战。具体挑战如下。

1. 区块链技术框架本身不够成熟

区块链有许多优点,如去中心化、持久性、匿名性和可审计性。区块链的应用范围很广,从加密货币、金融服务、风险管理、物联网到公共和社会服务。虽然有很多研究关注区块链技术在各个应用方面的应用,但区块链诞生至今只有十几年的时间,很多框架还处于发展阶段,很多机制可能还不够成熟,区块链存储瓶颈问题、区块链加密技术、区块链共识机制和区块链跨链等关键性技术也还不够完善,这其中可能会存在相关的漏洞,这对项目来讲,可能会埋下很多"地雷"。同时这对于项目开发及运维来讲,也会提高项目开发与运维的难度,从而导致区块链应用的生态不够繁荣,也很难进行更进一步的推广。

2. 区块链在教育领域的实践经验少

区块链技术应用领域的大多数案例集中在金融领域,很少有教育领域的实践案例,并且区块链在金融领域的应用场景与教育领域的应用场景差别较大,区块链在教育领域的应用场景目前还在摸索之中,不像金融领域,有较成熟的应用场景,这既是机遇也是挑战。因为没有成熟的实践案例,也不会有相匹配的政策与实践经验进行背书。由于缺乏政策保护与引导及相关的法律法规,贸然地推广,可能会伤害到利益相关者的利益,如何在推进区块链＋教育的转变的同时又不对传统教育领域造成过大的冲击,保护相关利益者的利益,是目前的一大难题,所以教育领域的相关人士还在持观望的态度,这并不利于区块链技术在教育领域的推广与应用。

3. 区块链伸缩性瓶颈

区块链会记录区块链建立以来每个交易的数据信息,所有用户节点在本地都会维护一个相同的账本,随着交易量的不断增加,区块链变得越来越大,区块链的伸缩性也成为区块链应用的一大瓶颈,伸缩性主要分为吞吐量、存储量、网络这 3 个指标。区块链系统的吞吐量与每个块中的事务数和块间隔时间有关。在传统区块链中,每个节点都会存储完整的交易数据。网络指标指区块链在广播数据的时候会消耗大量的网络资源并可能导致块生成延迟。目前,以比特币为例,比特币区块链的存储容量已经超过100GB。比特币区块链为了验证事务,必须存储所有事务的信息。此外,由于原始块大小和生成新块的时间间隔的限制,比特币区块链每秒处理的交易数量有限,在面对高并发的应用场景时,比特币区块链的吞吐量能力较为吃力,无法满足需求。同时,由于区块的容量非常小,很多小的交易可能会被延迟,因为矿工更喜欢那些交易费用较高的交易,但是,过大的块会降低传播速度,导致区块链分支,所以可伸缩性问题是区块链技术的一个瓶颈。我国作为人口大国,在教育领域中大量学生所产生的相关数据将会是一个很大的量级,这对于区块链来讲,将会是一个较大的存储负担,同时大量的用户也会产生大量的交易请求,这对区块链的吞吐量又是一大挑战,除此之外,大量的教育领域数据还会影响数据传播与更新的效率。

4. 用户隐私风险

区块链被认为是非常安全的,因为用户只使用生成的地址而不是真实身份进行交易。用户还可以生成许多地址,以防信息泄露,但区块链不能保证交易隐私,因为每个公钥的所有交易和余额的值都是公开可见的,所以区块链中用户的交易信息是公开的,这可能会导致恶意用户从中获取与用户相关的隐私信息,导致信息的泄露。例如用户节点都可以通过它所连接的一组节点集合来唯一标识。同构学习该集合并用于查找相关交易事务的起源,所以虽然区块链中的用户地址的身份没有与交易地址相联系,但区块的信息及用户的 ID 依然可以让恶意用户破解出用户的个人信息,这可能导致教师或者学生的教育行为信息被预测,从而泄露相关的信息。

8.2.3 对策与建议

8.2.2 节,我们介绍了区块链+教育所面临的机遇与挑战。这一节我们将讨论在推广区块链+教育时,我们应采取哪些对策来应对这些挑战。

由于区块链技术的发展时间只有短短十几年时间,其框架技术仍然不够成熟,区块链的基础理论与相关技术也不够完善。对于相关的基础理论及技术研究,例如区块链加密技术、区块链共识机制、区块链存储瓶颈处理等,我们应该加深研究,在其他领域应用的同时,应对相关技术进行研发和应用。同时,政府,各行各业的企业,以及高校与研究所,应鼓励并推动建设区块链生态圈,建立相应的基金和交流社区,并举行相关的会议,大力推动区块链技术的发展。

为了能鼓励区块链技术在教育领域的推广,我国应该首先推出区块链技术在教育领域的相关法规,在保障各个利益相关者的利益的同时,合法地推广区块链技术与教育领域相结合。应该制订相关的利益分配方案,这样才可以处理好传统教育领域机构与新型区块链教育平台之间的利益关系,可以更好地过渡到互联网＋教育。最后,需要联合教育领域,以及区块链技术领域,整合国内外区块链技术标准和教育领域相关标准,制定区块链技术在教育领域的应用标准及社区规则,这样便可以更快地建立起国内教育区块链的生态圈及相关社区,同时保护社区的相关利益及更好地扩大社区的规模,从而促进更多人参与到区块链＋教育的实践中来。

目前也有一些不同的方案用于解决区块链的伸缩性瓶颈问题,对于区块链吞吐量瓶颈问题,有几种解决方式,最基本的是扩充块的容量从而能增加块所包含的事务量,但这会对块的生成和传播造成延迟,也可以减小事务的大小。还可以通过链下事务,分片和将管理/控制与执行解耦来减少每个节点处理的事务数量。对于区块链的存储瓶颈问题,比特币节点提出了简单支付验证的方案,这个方案只要求保存区块头的内容,因此区块体所需的存储量大大减少。还有通过只保存区块最近的状态,忽略旧区块的转台数据的方式来减少所需要同步的状态数据量。类似地,还有修剪每个区块的状态数据的剪枝方法,将区块链与现有的分布式存储系统结合起来,通过这些系统能够在链下存储大量数据。例如通过 IPFS 存储系统来存储实际数据,将区块中原有的数据换成分布式存储中数据存在地址的哈希码。对于网络瓶颈问题,主要有两种解决方案,一是采用有效的数据传输方案,二是减少区块链网络上传播的数据量。有效的数据传输方案可以根据应用场景对数据传输进行优化,减少区块链网络传播的数据量可以通过每个事务只传播一次的方法实现。区块链的伸缩性瓶颈问题,目前仍不能完美解决,在改善某一个瓶颈问题的时候,必定会带来另外的瓶颈问题,所以应该根据区块链在教育领域的具体应用场景,进行相应的优化。

区块链领域也在不断地探讨区块链本身的隐私安全问题及解决方案,主要分为几方面,身份和交易内容的隐私保护,网络通信的隐私保护,智能合约的隐私保护。在交易内容保护中,地址混淆机制通过将资金从多个输入地址转移到多个输出地址,从而让攻击者没办法轻松地获取地址间的关联关系,混淆机制分为集中混淆机制和分布式混淆机制,集中混淆机制通常由可信的第三方来提供,而分布式混淆机制使一组互不信任的对等方可以同时匿名发布其消息,而无须第三方匿名代理。目前较为成熟的协议有 CoinJoin 协议,可以在一定程度上保护交易内容的隐私,但攻击者仍然可以通过分析区块内容来获得用户的隐私数据,所以人们提出了更多信息隐藏机制,通过采用环签名、零知识证明、同态加密等密码学安全及算法来保护交易的内容及隐私。环签名允许用户(也是一个集合的成员)代表成员的“环”签名消息,但无法分辨谁是真正的签名者。该技术的核心思想通过选择一个没有任何中央服务器的参与者集合来提高区块链的隐私性。零知识证明是在不泄露任何附加信息的情况下证明区块链上交易符合规则的安全计算方法。同态加密是一种在满足同态性的条件下,保留对密文执行的算术运算的密码加密方法。它允许任何一方对密文执行计算,同时保留数字数据的私密性,然后,为了防止攻击者通过监听网络通信信息,将 IP 与用户身份进行关联。研究者提出混淆网络来保护网络通信信息,目前较为成熟的混淆网络技术有 NYm 和 Tor。除此之外,还有智能合约的隐私保护。目前较为成熟的方案有 Ekiden 和 Origo,所以对于教育领域的区块链技术,需要注重保护学生或者教师的隐私数据,通过上述方法保护学生和教师的身份信息。

8.2.4　小结

本节主要讨论了区块链在教育领域的大体方向,针对区块链＋教育与区块链＋其他产业的对比进行了讨论。探讨了区块链在教育领域的重要性与可行性。去中心化的教育可能是未来的一个主体方向。同时也介绍了区块链＋教育目前所遇到的机遇与挑战。最后简单地介绍了一些对策与建议。

8.2.5　思考与练习

(1) 请尝试论述区块链应如何应用在教育领域上。

(2) 对于当前热门的去中心化金融,教育领域是否能复制其去中心化模式,请简述理由。

8.3 区块链＋教育应用案例

比特币这一概念是 2008 年中本聪在《比特币：一种点对点式的电子现金系统》文章中首次提及的,文章还详尽描述了其底层支撑——区块链技术。近年来,区块链技术备受关注,更一度被认定为有望像互联网一样重塑人类社会活动形态的伟大技术,打通信息互联网向价值互联网的转变。随着科技变革引领的数字经济社会的高速发展,教育的内涵、目标、形态、方法及结构都随之发生了变化。区块链技术采用分布式存储机制、共识机制、密码学原理、智能合约及时间戳等技术的集成,致使其本身具有安全防篡改、透明可信、去中心化、可追溯及智能合约执行等优势,为进一步深化教育改革提供了新的解决方案。工业和信息化部在 2016 年的《中国区块链技术和应用发展白皮书(2016)》报告中首次提出,区块链技术所具有的信息透明化和数据不能被篡取等多种特性,在高校学生的征信管理、升学就业及行为与产学研交流合作等诸多方面完美地适用。区块链技术作为一种新型的高科技手段,它为教育和就业健康增长带来了巨大的潜力。欧盟委员会联合研究中心在 2017 年发布的《教育中的区块链》报告表示,传统教育机构的运作模式有望通过区块链技术的应用来打破,在削减运营成本、提高办事效率、增强相关记录的真实度和安全性上发挥重要作用。报告指出区块链技术还可以应用在教育认证、学分转换、学费支付等多领域。2019 年召开的中央政治局第十八次集体会议上还提倡了大力发展区块链技术＋教育的综合应用,落实了像区块链技术这样一些核心技术的产业化和自主创新。2020 年,教育部在正式颁布《高等学校区块链技术创新行动计划》时明确提出,提倡构建基于区块链的教育管理与服务协同平台,其目的在于加快区块链技术在基础教育、职业教育、高等教育、继续教育等领域的应用。本节将重点探讨国内外区块链技术在教育领域的实际应用案例。

8.3.1 教育区块链学分银行

党的十九大指出,要加快构建学习型社会,打造机会平等开放且社会公信度高的终身学习社会。要想实现终身学习的教育目标,就需要打破不同属性之间教育机构存在的横向隔断与纵向割裂而形成的数据壁垒。国务院早在 2017 年于《关于印发国家教育事业发展“十三五”规划的通知》(国发〔2017〕4 号)中指出,要积极推进国家学分银行建设,并将构建国家学分银行定义为新时代深化教育改革,建设终身学习体系的重大决策。跨地区、跨部门、跨学校的国家学分银行旨在建立一套公正、公共、公开的标准认证体系,流程方便简单且兼具安全性与透明度。区块链技术以其特有的去中心化、安全、透明、信息不可篡改、打破信息壁垒等特点为国家学分银行的建设提供了可行方案,满足了终身学习与终身教育的开放与公信的时代需求。

上海教育区块链学分银行联盟,积极响应上海市委市政府关于加快在线新经济发展行动计划,在其互联网科创专委会批准和指导下由网班教育提供技术支撑和运维,并与上海市教委开放大学及上海市民终身教育学分银行管理部门合作。学分银行专门致力于为各类民办教育培训机构等各类非学历培训机构提供数字学时记录的信息服务平台。平台还得到了上海市经济和信息化委员会的专项支持,并与上海市计算机软件技术开发中心、上海人才服务行业协会等共同为全民终身教育的发展提供服务和支持。学习者在教育培训机构完成一段时间的学习后,将根据学习成果获得通证学分及区块链认证证书,链上学分及微证书不可篡改。在社会各界响应政府号召、积极发展在线新经济的大背景下,教育区块链学分银行与各类正规职业培训、技能培训、艺术培训等非学历教育机构合作,为学员发放学分。所有学习者在参加培训学习后,都能获得记录在教育链上的学分,学分数量由学时数而定。学员可实时调阅,形成自己的学历记录档案。教育区块链学分银行通过Token方式实现对学习者的终生学习记录,是区块链技术中最具特色的一个技术领域,目前已有二百多家教育机构参与合作。

教育区块链学分银行(EDC教育链),是区块链落地教育的先锋应用项目。EDC教育链是基于区块链结合教育学分的通证分发机制,针对学习者在各教育培训机构进行学习的学时数授予其学分。EDC教育链旨在为学习者建立一个不可篡改、客观公正的数字化学历记录。教育区块链学分银行充分挖掘区块链技术的天然优势,利用区块链技术打破传统的集中学习模式,永久存储记录,兼顾身份验证与信息安全,保护学生学习所有权,具有证书上链、学分上链、个人数字学历等功能。对于机构用户,发挥实现证书上链、学分颁发、提高用户体验和品牌建设的作用。对于个人用户,开设随身手机数字证书、终生学历记录、学习券奖励等功能。EDC教育链应用区块链技术建构的教育区块链学分银行功能架构如图8-2所示。下面我们将分功能详细介绍EDC教育链的功能及特点。

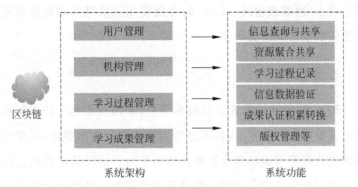

图 8-2　教育区块链学分银行功能架构

1．用户管理

连接国内所有教育体系机构，统筹所有教育形态，消除数据壁垒，是搭建国家学分银行的首要职责。学分银行用于创设学习者个人账号，理想情况下账号可跟踪并记录学习者的身份信息、学习经历及学习成果等数据，而现实中，不法分子将目标锁定于存储海量隐私数据的账号信息，学习者个人账号存在着信息泄露及篡改风险。相应地，运用区块链技术使用非对称加密算法可有效保护和加密隐私数据。通过公开密钥与私有密钥的加密方式实现用户信息访问权限的精准控制，有效防止恶意攻击和信息泄露。例如，当学习者需要在不同机构进行转学，在办理学历手续或者面向其他雇主提供学历材料时，区块链跟踪的电子学历证书就可以承载着系统中涉及的各方，即认证和认证机构、认证者、学习者和雇主，形成一个学历溯源，以便将这些信息安全无篡改地传递给材料需要机构。教育机构或企业等材料需要方在验证上述信息和数据时，区块链将实时对查询过程及记录进行监控和记录，抑制信息被恶意攻击、篡改或泄露。EDC 教育链使用区块链技术有效规避信息泄露和攻击等安全问题。

2. 机构管理

EDC 教育链依托区块链技术平台，采用自主拥有的中国及国际相关发明专利技术，为各教育培训机构提供技术服务，让学校及培训机构拥有专属的学分管理及展示平台。协助教培机构为其学员提供标准化的学分、学历、数字证书等服务。平台欢迎各类企业管理培训、职业资格培训、技能提升培训、青少年素质培训、各行业的政策法规培训等培训机构积极参与，成为"特约学分颁发点"，共同打造全民终身教育学习记录平台。EDC 数据链通过整合机构实现资源聚合与共享、版权管理等功能。区块链技术连接机构各方构成了一个互联互通的数据链平台，平台各方均可实现链上数据查询、操作及维护。EDC 数据链拟打通各教育机构的通信壁垒，克服普遍存在于各方的数据孤岛现象，整合离散数据于学分银行中，以此实现资源聚合。基于智能合约，学分银行可以充分利用平台用户的学习需求、个人搜索热度词及用户行为等关键词，利用智能合约技术实现自动智能推荐内在语义联系的教育资源，减少平台用户盲目搜索教育资源的弊端。

与此同时，EDC 教育链通过整合机构实现教育资源共享。区块链技术能够分布式存储大量教育机构的资源，保证公共共享去中心化的基础完成节点间的信息传输。区块链的去中心化打破了跨平台通信瓶颈，各节点之间可快速实现教育资源的共享和传播，满足学习者实现终身学习和终身教育的个性化学习目标。毫无疑问,机构整合下的数据资源存在资源共享和版权保护的矛盾。优质的教育资源往往通过互联网肆意传播而导致侵权、盗版等情况出现。创作者和所有者因为缺乏版权保护而丧失创作意愿,在备受盗版、侵权等迫害的同时没有正确有效的技术手段协助版权者检索、追踪和收集犯罪者的侵权行为。EDC 教育链通过机构管理还可以进一步实现版权管理,做到版权的有效保护和收费。凡自愿遵守学分银行章程的各类正规教育培训机构,申请使用学分银行系统后,均可加入,成为学分银行机构的会员。

3．学习过程管理

学习社会拟打造开放与公信的终身教育体系,强调利用现代技术手段整合优质资源向每个社会个体提供学习和参与的机会。随着这种教育理念和价值取向备受政府部门的重视,学生学习过程的不透明度成为违背终身教育开放与公信宗旨的诟病所在。社会各界亟须权威的教育管理机构和全新的技术打造一个兼顾保障民生受教育且维系开放教育应有公信力的教育体系架构。区块链＋学分银行的应用应运而生,教育区块链学分银行兼顾学习过程记录和信息数据验证等功能。区块链的时间戳技术,使每一位在 EDC 教育链的学习者在各级各类教育机构、社区及企业的学习行为过程按照时间序列自动记录在区块中,并且上述系列记录行为无须额外请第三方教育评估机构备案。如此,利用区块链技术打造的信任传递机制可以使学习者的学习行为、过程及成绩评定等重要隐私信息进行点对点的安全传递。学习者的学习数据,包括学习时间、课程文件及测试结果等信息可以按照时间顺序记录在区块链上,并且每个数据记录或者认证证书都标有具体时间戳。与此同时,区块链存储该数字证书的哈希值,使承载行为记录的哈希值不可篡改。

因此,区块链将数据存储在分布式数据库中,并记录数据块时间戳的时间序列,致使数据块无法删除、无法篡改。对于学习行为过程的验证可通过验证数字证书的哈希值判定是否被伪造和篡改。学分银行的信息数据验证功能能够使学习者在需要提交学习过程完整记录给相关教育机构或者企业时采用私有密钥的形式。该方式下,经授权的教育机构或企业可便捷地查询和验证学习者的学习行为过程记录。区块链技术利用其新型的信息加密手段有力维护信息的可靠性及完整性,有助于缓解现有社会环境中出现的诚信不足和监管不力。EDC教育链运用技术克服了传统开放教育中存在的信任危机问题,致力于打造开放与公信的终身教育体系。

4. 学习成果管理

在终身学习教育体系中,学分积累、学习成果认定与转换是必不可少的核心要义。区块链技术在学习成果记录、积累和转换上具有的巨大潜力和价值给学分银行提供了更多应用可能。EDC教育链针对学习成果认定、学分积累和转换具有更加具体的设置,主要有证书上链、学分上链及颁发、个人数字学历等功能,实现微证书、微学历,使教育更可信。区块链技术的智能合约技术,能够根据学习成果认证标准智能自动地实现学分的认证与存储,并且在区块链上可呈现安全透明、公正公开、不可篡改及可追溯的学分认证信息。EDC教育链采用区块链技术,将个人学习成果轨迹记录在链,诸如认证机构、认证方、认证时间等。通过公钥的哈希值在隐匿用户个人信息的同时实现安全准确认证,从而有效提高认证效率。对于 EDC 教育链提供的哈希凭证来讲,出现的溯源机构都可以帮助实现学分认定、上链、溯源。

另外,学分银行通过区块链技术跨地区、跨教育机构的学分认定及上链存储,实现了学分积累及转换功能。被授予的学分可以按照国家学分银行指定的标准转换规则,以此进行学分转换。与此同时,学分还可以用来兑换目标机构的电子证书、课程学分、学分证明等,真正实现公平与效力的终身学习体系。自动执行的智能合约可以在处理学分验证、更新、流通及转换过程中减少第三方机构的参与,实现全程真实可靠便捷的学习成果管理。

8.3.2 未来学迹链

学术造假问题一直是现代教育领域的顽疾,在国内外高校招生或职场应聘中屡见不鲜。Hire Right 在一项调查中发现,约有 86% 的公司存在求职者学历造假情况,并且经调查甚至有该类求职者成功获得机会并被录取的情况。广东深圳一家调查机构在 3000 名应聘者中调查发现假学历证书比例高达 23%。在如今的社会秩序中,学历造假情况泛滥、证书及学历造假成本低廉且造假行为猖獗,造成了几百元钱就能定制一个大学毕业证书的情况。这种用低质量人才以次充好的行为不仅损害了名校的声誉,还给用人单位造成了严重困扰。学历造假行为造成的系列困扰让人不禁发问,一直以来用于证明学习数据的纸质证书是否真的适应这个大数据时代?基于此,好未来集团自主研发了未来学迹链。针对纸质版证书存在易损坏、易造假、内容单一等缺点,好未来集团利用区块链技术实现了终身学习过程与成果的记录,有效保障了学习者已认证的学习数据的真实可信及终身有效性。

目前,未来学迹链已经在好未来集团内部的培训场景中进行了试点应用,规模覆盖了全国 27 个城市,记录存储了 2.2 万条学习数据。该产品面向市场分为客户端、教师端和学生端。除此之外还包括信息系统的后台管理平台,在管理端作为区块链节点的各部门或高校可以创建和管理自己部门的学习项目,同时制定和公布了考核标准。在整个学习过程中,考评老师会使用教师端对每个学员根据考核标准进行学习过程的评估和考量,最后进行荣誉表彰和颁发。学习过程结束后,学生会被授予记录学习全程的区块链数字证书,进而形成学生可溯源且可信的学生档案。区块链技术提供了简单有效的学习成果认证解决方案,区块链数字证书在后期学生或者老师进行跨组织、跨地区、跨领域的工作异动或向上深造中充当着重要的学历证明依据。如此,结合共享的考核标准可以推动全国各地区、各学校优化培养体系,推动终身学习体系的发展。

未来教育区块链体系是基于区块链打造的开放式底层逻辑结构,具备去中心化、多中心化特点。未来教育区块链通过人工智能、大数据、区块链等技术,实现教育场景线上和线下的深度融合,从而推动整个教育产业的创新升级。未来教育区块链体系的学迹链生态框架如图 8-3 所示。学迹链主要由 3 个层次构成,一个是底层支撑。未来学迹链为整个生态搭建了一个可信且智能的基础设施环境,提供了所需的技术、数据及资源等支持。其次是生态成员。生态成员是服务的生产者和运行者,主要涉及校企对接、教育信息化、数字证书、教育装备、学习记录与评价、教育成果版权、教育咨询、未来教育社区等。随着未来生态的逐步优化与完善,场景应用将不断丰富,任何接入的生态角色都可通过平台,与其他生态角色发生基于"可信网络"保证的交易或互动行为,实现更高效的资源整合和利用。最上面一层是学习者层,即用户层。用户层是整个生态所提供服务的消费者。生态的整体价值将作用于学习者,而用户的价值又将通过各个服务应用沉淀回生态底层,不断循环,实现整个生态的闭环。

图 8-3 学迹链生态框架

未来学迹链技术体系的核心部分在于区块链数据中心和系统元数据管理两部分。

1. 区块链数据中心

区块链技术的核心组件和工具都存在于区块链数据中心。整个学迹链联盟技术体系和系统应用都由区块链技术核心组件和工具所支撑。其中的安全策略组件,是用于实现区块链系统中安全存证和取证过程的管理策略。好未来学迹链使用比共识机制更加灵活的联盟链安全共识机制,该机制针对不同数据、不同流程及不同操作都可以做到精细化的控制管理。通过联盟链安全共识机制以实现好未来学迹链的安全存证,取证、数据安全监管及操作安全监督。在整个学迹链中,数据的流动、流程的执行同样被记录在链,达到不可篡改、不可抵赖的数据安全保证。除此之外,协议管理组件用于配置区块链系统对外数据交互的通信协议和数据标准。该组件可以有效应对未来数据跨链的情形。还有用于配置网关的链路管理组件,用于管理运行于系统之上的业务账户的账户管理组件。区块链系统中至关重要的合约机制组件可以配置全系统的智能合约。共识机制组件可以配置系统的全局共识机制,采用拜占庭容错算法按需启动"相关共识"机制,可大大提高数据的吞吐能力。

2. 系统元数据管理

除了上述的数据中心外,系统元数据管理部分同样发挥着重要作用。系统元数据管理机制采用了白名单机制管理联盟链上的所有成员,此成员非上述数据中心中的业务成员。白名单机制要求只有在名单注册过的节点才可以有资格与系统进行数据和流程交互,这也更好地做到了系统的权限控制,规避了不良节点恶意攻击和造假的风险。联盟链上的节点可以通过角色分为存证节点和管理节点。管理节点顾名思义是管理运行在学迹链体系架构上的业务,学迹链运用各个节点互相监督、彼此牵制,以共同维护学迹链生态体系的完整和安全。存证节点则是裁判员和运动员的角色分离。

3. 兼容方案及安全性设计

好未来学迹链构建、运营、维护了一套完整的区块链管理系统体系。在体系对现有教育信息化产品的兼容问题上，基于区块链的学迹链为了保证数据安全、流程安全及隐私保护等基本诉求，在技术上分两级实施改造。第一级的解决方案是从数据的账户管理入手。学迹链除了可对于现有的库存数据账户进行归属清算之外，还会对数据进行实时监管设计，因此，未来学迹链的数据流通监管机制实现了数据流通的可追溯、可监管和可审计等特点。在第二级解决方案中，对于库存数据的上链做出了更全面的区块链化兼容。在学迹链生态体系中产生的新数据将归入区块链存储和管理，在不影响使用的情况下保证了信息化数据的存管向区块链过渡。

区块链的安全性设计关键在于设计稳定性高的网关系统。在区块链系统中最常见的攻击就是分布式拒绝服务攻击（DDos）。在分布式拒绝服务中，攻击者一般将 N 个计算机联合起来对目标进行攻击。这种攻击方式在当前的安全攻防分析中占据攻击等级较高的地位，攻击性及隐藏性强，严重时可能造成服务器崩溃。在好未来学迹链的网关安全设计中，提出了一种黑白名单制度，该制度的白名单用于底层联盟链的数据同步。其中通信方式采用点对点的方式。所谓黑名单，也就是将可能或者疑似产生攻击行为的相关账户及 IP 拉入黑名单中。黑名单的机制旨在抵制名单内服务器参与区块链服务中，从服务层抵制攻击。

总地来讲，好未来学迹链给学习者建立了终身的学习经历档案，该档案包含了学习者的学习过程和学习成果。从技术上来讲，好未来学迹链采用多个教育机构节点而组成的区块联盟链。联盟链的内部选举记账人与区块链略有不同,联盟链可以指定多个预选的节点作为记账人,其他节点照旧参与过程。好未来学迹链基于联盟链建立的终身学习档案,包含了高质量的教育机构作为记账和同步数据的参与节点。学迹链因多方共同维护而稳定运行,具备高灵活性的区块存储数据单元,妥善存储着各类学习数据;具备完备的节点存储扩容方案,突破存储瓶颈问题;在安全攻防设计中采用改进的拜占庭容错算法,为数据安全存储和防篡改提供了保障;采用限制准入机制,保证数据隐私与安全性,有望成为新一代教育基础设施,成为连接多方的教育价值平台。

8.3.3 沃尔夫大学(Woolf University)

随着比特币的快速发展和普及,区块链技术的研究与应用热度直线飙升。包括美国和日本在内的一些发达国家也相继将区块链技术提升到国家战略层面。链塔智库在 2018 年发布的《全球高校区块链课程报告》中首次明确指出,全球已相继有 27 所高校开设或拟开设区块链相关课程或相关培训。例如国内的清华大学、同济大学及浙江大学均已开设区块链相关课程,国外的斯坦福大学、普林斯顿大学、麻省理工学院、牛津大学及剑桥大学等也已创办了相关课程及培训,而目前区块链与教育的结合不仅拘泥于区块链技术教学。起初沃尔夫大学是由一群世界级学者宣布创办的,该大学基于一种完全不同于传统高等教育模式的办学理念和教育模式,通过构建一个软件平台使任意学者均可发布自己的认证学位并授予它。沃尔夫大学因为其独特的办学模式一度被称为"没有围墙的大学"。

与传统的高校不同,沃尔夫大学是没有实体校区的。基于区块链平台,学校管理实现了学生成绩及学分记录、学位证书颁发、监管合同、学费支付等多种功能。沃尔夫大学通过区块链发放和流通积分,学生可以自行使用写入智能合约中的积分兑换心仪课程。对于沃尔夫大学的课程定制,通过区块链可实现自动化管理、个性化指导和一对一定制等,给学者们构造了一个公开、共享、和谐的学习环境。基于沃尔夫大学,学生可以与世界顶级学者进行学术交流,教师和学者能够在自己舒适自信的领域做喜欢和擅长的事情,使教师享受快乐的教学过程,使学生能够乐在其中地学习。在学生录取方面,沃尔夫大学设定,只有被学院录取的学生才能获得相应学位。师资力量更是局限于可验证博士学位的教师人员。在沃尔夫大学的学院设置中,有五所学院的成员资格将被严格限制,至少有 80％的成员拥有来自全球排名前 200 所大学的博士学位才可被学院录取。介于此,沃尔夫大学的第一所学院——安布罗斯学院,该学院的组成成员很多拥有牛津大学背景。通过严格的学生入院筛选限制,以及高质量保证的教学方法和学位课程设计,使沃尔夫大学成为高标准、高可信度、高质量的第一所区块链大学。

沃尔夫大学是基于以太坊区块链构建的区块链体系架构,体系结构如图 8-4 所示。以太坊区块链的最上层是基于区块链的去中心化应用,是由 web3.js 等组件来编程实现的。之后与之连接的是智能合约层。该层主要用于控制区块链的一些智能合约及合约部署。具体来讲,以太坊虚拟机(EVM)运行部署合约,RPC 协议实现数据通信。以太坊区块链在一开始的时候采用了基于工作量的共识机制(PoW),而后又过渡到 PoW 和 PoS(权益证明)混合的共识算法,最终计划完全采用了 PoS 机制的共识机制。现阶段,以太坊区块链通过调节计算难度对 PoW 共识机制作出了改进,使区块产生时间间隔约束在 15s 左右,但事实证明,改进后的 PoW 共识机制仍旧对以太坊区块链的数据吞吐能力造成限制。就目前以太坊区块链的数据吞吐能力而言,能够实现系统每秒解决的业务量为 10~20,即一秒处理 10~20 单业务。

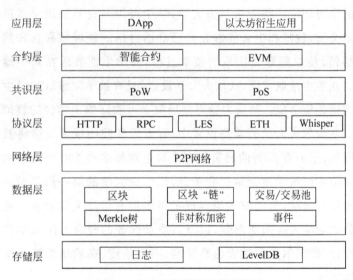

图 8-4　以太坊区块链的体系结构

沃尔夫大学的办学宗旨是为了减少大学官僚主义作风,增加教师收入,降低学生费用的个性化教育大学。沃尔夫大学颠覆了传统的高等教育模式,减去了学生与教师之间作为中间层面的学校行政管理,以更具可靠性的区块链技术和智能合约完成了学校行政管理。沃尔夫大学的出现为我国高等教育提供了重要启示。

1. 培养层次

沃尔夫大学个性化的办学模式、严格的入院资格管控及高质量的学科设计使沃尔夫大学毕业的学生获得了更高的培养层次,提高了学生的竞争力,使学生晋升为更优秀的社会人才。沃尔夫大学的Helen 教授认为,这种办学模式不仅能够给学生提供绝佳的学习机会,使学生获得该领域的专家及顶级学者的指导及帮助,有效提高学生深度学习的能力及批判性思维。学生立足于沃尔夫大学,能够学会自主思考并勇于发表自己的观点。通过业界人士的批评和指导,使学生对问题产生更加深刻的观点和理解,不仅学到知识,还能真正思考观点产生的系列过程。沃尔夫大学的学术顾问,来自莱比锡大学的研究助理员 Sivia 博士曾指出,在不被鼓励学生提出问题或者自发交流想法的课堂教学中,学生会害羞和被动,影响教学效果,久而久之将成为课堂中孤独的学习者。沃尔夫大学通过开放的办学模式使学生的思想交流更具启发性和刺激性,学生受益于这种富有成效的教学模式从而获得更高更好层次的培养。

2. 突破困境

由于互联网技术的飞速发展,在线教育迎来了 21 世纪初以来的快速增长阶段。众所周知,在线教育以互联网为媒介,突破了地点、环境、时间及教师等限制,为自学者提供了海量的学习资源、优质的教学活动,使学习者获得了更强的学习动力。例如慕课(MOOC)学习网站,使全世界范围内的学习者都能够享有海量的学习资源,以及想要获得的学习指导。尽管如此,MOOC 在如今日益开放的数据互联网时代,仍旧存在着诸多缺陷。例如 MOOC 的学习过程及结果缺乏公众认可及官方认证；对于课程、学生隐私等数据安全问题也局限于 MOOC 采用的集中式在线教育模式而遭受威胁；学生的知识财产因为得不到有效维护，从而无法确保数据的不可篡改性；没有成熟的跨平台课程共享机制共享教学资源。正因这种在线课程在辩论和对话才可获得内容的课程教学中表现得不尽人意，因此被称为学生学习最后一千米的课堂上的一对一教学才尤为重要。

沃尔夫大学将在线学习与牛津剑桥的教学风格相结合，更灵活也更好地应对了线上教学的弊端，缩小了现有线上教学与实体高校教学的差距，因此在互联网浪潮普及的今天，包含在线学习、在线考试、在线学习评估及课程管理的这种在线学习模式极大地改善了传统的教育方式。沃尔夫大学具备世界第一梯队的师资力量，兼具高质量的课程资源，搭配自由开放的学习管理方法，促使沃尔夫大学打造更具价值、更具效率且更具自由的高等学府。此等优势迈过国界蔓延开来，在给国内传统高等教育带来挑战的同时给予了突破传统困境的新思想。

3. 推动发展

大数据信息时代的快速发展，人们无时无刻不在产生数据，与此同时，在人们的周围充斥着大量零碎数据及信息流。数据分析及人工智能技术的崛起，使数据中隐藏的财富及资源被大量挖掘出来。人们处于更容易获取知识的大数据快节奏时代。牛津大学一名历史系教授曾发表观点说到，教师的职业保障成为当前学术界面临的重要问题之一。传统高校中的大多数教师签订了临时合约，很多时候教师无法预知自己在接下来的半年将何去何从。相反,即使签订了长期合同,教师们也面临诸多职场风险。例如,长期且日渐增多的行政及科研压力。诸多情况显示,这种教学模式不适合教师的发展,也不利于学生的学习。为了使学习过程和结果值得信赖,有必要开发一种分布式且可信赖的数据存储方法来记录学生的学习过程,向公众披露所有学习数据,并确保数据的安全性和不可篡改性。面对在线教育现存的认证不力、缺乏认可及数据不安全等问题。区块链技术以其独有特色成为解决在线教育问题的理想工具。沃尔夫大学运用区块链的智能合约采用自动化管理,向学生提供个性化指导和一对一课程定制。在沃尔夫大学学习平台之上,学生可以与顶级学者交流,教师和学者也可以做自己擅长且自信的工作。相对而言,区块链技术、人工智能及大数据的迅猛发展推动了下一代网络高效智能学习体系的建设,是实现行政泛在化、智能化的学习体系。沃尔夫大学无疑给世界提供了一个样板。人类的未来需要更加直接和个性化,沃尔夫大学也正在将该梦想变成现实。

8.3.4　小结

本节介绍了区块链＋教育的应用实例。随着大数据、人工智能、区块链技术的不断发展,教育也开始思考如何与前沿信息技术结合,以便构造教育智能环境,从而实现从"自适应"向"智适应"的跃升。在区块链＋教育的深度融合中,不仅改变了教与学的方式,还推动了教育组织形式与生态系统的变革,引发了传统教育理念与价值的重构。区块链以其理论与特点,消除了传统教育模式的权重"霸权",促进教育公平,为进一步实现终身教育的开放与公信,加快构建学习型社会发挥重要作用。

8.3.5 思考与练习

（1）试述区块链技术＋教育的实际应用有哪些，请举例说明。

（2）试述区块链技术＋教育的具体融合应用模式有哪些，请举例说明。

（3）试述在未来，区块链技术将如何影响教育的发展。